몸의 기억

해부학적 이미지와
유럽 문화의 근대성

이 저서는 2016년 정부(교육부)의 재원으로 한국연구재단의 지원을 받아 수행된 연구임(NRF-2016S1A6A4A01020156).

연구과제명: 해부학적 이미지와 유럽 문화의 근대성:
미술, 의학, 과학, 수집의 역사를 통한 상호연구

MEMORY OF THE BODY

몸의 기억

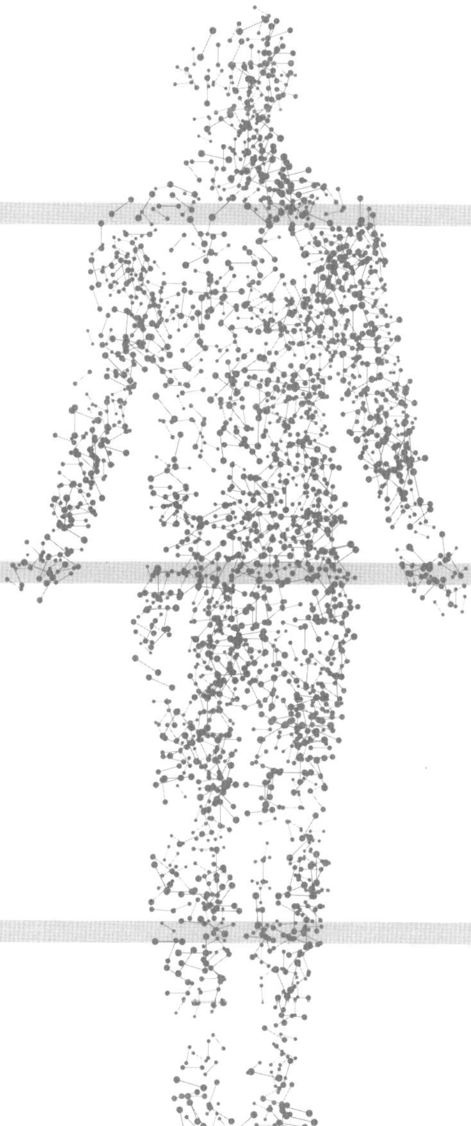

최병진 지음

HU:iNE

해부학적 이미지와 유럽 문화의 근대성

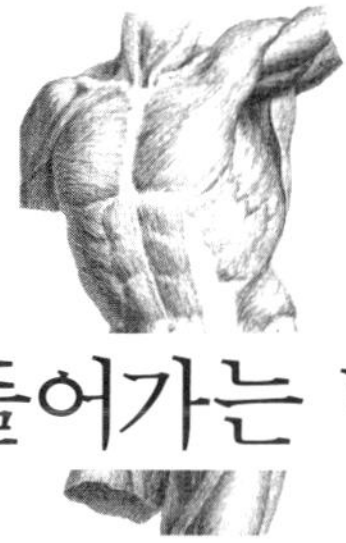

들어가는 말

이 책의 목적은 몸을 둘러싼 문화사적 지평을 구성하고, 이를 통해서 역사 속에서 발전되어 왔던 다양한 학문 분야의 접점을 탐색해보는 것이다.

인류의 역사 속에서 늘 여러 분야의 연구 주제였다는 점에서 몸에 대한 사회적 담론과 기억을 살펴보는 것은 충분히 의미 있는 일이다. 오늘날 기술의 발전과 이로 인한 구성원들 사이의 소통 방식의 변화 속에서 요청받고 있는 '융합'에 대한 실마리를 얻고, 각 학문 분야 사이의 경계와 연결고리를 살펴보는 데 유용하기 때문이다.

몸은 세계를 이해하는 경험의 통로였다. 이를 통해서 역사의 정체성과 사회 구성원의 관계를 배우며, 우리와 세계의 관계를 이해하는 관점을 만들어낸다. 그리고 이 같은 관점은 역사 속에서 전문 영역의 발전을 가져왔다.

이 같은 상황 속에서 유럽 문화에서 몸을 바라보는 여러 가지 관점을 살펴볼 필요성은 충분하다. 유럽 문화는 전문 분야에 대한 학제의 발전에 기여했고, 이는 지금도 유효한 현실에 중요한 영향을 끼쳤기 때문이다.

유럽의 문화사 속에서 몸은 여러 학문 분야의 유기적 관계를 드러낸다. 고대부터 중세까지 신학적 담론의 연장선에서 종종 논의되었던 몸은 근대 해부학의 등장 속에서 인간과 세계의 관계를 이해하는 경계이자 쟁점으로 부상했고, 수많은 전문 분야에서 상호 연관성을 지니는 주제로 발전했다. 그리고 각각의 분야는 목적에 따라 독립적인 담론을 생산해왔다.

고대 그리스에서 몸은 자연과 분리되지 않은 일원론적 관점을 지녔지만, 대상 이면의 해석에 바탕을 둔 과학(scientia)과 이를 응용하는 과정에서 중세 몸과 영혼에 대한 이원론적 몸으로 변화되었다. 그럼에도 불구하고 세계와 인간의 유기적 관계를 고려했던 중세 몸에 대한 사유는 근대 해부학의 등장으로 기계론적 몸에 대한 연구로 이어졌다.

이후 몸에 대한 과학적 연구 결과는 몸은 대상으로만 다루는 것이 아니라 현상학이나 심리학처럼 몸에 깃들어있다고 믿었던 정신에 대한 연구로 심화되었다. 대상으로서 물리적인 몸에 대한 관심에서 시작되어 이제 정신에 대한 문제도 과학적 범주로 변화되기 시작했던 것이다.

뿐만 아니라 몸을 이해하는 여러 방식은 예술 분야에서 관찰할 수 있는 것처럼 세계에 대한 은유와 혼유(混喩)를 통해 소통을 위한 표현이 된다. 그리고 더 나아가 이 같은 표현은 삶에 대한 관점에 대한 공감 속에서 다시 과학 분야에서 직관적 질문으로 돌아온다.

이 같은 역사를 살펴보는 과정은 몸을 매개로 인문학과 과학의 상호 연관성과 협업을 둘러싼 이야기를 보여준다. 그리고 몸에 대한 여러 종류와 다양한 기록은 우리 스스로에 관한 심층적 이해와 타자를 이해할 수 있는 출발점을 제공한다. 덧붙여 인간의 사유 영역과 범위를 넓게 살펴볼 수 있는 가능성도 발견할 수 있다.

이를 위해 이 책에서는 몸을 둘러싼 기록과 사회적 기억으로서 이미지를 탐색하고, 동시대의 기록과 함께 검토해나갈 것이다. 이는 오늘날 한 세기를 이어온 인문학과 과학의 굵직한 분기 과정을 이해할 수 있는 정보를 줄 수 있지만 동시에 이에 대한 한계를 넘어설 수 있는 통찰을 제공할 것이다.

이와 관련해서 이 책에서 특히 주목했던 부분은 유럽 르네상스 이후부터 계몽주의 시대까지 전문 분야의 분기와 협업의 과정이었다. 이 안에서 학문적 전문성을 부여하는 과정에서 선택한 서로 다른 분야를 제각기 정초했던 방법론은 오늘날 학문적 긴장감을 유발했고, 이를 이해하는 것은 다른 분야 연구자를 이해하는 데 도움이 된다.

몸에 대한 통찰을 통해 우리 시대의 변화 속에서 적절한 방식의 융합에 대한 시사점을 찾을 수 있기를 기대해본다.

2019. 12.

최병진 笑覽

※ 이 책의 일부 소단원은 기존 저자의 연구 결과 일부를 정리, 보완, 발전시켰음.

3장 2. 관찰에서 태어난 건축물 같은 인간의 몸": 최병진, 김정한, 「레오나르도 다빈치의 드로잉과 시각적 사유」, 『이탈리아어문학』 46 (2015): 283-311; 3장 5. 근대 해부학의 탄생 속 의학과 미술의 협업: 최병진, 「근대 초 해부학의 발전과 시각적 사유: 미술과 의학의 학제 간 상호연관성」, 『미술이론과 현장』 20 (2015): 33-60; 3장 6. 의학 지식이 미술에 끼친 담론"는 최병진, 바자리, 카라치, 브론치노의 관계는 「브론치노의 <성 바르톨로메오>와 피렌체 매너리즘 유파의 해부학적 관점」, 『미술사연구』 29 (2015): 317-340; 3장 8. 바로크 시대 해부학 모델의 양면성: 가에타노 줌보의 의학 지식과 종교적 메시지": 최병진, 「가에타노 줌보의 해부학 밀랍 모형: 죽음의 모티브에 관해서」, 『서양미술사학회』 47 (2017): 127-152; 3장 9. 수집의 역사 속에 발전한 해부학 모델의 미적 환영: 클레멘테 수지니의 <해부학 비너스>에서 클레멘테 수지니에 관한 내용은 최병진, 「인체의 고안: 18세기 스페콜라 박물관의 해부학 밀랍모델」, 『한국영상학회 논문집』, 14:5 (2016): 53-65; 3장 11. 조반니 모렐리: 무의미한 것들의 재발견": 최병진, 『미술사와 미술감정』 (일파소: 2014)과 「모렐리의 방법론: 미술과 과학의 '융합'에 대한 역사적 사례연구」, 『Contents Plus』 15(2017): 23-40.

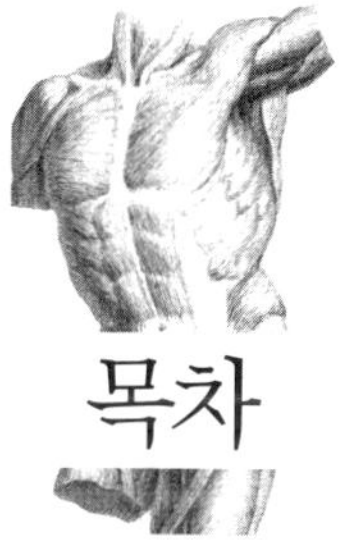

목차

들어가는 말 ······ 5

1장 몸에 관하여 ······ 15

1. 출발점 ······ 15
2. 몸의 흔적 ······ 18

2장 근대 이전 몸의 기억 ······ 31

1. 신화와 전설 속의 몸: 의인화된 자연의 속성 ······ 31
2. 성화 속의 몸 – 영성을 위해 고안된 시각 매체 ······ 40
3. 중세의 시스티나 예배당: 아냐니의 지하 납골당 ······ 48
4. 균열: 서유럽 병원 제도와 과학적 연구대상으로써의 몸 ······ 57

3장 몸의 공장: 근대 몸의 연구 궤적을 따라서 ······ 69

1. 대수적 사고가 만든 고안된 인체:
   피에로 델라 프란체스카의 사례 ······ 69

2. 관찰에서 태어난 건축물 같은 인간의 몸:
레오나르도 다빈치의 사례 ······ 79

3. 중세에서 근대까지: 해부학 문화와 사회 제도적 조건 ······ 87

4. 근대 해부학의 탄생: 베살리우스의 혁신 ······ 94

5. 근대해부학의 탄생 속 의학과 미술의 협업 ······ 102

6. 의학 지식이 미술에 끼친 담론 ······ 114

7. 의학의 역사를 재현하고 있는 볼로냐의 아르키진나시오
해부학 극장의 교육적 풍경 ······ 121

8. 바로크 시대 해부학 모델의 양면성:
가에타노 줌보의 의학 지식과 종교적 메시지 ······ 126

9. 수집의 역사 속에 발전한 해부학 모델의 미적 환영:
클레멘테 수지니의 <해부학 비너스> ······ 134

10. 기계로 확장된 몸과 인간의 구현: 오토마타 ······ 143

11. 조반니 모렐리: 무의미한 것들의 재발견 ······ 151

4장 몸의 바깥쪽: 인간에 대한 은유 ······ 159

1. 영혼의 거울로서의 얼굴과 몸짓: 르네상스의 변곡점 ······ 160

2. 인간의 운명에 대한 고찰과 인간의 속성을 다루는
미술 분야의 논의들 ······ 167

3. 사물을 통해 고안된 인간의 정체성: 아르침볼도의 사례 175
4. 세계의 해석과 고대의 환영: 알드로반디의 환상 181
5. 17-18세기 중반: 인간의 감정에서 본성에 대한
복합적인 문화 지평의 형성 188
6. 18세기 중반 이후 인간에 대한 시각적 연구와
유럽의 융복학적 상호 관계들 194
7. 19세기 인상학의 유산과 혁신의 조건 202
8. 건축과 전시에서 드러나는 응시와 권력: 판옵티콘 207
9. 삶과 종교적 메타포: 거울과 바니타스 215
10. 축제 속 페르소나:
베네치아의 사육제와 코메디아 델 아르테 227
11. 나무 인형의 교훈: "피노키오 효과" 237
12. 사라진 것들의 상상력: 로댕 244
13. 표현에 담긴 예술가의 시선과 상상력 252

나가는 말 261
참고문헌 273
그림목록 293

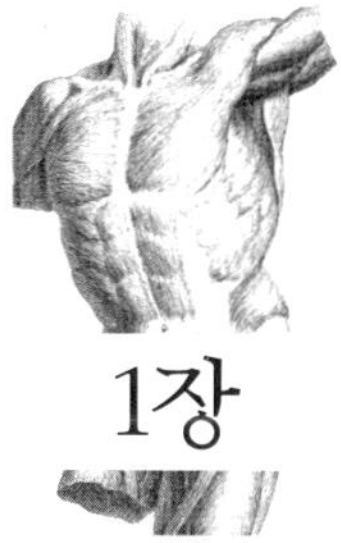

1장

몸에 관하여

모든 종교, 예술, 과학은 같은 뿌리에서 나왔다.
- 앨버트 아인슈타인

1. 출발점

1959년 화학자이자 영문학자, 소설가이기도 했던 찰스 퍼시 스노(Charles Percy Snow, 1905-1980)는 『두 문화와 과학 혁명 *The two cultures and a second look*』(1959)이라는 흥미로운 책을 출간했고, 이 책은 곧 전 세계적 반향을 불러일으켰다[1].

스노의 질문은 왜 인문학자와 과학자가 각각 서로 다른 관점을 가지고 있으며 소통에 어려움을 겪고 있는가라는 점이었다. 그는 학문의 분기가 만들어냈던 이런 상황이 인간을 이해하는 데 있어서 한계를 만들어내기 때문에 두 분야의 관점을 통합할 필요가 있다고 주장

1) Charles Percy Snow, *The Two Cultures* (London: Cambridge University Press, 1959); 찰시 퍼시 스노, 『두 문화』, 오영환 역 (사이언스북스, 2001) 참조.

했다.

이 같은 문제 제기 이후 70년이 지난 오늘날, 다학제적 연구는 여전히 중요한 화두로 남아있다. 특히 최근 논의되고 있는 4차 산업 혁명이나 초개인화 사회에 대한 자의식은 다양성을 고찰하기 위해 사회와 역사의 관계를 활발하게 탐색하는 중이다.

이 같은 상황을 만들어냈던 몸의 연장(延長)으로써 기술의 발전과 빠르게 변화되는 삶과 세상을 이해하려면 서로 다른 여러 가지 관점이 필요할 것이다.[2] 그런 점에서 이를 살펴보는 작업은 여전히 스노가 강조했던 새로운 혁명의 연장선에 놓여있다.

이 같은 작업에서 성과를 거두려면 다른 분야의 입장을 이해하는 것이 중요하다. 그러려면 서로 다른 분야로 분기되어 발전했던 이유나 이면에 놓여있는 관점을 살펴볼 필요가 있다. 이를 시도할 때마다 흥미로운 점 중 하나는 세계에 대한 체험의 통로이자 의미를 생산하는 몸에 대한 이야기를 만나게 된다는 점이다.

예를 들어 몸을 다루는 미술과 의학은 서로 다른 목적과 관점들을 생산하며 전문 분야로 발전했다. 미술이 몸의 표현을, 의학이 몸의 기능을 탐색한다는 점에서 인문학과 과학이 분리되어 있는 것처럼 보인다.

하지만 두 분야가 모두 각각 다른 시간과 장소에서 따로 따로 발전한 것이 아닌 만큼 같은 사회적 맥락 속에서 몸을 관찰하고 의미를 부여하는 과정을 겪는다. 따라서 우리는 두 분야의 접점을 위해서 당대의 사회적 맥락과 사례를 검토하고, 관련된 질문을 확인하고, 의미를 고찰해 볼 필요가 있다. 서로 다른 분야의 생각의 체계로 인

---

2) André Leroi Gourhan, *L'uomo e la materia* (Milano: Jaca Book, 1993) 참조. 이 책의 서문에서 르로이 구르한은 인간이 만들어내는 도구는 인체의 연장선에서 상상력이 반영되어 구현되었음을 강조했다.

해 다른 언어를 사용하는 것처럼 보이지만 출발점은 공유하고 있기 때문이다.[3)]

특히 오늘날 분야 간 경계가 뒤섞이고, 이미지가 범람하는 세계 속에서 현대인이 느끼는 정체성에 대한 긴장감을 이해하고 납득하려면 그 출발점으로 되돌아가 볼 필요가 있다. 이는 역사적 고찰을 제공하지만 동시에 우리 스스로를 되돌아보게 만들어주기 때문이다.

이 같은 작업을 위해서 특정 분야로 이야기를 한정할 필요는 없다고 생각한다. 몸에 대한 논의는 훨씬 더 많은 분야에서 다뤄지고 있다. 몸에 대한 역사와 관점, 혹은 이를 둘러싼 사회적 기억은 어떤 문화사적 지평을 보여줄 수 있을까?

---

3) 이탈리아의 미술사가인 줄리오 로마노는 수많은 문제의 서로 다른 기원들이 복합적으로 연관되어 있음을 문화적으로 잘 이해하고 있을 때, 남아있는 시각 기록을 적절히 이해할 수 있다고 설명한다. Giulio Romano, "Una lezione per aspiranti storici dell'arte," In *L'intelligenza della passione. Scritti per Andrea Emiliani,* Michela Scordaro & Francesco P. Di Teodoro ed.(Bologna: Minerva Editrice, 2001), 489-496.

2. 몸의 흔적

고대 그리스의 몸의 일원성

고대 그리스 시대에 '몸'은 그 자체로 삶의 통로이자 그 자체였다. 이탈리아의 철학자 갈림베르티(Umberto Galimberti, 1942-)는 몸에 대한 문헌 연구를 통해 철학적 관점을 도출하는 작업을 해왔다. 그는 몸에 대한 역사적 기록 및 철학적 논의의 기원을 검토하는 과정에서 고대 그리스 시대의 '몸'에 대한 관점이 우리시대와 다르다는 점을 알게 되었다.

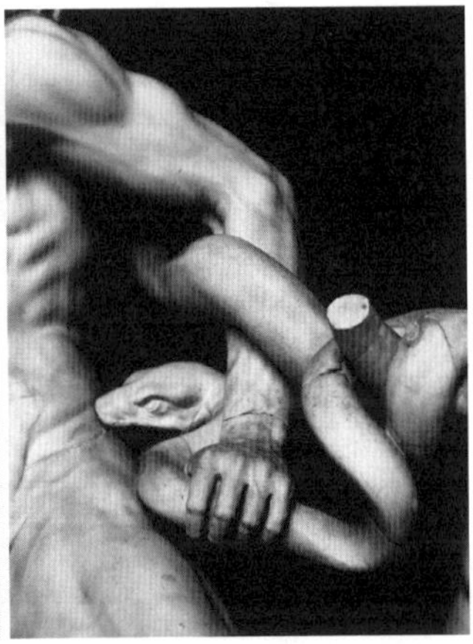

그림 1. <라오콘 군상>과 일부, 바티칸 박물관 소장.

그는 호메로스(Ὅμηρος, 기원전 8세기 경)가 남긴 고전 『일리아스 *Iliad*』(기원전 6세기 경)를 읽으며 인간의 몸과 영혼의 개념을 설명하기 위해서 오늘날 '영혼'이나 '정신'이라는 단어와 동의어로 다뤄지는 '피시케(Psyché)'라는 단어가 포함된 텍스트를 비교 분석했다.

이를 통해 확인할 수 있었던 결론은 '피시케'가 '영혼'을 의미하는 것이 아니라 인간의 '마지막 숨'을 의미한다는 점이었다. 그리고 '마지막 숨'이 떠난 인체는 고대 그리스에서는 더 이상 인간이 아니라 자연에서 관찰할 수 있는 흙처럼 질료로 다뤄졌다는 사실도 문헌을 통해 검증했다.[1)]

실제로 호메로스의 문학작품이 지닌 흥미로운 특징 중 하나는 감정에 대한 묘사를 직접 지시하는 단어들이 많지 않고, 몸에 대한 묘사가 그 자체로 감정을 드러낸다는 사실이다. 그의 글에서 드러나는 신체의 긴 변화와 묘사는 그 자체로 인간의 감정에 대한 이입으로 이어진다.

예를 들어 『오디세이아 *Odyssey*』(기원전 8세기 경)에서 유명한 트로이의 목마가 도시로 들어가는 것을 막았던 신관 라오콘의 근육과 핏줄에 대한 묘사(그림 1)는 그 자체로 삶과 결합된 분노의 통로였다.

오늘날의 관점에서 보자면 호메로스의 『일리아스』와 『오디세이아』는 각각 전쟁을 다룬 대하드라마와 인간의 공포를 다루고 있는 텍스트였다.[2)] 그래서 그의 글에서 '몸'에 대한 묘사는 조금씩 삶의 종국(終局)으로 나아간다. 그리고 이 때 '몸'이라는 단어가 파국에 이르면 '죽은 시신'이 아닌 자연의 '물리적 대상'의 의미로 남게 된다. 이런 점을 고려해본다면 그리스 시대 몸은 끊임없이 이어지는 현존의 대상이며 다분히 일원론적인 의미를 지니고 있다고 보아야 할 것이다. 그리스인들은 몸이 움직이지 않으면 더 이상 몸이 아니라고 생각했기 때문이다.

---

1) Umberto Galimberti, *Il corpo* (Milano: Feltrinelli, 1983) 참조.

2) 호메로스, 『일리아스』, 천병희 역 (숲, 2015); 호메로스, 『오뒷세이아』, 천병희 역 (숲: 2006) 참조.

플라톤의 '과학': 이원화 된 몸의 탄생

이 같은 생각에 대해서 새로운 질문을 던졌던 인물은 플라톤(Πλάτων, 기원전 427~348년)이었다. 그는 유럽에서 '과학(scientia)'을 정초했던 철학자로 알려져 있다. 플라톤은 보이는 현상 뒤에 숨어 있는 보편적 진리를 찾으려고 노력했기 때문이다. 이 같은 생각 때문에 유럽 철학사에서 가장 주목 받는 인물 중 한 사람이 되었다. 플라톤은 사물의 본질은 사물과 사물 사이에서 관찰할 수 있는 유사성에 기인한다고 보았고, 이를 위해서 도입했던 '이데아'를 진리라고 보았다.[3)]

그의 관점은 충분히 주목할 필요가 있다. 왜냐하면 고대 그리스 시대의 매 순간 인지와 변화의 대상으로서의 몸이라는 개념이 아닌 몸과 몸에 대한 본질 혹은 속성으로 이원화되었기 때문이다. 몸은 경험이나 체험의 통로가 아니라 관찰과 해석의 대상이 되었다.

인간이란 무엇인가? 한 사람과 다른 사람은 같은 인간일까 아니면 다른 인간일까? 그는 이 질문에 답하기 위해서 서로 다른 개체로서 인간 사이의 유사성을 검토하고 인간의 속성을 설명하려고 했다. 이를 위해 그는 먼저 인간의 몸이 보여주는 행동방식과 표현을 관찰해야 하며, 그 이면에 담긴 의도에 따른 공통점을 찾아야 했다.

이는 몸과 몸의 속성을 나누고 있는 것이다. 그러나 플라톤은 세계의 의미를 종합적으로 탐색했던 철학자였다는 점에서 이후 유럽의 역사에서 관찰할 수 있는 것처럼 몸의 속성을 종교적 관점에서 '영

3) Gian Carlo Movia, "Il "Sofista" e le dottrine non scritte di Platone," in *Verso una nuova immagine di Platone* (Napoli: Istituto suor Orsola Benincasa, 1991), 233. 특히 『국가』의 제 7권에 묘사되고 있는 동굴의 비유(Allegory of the cave)는 이런 점을 효과적으로 설명하고 있다.

혼'처럼 다루고 강조했던 것은 아니었다.

그림 2. 안토넬라 다 메시나(Antonello da Messina), <성 아우구스티누스>, 패널에 템페라, 1473, 팔레르모, 팔라초 아바텔리스(Palazzo Abatellis)

과학과 종교: 성 아우구스티누스의 몸과 영혼

하지만 플라톤의 세계에서 관찰할 수 있는 현상과 진리의 관계는 유럽에서 가톨릭 문화의 발전과정 속에서 몸과 영혼의 관계에 대한 생각의 근거가 되었다. 특히 교부 철학자였던 성 아우구스티누스(Augustinus Hipponensis, 354~430)는 플라톤의 과학에 대한 관점을 빌려 몸이 영혼을 담는 그릇이라고 이야기 한다(그림 2).[4] 그에게 있어서 죽음은 몸과 영혼의 분리이지만, 다른 관점에서 이를 나누는 것은 부활의 개념도 쉽사리 설명할 수 있었다. 그는 죽음이 몸에서 영혼이 분리되는 것을 보았고 최후의 심판에서 일어날 부활은 몸과 영혼의 재결합을 통해 가능하다고 생각했다. 이런 점은 그리스도 교적 세계관 속에서 '고통'을 겪는 인간에게 구원의 희망을 불어 넣어 줄 수 있었을 뿐만 아니라 죽음을 넘어설 수 있는 조건으로써 삶에 대한 사회적, 윤리적 규범의 근거를 만들어냈다.

중세 세계와 인간의 관련성의 상징적 기록으로써의 몸

플라톤의 몸에 대한 속성이나 성 아우구스티누스의 몸에 깃든 영혼은 중세 세계와 인간에 대한 은유로 발전했다. 중세 대우주와 소우주의 개념은 세계와 인간에 대한 명상 혹은 영성의 소재가 되었다. 이런 점은 잘 알려져 있는 것은 아니지만 이탈리아에서 "중세의 시스티나 예배당"으로 비유되는 로마 근교 아냐니의 대성당(Cattedrale di Agnani)의 지하 납골당을 장식하는 프레스코 화의 첫

4) Giorgio Santi, *Agostino d'Ippona filosofo* (Roma: Lateran University Press, 2003) 참조.

그림 3. 아냐니의 크립타, <인간의 탄생> (추후 사진 대체 예정)

번째 장면(그림 3)에서 발견할 수 있다[5]. 이 작품을 주문한 피에트로 주교(Pietro da Salerno, ?~1105)는 구약의 역사를 설명하는 프레스코 연작의 첫 장면에서 불, 물, 공기, 흙으로 만들어진 아담의 모습을 도식적으로 표현하도록 만들었던 것이다[6].

이는 그리스 철학과 성서가 결합되어 세계와 인간의 관계를 설명한다는 점에서 플라톤과 아우구스티누스의 생각이 절충되고 있다는 사실을 보여준다. 그리스 철학과 신학은 종종 관점의 긴장감을 드러냈지만 때로는 상호 보완적이기도 했다.

---

5) Alessandro de Magistris, *Storia della Città e S. Basilica Cattedrale di Anagni* (Roma: Puccinelli, 1749) 참조.

6) R. Grégoire, "La memoria agiografica liturgica di Pietro da Salerno," in *Pietro da Salerno(+1105), monaco benedettino e vescovo di Anagni*, ed. L. Cappelletti (Venafro: A. Molle, 2006), 32-50; 전주홍, 최병진, 『의학과 미술 사이』 (일파소, 2016), 72-77.

근대 해부학: 몸에 대한 과학적 성과와 몸의 은유

피에트로 주교가 보여주는 것처럼 중세 몸은 인간과 세계를 이어주는 은유였고, 이런 점은 다양한 분야에서 몸의 담론을 만들어냈다. 특히 11세기 말 등장한 대학에서 다양한 분야에서 등장하는 몸에 대한 담론은 몸이 외부 세계에 대한 은유처럼 사용되었기 때문에 가능한 것이었다.

그러나 이후 근대 해부학의 등장은 몸의 은유에 대한 탐색을 몸 자체의 구조에 대한 탐색으로 전환되었다는 점에서 중요한 사건이었다. 이탈리아 의학사가인 안드레아 카를리노(Andrea Carlino, 1960-)는 그의 저서 『몸의 공장 *La fabbrica del corpo*』(1994)에서 초기 몸을 해부했던 해부학 극장의 성격을 분석했다. 그는 공중에게 공개된 해부가 인간과 세계에 대한 철학적, 신학적 사유의 재현이었고 이 같은 지식의 전승과 더불어 죽음 앞에서 삶의 의미를 돌아볼 수 있는 교훈을 담고 있는 제의적(祭儀的) 성격을 지닌다고 보았다.[7]

그러나 이 같은 시도는 르네상스 이후 새로운 몸에 대한 생각과 지식을 생산하는 계기가 되었다. 당시 기독교의 생명 윤리와 배치되는 것처럼 보이는 해부학 실습이 인정받았던 이유는 두 가지 사회적 유용성 때문이었다.

1475년 식스투스 4세(Sixtus IV, 1414-1484)의 교서, 이후 그가 투빙겐 대학에 보낸 서간문, 그리고 클레멘트 7세(Clement VII, 1478-1534)가 '스투디움 우르비스'(Studium Urbis)와 같은 로마 대학의 교칙은 해부학 실습이 의학과 미술을 통해 사회에 기여할 수 있다고

7) Andrea Carlino, *La fabbrica del corpo* (Torino: Einaudi, 1994), 15-65.

보고 있다.[8] 의학은 몸의 내부를 통해 세계를 이해하고 신학에 대한 깊이를 더할 수 있는 분야였고, 당시 구상 미술은 이를 반영해서 효과적으로 전달할 수 있는 사회적 소통 수단이었다.

몸과 세계에 대한 중세의 생각이 없었다면 해부학은 허용되지 못했을 것이다. 하지만 이 같은 생각으로 인해서 1543년에 베살리우스(Andrea Vesalius, 1514-1564)의 근대 해부학의 출발을 알리는 『인간의 몸의 구조에 관하여 *De Humani Corporis Fabrica Libri Septem*』(1542)와 같은 책이 출판될 수 있었다(그림 4-5).

해부학 실습이 허용된 이유만큼 실습과 전문서적을 만드는 풍경 뒤에는 미술가와 의사들이 있었다. 베살리우스의 책은 티치아노의

그림 4. 안드레아 베살리우스, 『인체의 구조에 관하여』의 권두화, 1543.

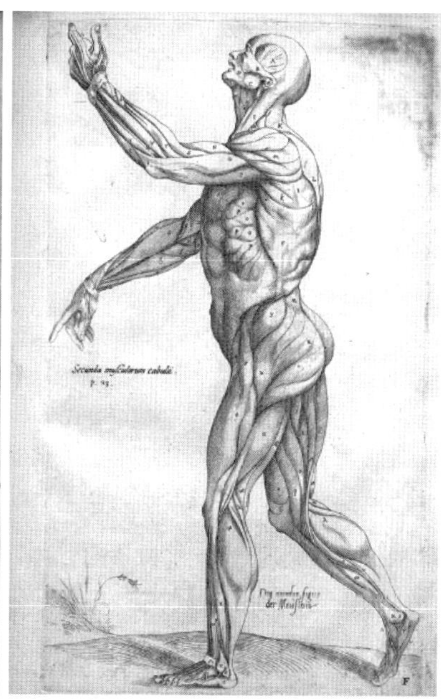

그림 5. 안드레아 베살리우스, 『인체의 구조에 관하여』 포함되어 있는 화가 칼카르의 해부학적 판화, 1543.

8) Andrea Carlino, *La Fabbrica del Corpo* (Torino: Einaudi, 1994), 8.

제자였던 칼카르(Jan Steven van Calcar, 1499년 경-1546)가 그렸다. 또한 레오나르도 다빈치(Leonardo da Vinci, 1452-1519)와 마르칸토니오 델라 토레(Marcantonio della Torre, 1481-1511), 미켈란젤로(Michelangelo di Lodovico Buonarroti Simoni, 1475-1564)와 베렌가리우스(Jacopo Berengario da Carpi, 1460년 경-1530년 경)는 미술가와 의사로 협업하며 전문서적의 출판을 준비하기도 했지만 공동 연구자의 이른 죽음으로 실현되지 못했다. 그리고 이 전통은 사진이 등장할 때 까지 계속되었다.

이런 전문서적의 삽화는 인체 대신 유명한 미술품이 들어가 있었다. 의사들은 이런 점을 통해 인체 해부에 대한 사회적 거부감과 생명 윤리에 대한 쟁점을 피해갔고, 미술가는 보고 그리며 배웠으며 당대 높이 평가를 받은 미술품을 토대로 인체를 더 세밀하게 이해하며 아는 만큼 효과적으로 그릴 수 있었다. 뼈를 통해 근육을, 근육을 통해 피부를, 더 나아가 의상을 정밀하게 표현하는 것은 삶의 감정을 효과적으로 드러낼 수 있는 것이었으며, 정밀하게 시각화된 정보를 바탕으로 의사들은 인간의 감정 대신 몸의 구조와 각 부분의 기능에 대한 지식을 축적하고, 더 나아가 생리학적 해석으로 나아갈 수 있었다. 이렇게 두 분야의 협업은 해부학에 대한 사회적 합의를 유도하며 대상으로서의 몸과 표현으로서의 몸을 탐색하며 상호 기여했다.

과학 혁명 역시 '몸'에 대한 생각을 변화시켰다. 갈릴레이(Galileo Galilei, 1564-1642), 데카르트(René Descartes, 1596-1650), 베이컨(Francis Bacon, 1617-1621)은 끝없이 변화되는 자연 현상의 해석을 위해 가설과 검증의 시스템을 구성했다. 이런 상황 속에서 과학적 관찰의 주체인 몸이 유기체로서 조건을 구성한다면 자연법칙은 인간에 의해서 비롯되는 것이며, 이제 인간은 세계의 주인으로 자신의 기획 안에서 자연을 이해해 나가는 존재로 변화된다. 결국 과학적 대상으로서의 몸은 응시의 객체이며 질적 해석을 넘어 정량적 측정과 해석의 대상이 되었다. 의학의 토대가 되었던 '기계적 몸'이 등장한 것이다. 이제 몸은 해부를 통해 나뉘고 연구되며 삶과 죽음을 넘어 자연의 법칙을 담는 그릇이 되었다[9].

그러나 더 나아가 과학 내부에서도 인간의 광기처럼 몸의 물리적 기능으로 설명하기 어려운 현상에 대한 질병을 분류 하는 과정 속에서 심리학과 현상학에 대한 관점들이 생산되기 시작했다. 프로이드는 몸을 삶과 죽음의 충동이 만나는 대극(對極)적 장소로 보았고, 에드문드 후설(Edmund Husserl, 1859-1938)의 영향을 받은 칼 야스퍼스(Karl Jaspers, 1883-1969)는 정신 병리학에서 근원적인 이해를 주장했다.

"나는 괜찮아."라고 말하는 사람은 있지만 "나의 몸이 괜찮다."라고 말하지 않는 것처럼 객관적 대상과 몸의 현상학적 경험이 분리되기 시작했고, 야스퍼스는 이 같은 경험 역시 과학 안에서 다뤄져야 한다고 주장한다. '기계적 몸'이 다루지 않는 부분이 '현상학적 몸'으로 다시 학문 안에서 귀환하는 것이다.[10]

해부학의 발전이 대상으로서의 몸을 통해 기능을 유추하고 기계

9) Benjamin A. Rifkin, *Human Anatomy: Depicting the Body from the Renaissance to Today* (New York: Thames&Hudson, 2011); Andrea Carlino, "Frammento, artificio e ricomposizione: l'anatomia del particolare e la medicina dell'eta barocca", *Visioni anatomiche, le forme del corpo negli anni del Barocco*, Andrea Carlino et al. ed. (Milano: Silvana, 2011), 13-22.

10) 칼 야스퍼스, 『정신병리학 총론 1』, 송지영 외 7인 역 (아카넷: 2014) 참고; Dreyfus H. L. & Dreyfus S. E., "The challenge of Merleau-Ponty's Phenomenonlogy of embodiment for cognitive science," Perspective of Emboiment: The Intersections of Nature and Culture, ed. G. Weiss & H. F. Habor (New York: Routledge, 1999), 103-120.

그림 6. 필립 드 샹파뉴, <바니타스>, 1644, 르망, 테세 박물관미술관.

그림 7. 체사르 리파, "바니타스" 부부, 『이코놀로지아 *Iconologia*』의 일부.

적 몸을 만들어냈으며 이후 이런 상황들이 경험의 차이를 고찰하는 현상학에 대한 생각으로 이어진 것은 매우 흥미로운 일이다. 야스퍼스가 설명하는 것은 인간의 경험도 과학이 될 수 있다는 점이었다.

하지만 다른 한편에서는 과학의 발전에 대한 생각들이 인문학적 사유를 만들어냈다.

미술과 의학은 근대의 시간적 흐름 속에서 각각 다른 관점에서 몸을 다루게 되었지만 오히려 두 분야의 상호작용 속에서 몸에 대한, 그리고 더 나아가 삶과 죽음의 경계 사이에서 인간에 대한 사회 윤리적 관점의 전승과 재생산에 기여했다.

16세기 북유럽의 '바니타스(Vantas)'로 알려진 정물화(그림 6)는 시간의 영속성 앞에 사라진 육체의 흔적으로서 해골을 묘사하며 죽음을 관조한다.[11] 그러나 알레고리를 구성하는 주변 사물은 오히려 인간의 삶의 상징을 드러낸다. 죽음을 대면하고 삶의 화려함을 저울질하며 다시 삶에 대한 사회적 가치를 부여하는 것이다. 그러

11) 이와 관련해서 마틸드 바티스티니는 그 원인으로 유럽의 삼 십년 전쟁과 페스트가 만들어낸 사회적 변화를 지목하고 있다. Matilde Battistini, *Simboli e Allegorie* (Milano: Mondadori Electa, 2002), pp. 360-365.

나 종종 이런 표현 이면에서 찾을 수 있는 것은 과학적 대상으로서의 몸에 대한 이해이다. 예를 들어 소 한스 홀바인(Hans Holbein the Younger, 1497-1543)의 <바니타스(Vanitas)>는 『인간의 몸의 구조에 관하여』에 등장하는 베살리우스의 해부학에 대한 관조로 제작된 또 다른 '바니타스'의 이미지를 차용했고 과학적 대상이 개인의 생각으로, 더 나아가 사회적으로 확장되는 의미로 변하고 있다는 점을 보여준다.[12)]

17세기 역시 마찬가지였다. 문화사적으로 과학혁명과 동시대였고 스펙타클의 사회를 구성했던 바로크 시대 '기계적 몸'은 다시 삶과 죽음의 관계를 바탕으로 다시 사회, 종교, 윤리적 상징을 부여한다. 가톨릭 종교 개혁의 시대적 상황 속에서 볼로냐와 피렌체에서 등장

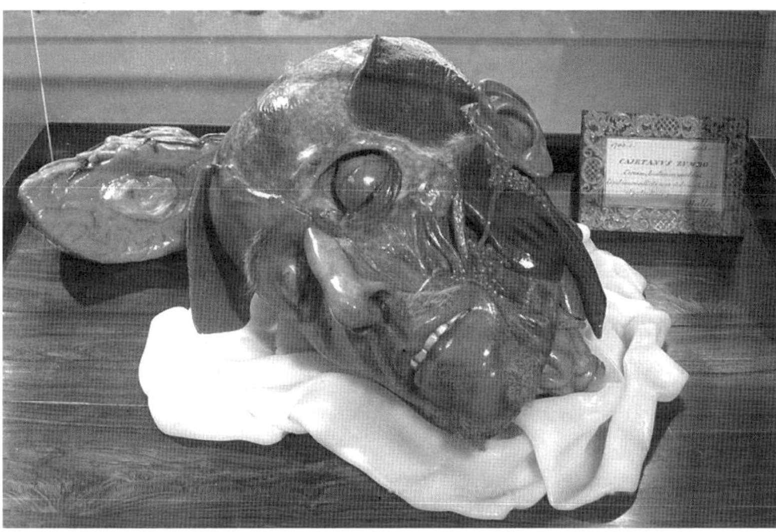

그림 8. 가에타노 줌보, <두상의 해부학>

12) 최병진, 「근대 초 해부학의 발전과 시각적 사유: 미술과 의학의 학제 간 상호연관성, 미술이론과 현장」, 20 (2015): 33-60.

했던 해부학 밀랍 모델은 가에타노 줌보(Gaetano Giulio Zumbo, 1656-1701)의 <두상의 해부학 *Anatomia della Testa*>(그림 8)의 사례가 보여주는 것처럼 라 스페콜라 박물관(Museo la Specola)에 전시되어 있으며 공공장소에서 정밀한 해부학적 지식을 담고 내부를 탐색할 수 있는 기능적으로 유용성한 자료를 생산했지만, 모든 사람을 위해 전시된 이미지는 삶과 죽음의 극적 대비와 내세에 대한 신학적 관점 또한 표출하며 동시대 삶의 규범을 환기해준다.[13]

이처럼 몸의 역사가 보여주는 것은 몸은 과학과 인문학, 예술 분야에서 함께 또 따로 다양한 사회적 의미를 생산해 왔다는 점이다. 따라서 미술에서, 그리고 과학에서 몸은 어떤 상호 관계를 구성하고 있는지 구체적으로 살펴볼 필요가 있다.

13) 최병진, 「가에타노 줌보의 해부학 밀랍 모형 – 죽음의 모티브에 관해서」, 『서양미술사학회』, 47 (2017): 127-152.

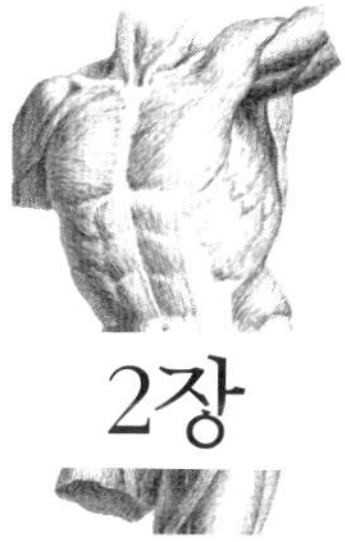

2장

근대 이전 몸의 기억

1. 신화와 전설 속의 몸: 의인화된 자연의 속성

신화는 자연현상에서 인간이 만난 경험을 반영해서, 설명하기 어려웠던 사실을 의인화해서 보여준다. 이 안에서 자연의 은유는 신들의 속성이 되며 종종 관련된 속성을 드러낼 수 있는 자연의 이미지와 인간을 결합해서 표현하곤 했다.

예를 들어 발티모어에 있는 발터스 미술관(Walters Art Museum, Baltimore)에 전시되어 있는 이집트의 신 바스테트(Bastet)는 고양이와 인간의 모습이 결합되어 있으며(그림 1), 이 이미지는 나일 강에서 서식하던 고양이를 통해서 관찰했던 사람들의 다산과 사냥에 대한 염원이 담겨있다. 따라서 바스테트는 사냥과 다산의 속성을 의인화해서 만들어낸 신의 형상이었다.

역사 속에서 자연의 속성은 신이나 동물의 이미지와 결합되거나 함께 표현되곤 한다. 예를 들어 루브르 박물관(Louvre Museum)에 전시되어 있는 <아테네 여신 *Athena*>(그림 2)은 부엉이와 함께 표현되어 있다. 이는 동물의 모습이 지닌 속성과 신이 점유하고 있는

그림 1. <바스테트>, 발티모어, 발터스 미술관.

그림 2. <아테네 신상>, 파리, 루브르 박물관.

영역을 표현하며, 부엉이의 도상학적 의미를 구성한다. 부엉이는 360도의 시각을 가지고 있다는 점에서 관찰을 놓치지 않는다는 생각이 담겼고, 이는 지혜에 대한 상징으로 이어졌다.

신화에서 신들의 역할이 서로 겹치지 않는다는 점에서 신화는 인간이 바라보는 자연에 대한 종합적인 사유이며 신들의 이야기는 세계에 대한 표상으로 변화된다. 콘퍼드(Francis Macdonald Cornford, 1874-1943)는 『종교에서 철학으로 *The Unwritten Philosophy and other essays*』라는 저서에서 그리스의 신화가 지닌 성격을 분석한다. 그는 운명의 여신 모이라(Moira)에서 다른 신들의 영역이 만들어지는 과정을 추정했고, 모이라(그림 3)는 '운명'이라는 의미 이전에 '할당된 것'을 의미한다고 설명했다. 자연의 할당된 속성들은 운명의 여신에서 신들의 역할로 나누어지고 있는 것이

그림 3. 존 스트루드윅, <모이라의 황금실>, 캔버스에 유화, 1885.

다.[1]

예를 들어 포세이돈은 바다에서 관찰한 힘을 의인화했고, 구름이 만나 번개가 치는 하늘에 대한 인간이 가졌던 두려움은 제우스의 힘을 통해서 표현되었다.. 이들의 힘은 서로 뒤섞이거나 대체되지 않는다. 또한 이들의 힘은 의도적으로 인간의 영역에 개입하면 안 되었다. 이는 호메로스의 『일리아스』가 남기고 있는 트로이 전쟁에서 신들이 인간의 세계에 대해 개입할 수 없다는 사실을 제우스가 표명했던 사례에서 관찰할 수 있다. 이런 점은 신화가 세계에 대한 은유였다는 점과 세계의 구조에 대한 상상력이 반영되었다는 점을 알려주며, 이는 인간의 운명과 세계에 대한 관계를 환기한다.

그리고 이 같은 점은 에트루리아의 신화를 설명하고 있는 <피아첸차의 간 *Fegato di Piacenza*>(그림 4)에서도 잘 드러난다. 에트루리아의 제의를 잘 보여주는 이 작은 유물은 산양의 간의 모습을 브론즈로 제작한 것이며, 표면에 신들의 이름을 방위에 따라 기록하고

---

1) Francis Macdonald Conrford, *The Unwritten Philosophy and other essays*, Cambridge: Cambridge Univ. Press, 1950, 24-26; Paola Angeli Bernardini, "L'inno primo di Pindaro e la sua destinazione cultuale," *Paideia: rivista di filologia, ermeneutica e critica letteraria* LXIV (2009): 83.

그림 4. <피아첸차의 간>, 파르네제 박물관.

있다.[2] 에트루리아의 신관들은 종교적인 제의로서 산양을 바치는 과정에서 간에서 관찰할 수 있는 개별적 특성이 그곳을 점유하고 있는 신들의 이야기를 인간들에게 전해주는 것으로 보았고, 이를 통해 인간과 사회의 운명을 예견하려고 했다.

이런 점은 역사 속에서 구전 동화를 통해 자연이 지닌 속성으로서 힘의 전승에 대한 이야기를 만들어내기도 한다. 예를 들어 1892년 제이콥스(Joseph Jacobs, 1854-1916)가 출간했던 켈트 족의 구전 동화였던 『골드 트리와 실버 트리 이야기 *Gold-tree and Silver-tree*』에서 어머니인 실버트리는 딸인 골드 트리보다 아름다워지는 방법을 찾았고, 유일한 방법은 딸인 골드 트리의 심장을 먹는 것이었다.[3] 이는 심장을 통해 딸이 지닌 속성을 전승하는 것이며, 제임스 프레이저(James George Frazer, 1854-1941)가 남긴 『황금가지 *The Golden Bough: A Study in Comparative Religion*』(1890)에서 설명했던 힘의 계승에 대한 그 유명한 이야기를 반영한다.

---

2) Walter Burkert,*Da Omero ai Magi. La tradizione orientale nella cultura greca*, Padova: Marsilio, 1999 참조; Sergio Ribichini,"*Astri, segni, sogni e profezie. La divinazione nel mondo antico*," *Archeo*, XIV, 8 (1998): 59.

3) 최병진, 「심장의 의미와 재현의 역사」, 『마음의 장기 심장』 (바다출판사: 2016) 참조.

호수의 북쪽에는 지금도 네미의 마을이 있는 데, 가파른 절벽 밑에 디아나 네모렌시스, 그러니까 숲의 디아나라는 성스러운 숲과 성소가 있다. 이 호수와 숲은 때로 아리키아의 호수 숲으로 알려져 있다. [...] 그 주위에는 밤낮을 가리지 않고 장엄한 사람이 배회하는 모습을 볼 수 있었다. 손에는 검을 들고 있었으며 어느 때 적의를 받을지도 모른다는 듯, 부단히 주변을 지켜보고 있었다. 그는 사제였던 것이다. 동시에 살인자였다. 지금 누군가가 머지않아 그를 죽이고 대신 사제가 될 것이었다. 그것은 이 성소의 법칙이었다. 사제의 후보자는 사제를 죽임으로써만 그 직책을 계승할 수 있었고, 그를 죽이고 사제가 된 다음은 보다 강하고 더욱 정정한 자에 의해서 죽음을 당할 때까지는 그 직책을 확보할 수 있었다.4)

잘 알려져 있는 것처럼 이 이야기는 희생과 재생을 반복하며 힘이 전승되는 이야기를 구성한다. 현실 속에서 야만적인 것으로 여겨지는 제의들은 과거 고고학적 사례 속에 남아있으며, 지속적으로 교훈을 위한 여러 가지 이야기에 활용되었다.

중세까지만 하더라도 로마 시대 말 이민족의 대이동 속에는 이 같은 이야기들이 전해진다. 랑고바르드 족과 고트 족의 이야기 속에는 권력자가 승리를 자축하기 위해 적의 심장을 먹거나 두개골에 술을 마셨던 이야기가 기록되어 있다.[5] 또한 톨킨(John Ronald Reuel Tolkien, 1982-1973)이 판타지 소설로 다루면서 잘 알려진 노르웨이의 오랜 이야기인 『지구르드와 구드룬의 전설 *The Legend of Sigurd and Gudrun*』(2009)과 연관해서, 심장을 먹는 모습이 7세기의 북유럽 복조 교회의 입구에 재현되어 있기도 하다(그림 5).[6]

---

4) 제임스 프레이저, 『황금가지』, 김상일 역 (을유: 1983), 29.

5) Angiola Maria Romanini, *L'arte medievale in Italia* (Firenze: Sansoni, 2000) 참조.

6) Christopher Tolkien, *The Legend of Sigurd & Gudrun* (UK: Harper Collins), 2004 참조.

그림 5. <지그루드와 구드룬>, 12세기 경, 노르웨이, 필데스타드 교회의 문.

이 이야기는 12세기에 건립되었던 북유럽의 목조 교회인 필레스타드 교회(Hylestad Stave Church)의 입구를 장식하고 있으며, 이곳에는 용기의 전승을 위해 아버지의 심장 먹는 왕의 모습이 묘사되어 있다.[7] 이는 용기를 전승하기 위한 제의적 성격을 드러내지만 이는 자연에서 관찰하던 힘의 계승을 드러낸다는 점에서 힘에 대한 동경과 은유를 보여주고 있다[8].

신화나 오랜 민담, 전설이 보여주는 이 같은 사례는 유럽에서 수많은 몸에 대한 은유를 만들어내며 상징적인 의미들을 끊임없이 생산했다.

중세 유랑 시인들(Troubadour)이 남긴 노래들은 일부 지금까지 전승되고 있으며 이 중에도 몸의 상징성을 활용한 사례가 남아있다. 콩드 박물관(Musée condé)에 남아있는 보드 코르디에(Baude Cordier, 1380년 경-1440)가 남긴 15세기의 <샨틸리 사본 *Codex Chantilly*>(그림 6)으로 이는 사랑을 상징적으로 형상화한 심장 모

7) Anders Ragnar Bugge, *Norwegian Stave Churches* (Oslo: Dreyer, 1953), 46.
8) 최병진, 「심장의 의미와 재현의 역사」, 2016 참조.

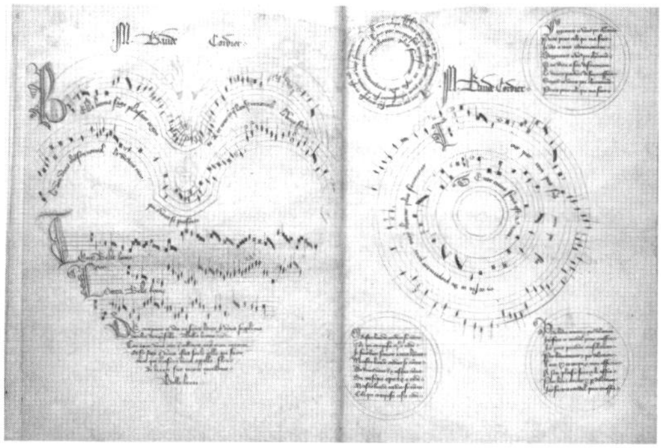

그림 6. 보드 코르디에, <코덱스 샹틸리>, 콩드 박물관, 1400년 경

양의 악보를 보여주고 있다.[9]

인류학적으로 다양한 문화권에서 관찰할 수 있는 몸의 이면에는 세계에 대한 속성과 은유가 반영되어 있다. 신화의 자연에 대한 속성은 점차 인간이 지니는 속성에 대한 생각을 표현하기 위해서 몸을 다루는 이야기를 생산하고 있으며 종종 문학적 은유와 상징들과 결합되었다. 이런 점은 새로운 사회적 맥락 속에서 지속적으로 재생산되고, 반복되며 사회적 기호로 나아간다. 이런 점은 르네상스 시대에 출간된 도상학과 관련된 서적들의 출판의 사례에서 확인할 수 있다.

중세에 야코포 다 바라체(Jacopo da Varazze, 1228-1298)는 『황금전설 *Leggenda Aurea*』(1298)(그림 7)을 통해서 유럽 성인들의 이야기를 수집하고 생동감 있게 소개하며 종종 과거의 인체에 대한 모습을 은유적으로 다루면서 동시에 인간사에 대한 교훈을 드러내려고 노력했다.[10]

---

9) Richard H. Hoppin, *Medieval Music* (New York: W.W. Norton&Co, 1978) 참조.

10) Jacques Le Goff, *Il tempo sacro dell 'uomo . La «Legenda aurea» di Iacopo da Varazze* (Roma: Laterza, 2012) 참조. 『황금전설』에서는 다미아노와 코스마스, 성 바르톨로메오와 같은 성인들의 이야기에서처럼 인체를 직접 묘사

그림 7. 야코부스, 『황금전설』의 삽화 일부, 1493년 판본.

그림 8. 빈첸초 카르타리, <포세이돈>, 『고대 신들의 이미지』의 일부 (1548)

그리고 1571년 빈첸초 카르타리(Vincenzo Cartari, 1502년경-1569)는 『고대 신들의 이미지 *Le Imagini de i dei de gli Antichi*』(1548)를 통해서 자연의 속성을 드러내기 위해서 사용되었던 이미지의 상징적인 의미를 기술한 바 있다(그림 8).[11]

이런 점에서 역사에서 처음 만나는 몸은 세계를 이해하는 통로이자 경험으로, 이 안에서 발견한 인간의 감정과 자연의 속성을 은유적으로 표현하고 있으며 운명을 기준으로 인간과 세계의 구조를 설

하는 경우도 있고, 성인들의 순교를 설명하기 위해서 다양한 상징물과 인체를 결합하는 경우를 발견할 수 있다.

11) Vincenzo Cartari, *Le imagini de i dei de gli antichi nelle qvali si contengono gl'idoli, riti, ceremonie,& altre cose appartenenti alla religione de gli antichi*, 1571 (Typ 525.71.260, Houghton Library: Harvard University) 참조.

명해왔다고 볼 수 있다. 그리고 이는 신화와 종교의 세계에서 교훈을 담고 있는 고전으로 발전하고 매 순간의 문화 속에서 재구성 혹은 재생산되고 오늘날까지 문화의 상징으로 작용하고 있다고 볼 수 있다.

고대 주술적 세계 속에서의 몸은 단순히 현실을 표현한 것이 아니었다. 세계를 마주했던 인간의 감정과 경험, 더 나아가 사회에 대한 교훈을 표현하는 과정에서 몸을 둘러싼 여러 도상들이 생겨났다. 이 같은 도상들은 인간의 몸에 대한 가장 오래된 형상을 통해 세계에 대한 이해와 교훈을 전달하며, 이는 몸에 대한 이미지가 지니고 있는 사회적 기능 중 하나이다. 신화나 전설 속의 몸은 세계와 사회 윤리적 관점을 전달하기 위한 매체인 것이다.

2. 성화 속의 몸 - 영성을 위해 고안된 시각 매체

이콘(ikon)은 유대교나 이슬람 문화권과 달리 신의 이미지를 표현했던 그리스도 교의 성화를 지시하는 용어이며, 그 기원은 그리스어 에이코나(εἰκόνα)에서 유래한다. 에이코나는 그리스어로 이미지를 뜻하는 단어였다.

그리스도교에서 성화를 공식적으로 표현할 수 있었던 시기는 종교로 인정받았던 313년 콘스탄티누스 대제(Constantine the Great)의 밀라노 칙령(Edict of Milan, 313) 이후였다.[1] 당시 이를 표현하던 예술가들은 실제 그리스도를 만난 적이 없었기 때문에 성서를 통해서 그리스도의 모습을 찾아야 했다.

하지만 구체적으로 가장 오래된 성화를 찾고 이를 통해서 이콘의 기원을 찾는 것은 쉬운 일이 아니다. 그리스도교 초기에 제작된 성화들이 많이 남아있지 않았기 때문이다. 왜냐하면 비잔틴 제국에서 일어났던 두 차례의 성상 파괴운동(iconoclasm, 1차: 726~787년/2차: 814~842년)으로 인해서 이전의 성화들이 조직적으로 폐기되었던 역사를 겪었기 때문이다. 역사 속에서 성상 파괴운동은 종교와 정치적 권력 관계가 반영되어 이미지에 대한 복잡한 지형을 만들어냈으나 결국 다시 성화를 사용하는 것으로 막을 내렸다.

하지만 이 같은 성화 중에서 문화적 중심지에 놓여있지 않았기 때문에 전승되는 이콘 중에는 이집트의 시나이 산에 위치한 성 카테리나 수도원(Saint Chatherine;s Monastery)에서 생존할 수 있었던 <그리스도 판토크라토르 *Christ Pantocrator*>(기원 후 약 6세기 경)가 남아있어서 인체에 담긴 이야기를 엿볼 수 있다(그림 1). 이 작품

1) James Stevenson ed. *A New Eusebius: Documents Illustrating the History of the Church to AD 337* (London: SPCK, 1987), 296.

그림 1. <시나이산의 그리스도>, 6세기 경, 시나이의 성 카테리나 수도원.

의 제목인 '판토크라토르'(Παντοκράτωρ)는 그리스어로 "모든 것들의 위에 있는 사람"을 의미한다.[2]

그렇다면 이 성화는 어떻게 제작되었을까? 이 성화를 제작한 인물

2) Manolis Chatzidakis and Gerry Walters, "An Encaustic Icon of Christ at Sinai," *The Art Bulletin* 49, No. 3 (1967): 201.

이 역사 속에서 기록되어 있지 않은 익명의 성 화가는 그리스도가 역사 속에서 등장한 이후로 제작되었던 기존의 이미지를 참고해서 이를 그렸을 것으로 보아야 한다. 따라서 이 성화를 살펴보는 것은 이전의 작품이 제작되는 방식과 사회적 관점을 담고 있다고 할 수 있다.

또한 오랫동안 이미지의 문화가 개화할 수 없는 로마 제국의 그리스도교에 대한 박해 기간을 고려해본다면 실제 초상의 전승이라고 보기보다는 성서를 읽고 인물을 묘사했다고 보는 것이 더 설득력이 있다.

실제 초상화가 아니라 성서의 이야기를 반영해서 만들어진 <그리스도 판토크라토르>는 다른 관점에서 보면 텍스트의 수많은 상징을 시각화해서 표현한 작품이고 초상화와는 다른 창작의 조건을 지닌다고 볼 수 있다. 이런 점을 고려해본다면 초상화의 조건에서 벗어나는 이야기는 예술가의 의도가 반영되어 성서의 이야기를 담고 있다고 볼 수 있다. 따라서 이 성화는 일상적 현실에서 벗어난 부분들이 환기하는 내용을 탐색할 때 이해할 수 있다.

우선 시나이 산의 <그리스도 판토크라토르>의 얼굴은 일상적이지 않다. 그리스도의 얼굴은 마치 수직으로 구분되어 오른쪽과 왼쪽의 이미지가 서로 다른 표정을 지니고 있고(그림 18), 이는 인간의 표정이 일상적으로 한 가지 표정을 지니고 있다는 점과 다르다. 특히 오른쪽 눈동자는 이 그림을 보는 관람자를 직시하는 것처럼 보이지만 피부의 색이나 인상은 어두운 표정을 지니고 있다. 반대로 왼편의 눈동자는 하늘을 바라보지만 편안한 표정을 지니고 있다. 그래서 이 작품을 보는 사람은 어색하면서 동시에 낯선 감정을 만들어내고 있고, 그 이유를 찾아야 할 필요성을 만들어낸다.

성화의 의미에 비추어 보았을 때 하늘에 있는 존재는 야훼(*yōd, hē*)라는 이름으로 기록되어 있는 창조주일 것이다. 야훼는 히브리어

그림 2. <시나이산의 그리스도>의 부분, 6세기 경, 성 카테리나 수도원.

에서 불이라는 의미를 지니고 있고 인간이 직시할 수 없는 태양같은 존재를 의미한다. 구약성서에서 신은 자신의 인간적인 모습을 드러내지 않고 모세의 사례처럼 불타는 나무처럼 표현된다.[3]

이 그림에서 관찰할 수 있는 것처럼 그리스도의 얼굴을 서로 다른 표정을 가지고 있고 이는 다시 서로 다른 감정을 메시지로 전달한다. 보통 사람들에게 이 표정은 동시에 만들어질 수 없다는 점에서 서로 다른 시간의 표정이 동시에 합쳐져 있다고 보아야 한다. 따라서 이 그림은 이야기를 전달하기 위해서 서로 다른 순간의 표정과 감정을 분리한 후 합친 것으로 볼 수 있다(그림 2).

이런 점에서 그리스도의 표정은 두 개의 상징이 결합되어 만들어진 알레고리로써의 의미를 담고 있다. 상징의 의미는 고대 유럽 문화에서 '수수께끼'를 의미하며, 수수께기 뒤에 있는 의미를 찾아서 연결하는 경우에 이를 '알레고리'라고 한다. 이 두 표정이 현실에서 다른 시간을 반영하는 것이 일상적이라면 이 성화의 경우에는 두 개

3) Patrick D Miller, *A History of Ancient Israel and Judah* (Westminster: John Knox Press, 1986). 110-111,

의 시간이 하나의 표정에 합쳐져 있다는 점에서 수수께끼를 구성하는 것이다. 따라서 두 개의 서로 다른 시간이 공존하기 때문에 이 작품은 시간의 경계를 넘어서며 초현실적인 느낌을 만들어낸다.

이미지를 있는 그대로 기술한다면 사람을 볼 때 엄격하지만, 창조주를 볼 때 부드러운 그리스도의 모습을 지니고 있다고 볼 수 있다. 이는 그리스도가 성서의 텍스트에 인간을 구원하러 왔던 이유를 드러낸다. 그는 천상에서 쫓겨난 아담과 이브의 후예를 구원하러 왔고, 구원의 조건은 인간의 타락이 아니라 인간의 선한 의지여야 한다. 신은 완벽하기 때문에 이를 바라보는 마음은 편할 수 있지만 반대로 인간의 타락 속에서 인간을 구원하기 위한 길을 설명하기 위해서는 삶의 양면성을 엄격하게 보아야 할 것이다. 이 같은 기술이 의미가 있다면 이는 그리스도의 운명에 대한 은유적 표현이 결합된 고안된 얼굴 표정이라고 볼 수 있다.

하지만 이 작품의 시간은 더 복잡하게 분화되어 있다. 그리스도의 두상 뒤편에 놓여있는 후광은 그리스도의 변용을 다루는 마태오 복음서(17:1-9)와 루카 복음서(9:28-36)와 코린트서의 구절을 차용한 것이다.

> 주는 그리스도시요 살아계신 하나님의 아들이 이십니다" (마태오 16:13-16) 고백을 들은 후에 가버나움으로 돌아오셔서 베드로, 야고보, 요한을 데리고 다볼산으로 가셔서 변형된 사실을 보여 주셨으며 이 때 모세와 엘리야가 예수님께 나타나서 장차 십자가에서 죽으실 것을 말씀하신 것입니다(루카 9:28-31).

> “어둠 속에서 빛이 비추어라.”하고 이르신 하느님께서 우리 마음을 비추시어, 예수 그리스도의 얼굴에 나타난 하느님의 영광을 알아보는 빛을 주셨습니다. (코린트서 4:6)

반면 그리스도의 의상에 대한 묘사는 잠언의 이야기를 반영했고, 그리스도가 들고 있는 책은 요한 묵시록에서 가져온 것이다.

> 행복하여라, 지혜를 찾은 사람! 행복하여라, 슬기를 얻은 사람!지혜의 소득은 은보다 낫고그 소출은 순금보다 낫다. 지혜는 산호보다 값진 것이다. 모든 귀중품도 그것에 비길 수 없다. 지혜의 오른손에는 장수가, 그 왼손에는 부와 영광이 들려 있다. 지혜의 길은 감미로운 길이고 그 모든 앞길에는 평화가 깃들어 있다. 지혜는 붙잡는 이에게 생명의 나무그것을 붙드는 이들은 행복하다. (잠언 13-18)

> 그 등잔대 한 가운데에 사람의 아들 같은 분이 계셨습니다. 그분께서는 발까지 내려오는 긴 옷을 입고 가슴에는 금 띠를 두르고 계셨습니다. (요한 묵시록 1:13)

마태오 복음서에서 코린트 서에 이르는 성서의 구절은 "그리스도의 변용"이라는 도상을 만들어냈으며 그리스도교에서 후광의 기원을 다루고 있다. 따라서 이 작품을 그린 성화가(聖畫家)는 구약의 이야기를 그림에 기록하고 있는 것이다. 하지만 그는 이후 요한 묵시록의 기록도 반영한다. 이 성화의 그리스도는 요한 묵시록에서 설명하는 것처럼 금띠를 두르고 있기 때문이다.

이는 표정이 만드는 시간 외에도 구약의 시간과 미래에 찾아올 묵시록의 시간을 '동시에' 기록하고 있다. 따라서 이 그림의 얼굴은 수많은 시간이 농축되어 있고 서로 다른 시간의 이야기를 합쳐 놓았던 것이다. 과거의 구약과 시편, 그리스도와 동시대의 신약, 미래의 묵시록에 있는 이야기가 뒤섞인다면 우리는 이 그림이 특정한 순간을 묘사할 수 없고 여러 순간이 합쳐져서 그림의 시간이 멈추는 것 같은 경험을 하게 된다. 이런 점에 대해서 많은 미술사가들이 이미지의 초시간성 혹은 작품의 초월적 성격이라고 설명한다.

익명의 성화가가 제작했거나 이전 시기의 성화가 그려지는 방법을 보면 <그리스도 판토크라토르>가 성서에 대한 묵상을 동반한다고 유추할 수 있다. 즉, 그가 처음 고안했다면 묵상이 과정에 대한 시각적 기록이다. 그리고 그 이전의 사라진 도상의 유형을 좇아서 이 성화를 그렸다면 문화사적으로 묵상의 기록을 토대로 성화를 그리는 전통이 있었다고 볼 수 있다.

어느 쪽이든 이 작품은 성서를 읽고 화가가 만나지 못했던 그리스도의 모습을 성서를 읽으면서 상상하고 주관적 체험 속에서 구체화된 환영을 하나씩 중첩시켜나갔다고 볼 수 있다. 이런 점에서 본다면 성화의 전통의 핵심은 묵상과 환영이다. 그리고 이를 바라보고 있는 관찰자의 입장에서는 이 같은 수수께끼를 풀어야 하는 복잡한 과정이 있는 셈이다. 이는 작품의 의미가 초상화처럼 직접적으로 전달되지 않는 다는 사실을 알려준다.

이 시간은 어떤 의미를 지니고 있는가? 종교화의 사회적 기능은 매우 명확하다. 이는 봉헌의 대상이라는 점에서 십자가와 같은 간결한 기호와는 다른 성격을 지니고 있으면서 이를 해석하는 시간을 요청한다. 그리고 이 시간은 이미지를 통해서 그가 읽었을 성화에 대한 명상으로 이끌며 그 시간만큼 신자들에게는 영성의 시간으로 변화되고 있다.

성화의 목적은 종교의 의미를 생각한다는 점에서 영성의 시간은 종교화의 기능을 고려하면 본질적인 것이다. 따라서 성화를 읽는 다는 것은 쉽지 않다. 직관적으로 경험을 통해서 이해할 수 있는 것이 아니라 성서의 텍스트를 읽고 그 의미를 생각할 수 있어야 하기 때문에 아는 만큼 보이는 이미지인 것이다.

그 결과 이콘에 담긴 몸은 초월적이며, 복잡한 텍스트의 의미가 담긴 추상적인 이야기를 만들어내고 있는 것이다. 이콘 혹은 성화는 영성을 위한 시각적인 텍스트이며 이는 일상성을 통해 이해할 수 있는 것이 아니다.

만약 성서의 각각의 기록들이 교훈을 지니고 있고, 이 교훈이 보편적인 상징들을 통한 문학적 알레고리를 만들어내며 이를 설교하는 것이 사제의 임무 중 하나라면, 이 같은 성서의 성격이 성화로서 종교화를 의미하는 이콘에도 반영된 것이라고 볼 수 있다. 성서의 표현에 적용된 수많은 시간은 그 각각의 성서를 요약하고 있는 핵심이 만들어낸 환영이다. 그리고 그리스도교의 성화의 이야기가 이 작품에 압축되어 있는 만큼 작품을 바라보는 시간과 교훈의 수는 늘어날 것이다. 성화의 몸은 보편적 교훈과 의미가 중첩되어 있고 이를 바라보는 시간만큼의 영성에 대한 경험을 수용자의 입장에서 제공하는 것이다.

3. 중세의 시스티나 예배당: 아냐니의 지하 납골당

앞서 다룬 고대 신화의 신의 형상이나 성화의 사례는 세계에 대한 인간의 인식과 몸에 대한 은유가 밀접한 관계가 있다는 사실을 보여준다. 몸의 형상은 세계를 관찰하고 느꼈던 인간의 관심과 상상력이 결합되어 있기 때문에 은유적 표현을 담을 수 있었다.

몸을 통해 표현된 세계의 은유는 종종 영화나 만화의 세계관처럼 독립적인 세계관으로 이어지며, 이 세계는 다시 필요에 따라 새로운 캐릭터를 만들어내기도 한다. 이 같은 세계관은 문화적 맥락에 따라 시각화되어 전해진다. 예를 들어 유럽 중세의 황도 12궁[1)](그림 1)이나 불교의 만다라[2)]는 이를 잘 보여주는 사례로 남아있다.

중세에서 이 같은 사례 중 하나는 대우주로서의 세계와 소우주로서의 인간이 만들어내는 성서의 세계관이었다. 이탈리아 중부 라치오 지방에 있는 작은 소도시 아냐니(Agnani)에는 중세 시대에 건립되었던 대성당이 남아있다(그림 2).

오늘날 도시를 대표하는 대성당이라는 점에서 아냐니 대성당으로 부르고 있는 이 교회는 1068년부터 1104년까지 건립되었고, 그곳에 있는 지하납골당에는 구약에서 신약을 거쳐 요한 묵시록이 설명하는 종말로 나아가는 이야기들을 여러 점의 프레스코 화로 묘사하고 있다. 이곳에 있는 세밀하고 홍미로운 세계관은 종종 성서의 이야기에서 벗어나 당대 사람들의 세계에 대한 상상력을 보여준다.

이곳을 방문하고 홍미를 가졌던 이탈리아의 미술사가 로베르토

---

1) 단어의 어원을 구성하는 그리스어 조디온zodion은 동물의 형상으로 구성된 원zóon :animal+kýklon:circle을 의미한다.

2) 만다라는 힌두교 혹은 불교에서 사용하는 명상을 위한 도형으로 '본질을 담고 있는 것"이라는 의미를 지니고 있다.

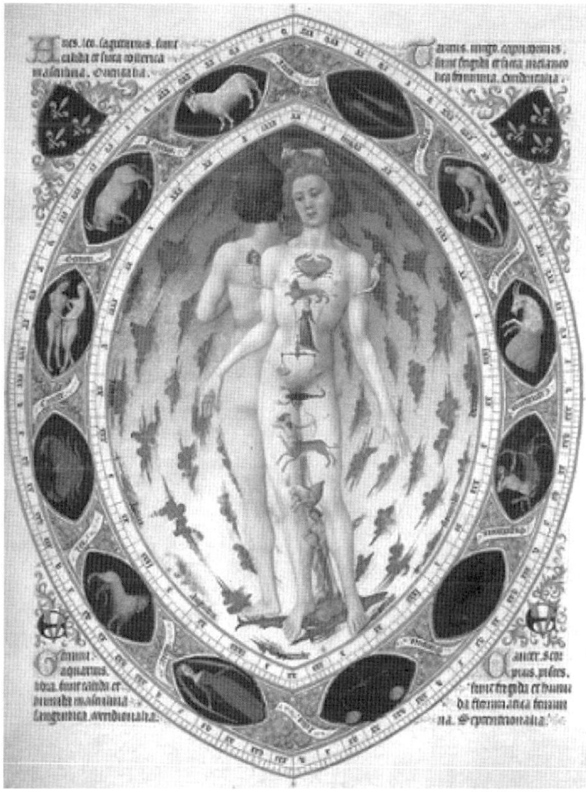

그림 1. 베리 백작의 <성무일도서>의 삼회 (일부), 1416년 경.

그림 2. 아냐니의 대성당

롱기(Roberto Longhi, 1890-1970)는 이 프레스코 화들이 르네상스의 시작을 열었던 조토(Giotto di Bondone, 1267년 경-1337)나 침마부에(Cimabue 1240-1302)의 인간에 대한 표현에서 관찰할 수 있는 것처럼 자연스럽고 자유롭게 묘사되어 있다고 설명하며 극찬했다.[3] 많은 관람객들에게 회자되며 이곳을 설명하기 위해서 이탈리아의 언론사와 책들에서 반복적으로 사용되고 있는 표현인 "중세의 시스티나 예배당(Cappella Sistina del Medioevo)"이라는 문구는 지하납골당의 프레스코 화에 대한 가치를 잘 보여준다.

1062년 도시의 새 주교로 선출되었던 피에트로 주교는 이 프레스코화 연작의 주문자였다. 이후 미술 감정가로 뛰어난 능력을 보여주었던 페데리코 제리(Federico Zeri, 1921-1998)는 연작의 기법과 양식을 분석했다. 그는 1072년부터 1104년까지 세 그룹의 공방에서 작품을 제작했다는 사실을 밝혀냈다.[4]

중세 간결한 교회의 건물의 정면부인 파사드가 전달하는 고즈넉한 교회의 분위기는 내부 공간으로 이어진다. 그리고 지하 납골당을 방문하려면 성서를 읽는 강독대 아래 숨겨진 복도로 내려가야 한다. 이 공간으로 들어가려면 마치 비밀 복도처럼 좁은 공간을 따라 내려가야 하는 데, 이는 교회의 중요한 재화를 보호하기 위한 목적을 위한 것이었다. 실제로 지하납골당이라는 용어의 기원은 그리스어로 "숨어있는"이라는 어원을 가진 '크립토스(κρύπτη)'에서 유래한다.

이곳은 숨겨진 공간으로 교회의 보물을 보관하고 있는 장소였고 성보(城堡) 박물관의 기원이 되는 장소였다. 더욱이 교회가 완공되

3) Roberto Longhi, *Disegno della pittura italiana, I. Da cimabue a Giovanni Bellini* (Firenze: 1979) 참조.

4) Lorenzo Cappelletti, *Gli affreschi della cripta anagnina iconologia* (Roma: Editrice Pontifica Universita Gregoriana, 2002), 243-266.

었을 때 바깥에 붙은 석판에는 이곳을 암시하는 수수께끼 같은 글이 붙어 있다는 점에서 흥미롭다.

> 이 경이로운 성전을 방문하는 사람들이라면 그 누구라도 모든 창조주에 대한 지식을 만날 수 있을 것이다. 이곳은 피에트로 주교의 노력으로 건립되었고, 그는 대지를 영성을 공간으로 변화시켰다. 전능하신 창조주의 유일한 아들이신 당신(그리스도)여, 그에게 자비를 베푸소서.[5]

내부로 들어가면 유럽의 전역에서 교회의 바닥을 장식하는 일을 진행한 바 있는 코스미티 가문(Cosmati, 12-13세기 유럽 전역에서 바닥을 장식하던 가문의 이름)이 제작한 바닥 장식이 있다[6]. 이 장식은 하늘을 상징하는 천체의 기하학적 이미지가 반영되어 이곳이 하느님의 공간이라는 사실을 강조하고 있다. 그리고 강독대 뒤편에 찾기 쉽지 않은 좁은 계단을 내려가면 공간을 가득 채운 프레스코화가 마치 새로운 세계로 들어가는 것 같은 낯설고 새로운 감정을 불러일으킨다.

이곳에서 다뤄지는 프레스코 화는 구약에서 다루는 세계의 창조에 대한 이야기에서, 신약의 에피소드로, 그리고 마지막 부분에서는 미래에 찾아올 최후의 심판으로 이어지는 연대기를 표현한다. 이는 그리스도교의 직선적 시간에 대한 생각을 환기해준다.

---

5) 명문 기록: QUISQUIS AD HOC TEMPLUM TENDIS VENERABILE GRESSUM MOX CONDITOREM CONCTORUM NOSCE FACTOREM, CONDIDIT HIC PETRUS SUMMO CONANIME PRAESUL QUEM GENUIT TELLUS, NOBIS DEDIT ALMA SALERNUS: DIC MISERERE SIBI SUPERNI PATRIS UNICE FILI (파사드에 명기된 문장); 전주홍, 최병진, 『의학과 미술사이』(일파소, 2016) 참조.

6) Angiola Maria Romanini, *L'arte medievale in Italia* (Firenze: Sansoni, 2000), 365.

이 안의 이야기에서 가장 흥미로운 부분은 이야기를 시작하는 세계 창조의 모습이다. 일반적으로 시스티나 예배당처럼 세계의 창조가 성서에서 언급하는 6일 동안의 창조와 휴식을 다루는 것과 달리 이곳에서는 성서에서 다루지 않는 이야기가 묘사되어 있기 때문이다. 천장에는 아담의 모습이 천공에 떠 있는 것처럼 표현되어 있고, 그 아래 부분에는 그곳에 적혀있는 이름으로 확인할 수 있는 그리스의 의사였던 히포크라테스(Hippocrates of Cos, 기원전 460년 경–370년 경)와 갈레누스(Aelius Galenus, 129-200년 경)가 앉아있다.

이는 성서를 고대 그리스의 문화적 유산을 통해 재해석한 것으로 고대 신화들이 지닌 자연의 속성에 대한 은유와 성서의 세계가 합쳐진 것이다. 물론 이런 점은 당시 성 아우구스티누스가 『신의 나라, 이교도와의 대결 *De Civitate Dei contra Paganos*』(5세기 초)을 통해 어느 정도 다룬 문제였고[7], 성서의 내용을 벗어나지 않았다면 고전의 지식을 통해 성서를 해석하는 것이 당시 어느 정도 허용되고 있었기 때문에 가능한 이미지였다. 이는 중세가 문화적으로 단절되어 있다는 암흑기에 대한 편견이 잘못되었다는 점도 환기해준다[8].

그림의 이야기를 설계한 피에트로 주교는 성서의 밖에서 인물을 가져올 때 명료하게 이름을 적어주었으며, 중요한 이야기는 만화의 말풍선처럼 친절하게 설명했다. 천장 중앙의 아담에 대한 설명처럼 배치되어있는 히포크라테스는 갈레누스에게 이야기를 하고 있으며 그가 들고 있는 책에는 "이 세계에서 원소들의 연계가 만들어낸 사건, 즉 원소들은 모든 창조물을 만들었으니."라는 문구(그림 3)가 적혀있다.

성서의 세계 창조의 이야기는 두 명의 고대 이교도 의사가 전해주

7) Agostino d'Ippona, *La città di Dio*, trad. Domenico Marafioti (Milano: Mondadori, 2011) vol. 8 참조.

8) 움베르토 에코, 『중세 I』, 최병진, 김효정 역 (시공사, 2015) 참조.

그림 3. 아냐니 대성당의 첫 번째 프레스코 화 <세계 창조>의 일부

는 원소에 대한 생각과 결합되어 있다. 세계의 비밀은 이제 세계에서 얻은 지식과 절충되고 결합해서 새로운 중세의 세계관을 드러내기 시작했다.

창조의 비밀은 천장의 남성에게서 명확하게 드러난다. 양감이 잘 표현되어 있는 인체와 명확하게 드러나는 구조는 인체의 물리적 특성을 강조하고 있고, 성서의 이야기를 고려해보았을 때 처음으로 등장하는 인물이라는 점에서 천장에 묘사된 남성은 아담(그림 4)이다. 이 인물 옆에는 H, O, M, O가 적혀있어 인간이라는 사실을 밝혀주지만 동시에 흙이라는 단어인 '호무스(Homus)'를 환기하기 때문에

그림 4. 아냐니 대성당의 첫 번째 프레스코 화 <세계 창조>의 일부

한편으로는 흙을 빚어 창조한 인간의 이야기를 환기하는 것으로 해석해볼 수도 있다.

흥미로운 점은 이 문자들이 북쪽(Septemtrio)을 제외하면 방위를 드러내는 단어의 첫 글자를 구성한다는 것이다(H-북쪽 septemtrio [철자가 일치하지 않음], O-동쪽 oriens/M-남쪽meridies/O-서쪽 occidens). 또한 그 곁에 기술된 텍스트에서 사용된 원소(elementa)라는 단어는 고대 그리스어에서 문자라는 뜻도 가지고 있기 때문에 성서에서 언급하는 "태초에 말씀이 있었다."의 '말씀'인 로고스(logos)를 환기하기도 한다.

이 같은 상황은 천장의 남성에 대한 설명들이 이어지는 과정과 구조가 복합적으로 잘 짜여 있다는 점을 알려준다. 이어서 원의 바깥 부분에 이어지는 원형의 띠에는 네 명의 복음사가가 서로 다른 색상으로 묘사되어 있다. 이는 다시 태초의 4원소를 의미하는 단어로 이어진다.

이 같은 생각을 설명했던 인물은 히포크라테스의 의학이론이었다. 그는 인체를 뜨거움, 차가움, 습함, 건조함이라는 네 가지 속성으로 설명한다. 원래 엠페도클레스(Ἐμπεδοκλῆς, 기원전 494년 경-434년 경)가 남긴 『자연의 시 *Περί Φύσεως*』에 기록되어 있는 세계의 네 가지 속성이 반영되어 만들어진 개념이었지만, 히포크라테스는 이 생각을 인체의 체액에 적용했다.[9] 인간의 체액을 각각 공기, 불, 흙, 물의 속성이 반영된 것을 해석한 혈액, 담즙, 점액, 물 혹은 흑담즙으로 설명했고, 이 체액의 균형이 무너질 때 질병을 앓는다고 설명했다.

유럽에서 이 개념은 이후 오랫동안 인체를 이해하고 질병을 치유

9) William Wallace, s.v. "Empedocles". Chisholm, Hugh ed, *Encyclopædia Britannica*. 9 (11th ed.), (Cambrdge: Cambridge University Press, 1911), 344–345.

하는 방식으로 전승되었다. 그리고 이는 더 나아가 후대의 예술가들이 같은 이야기를 다룰 정도로 잘 알려져 있다. 예를 들어 르네상스 시대의 예술가로 잘 알려져 있는 알브레히트 뒤러(Albrecht Dürer, 1471-1528)는 1562년 뉘른베르크 시(Nürnberg)에 헌정했던 <네 사람의 사도들 *The Four Apostles*>(그림 5)이라는 작품에서 네 가지 원소의 개념이 반영된 복음사가의 모습을 표현한 바 있다[10].

아담의 창조 장면은 이야기의 구조를 시각적으로 드러낸다. 아래에서 히포크라테스와 갈레누스는 미술관의 도슨트처럼 친절하게 설명을 하며, 그 옆에는 미술관에 붙어있는 간단한 캡션처럼 요약되

그림 5. 알브레히트 뒤러, <네 사람의 사도들>, 1526, 베를린, 알테 피나코테크.

10) Costantino Porcu ed. *Dürer* (Milano: Rizzoli, 2004), 32; 에르빈 파노프스키, 『인문주의 예술가 뒤러』, 임산 역, 한길아트: 1998), 307-321.

그림 6. 아나니 대성당의 첫 번째 프레스코 화 <히프크라테스와 갈레누스>의 일부

어 있는 그래프가 묘사되어 있다(그림 6). 이는 불, 물, 공기, 흙으로 구성된 단어가 비율과 조성으로 다루고 있고, 이는 고대 그리스 철학에서 세계의 기원과 변화를 설명하려는 시도와 연관되어 있다. 또한 이 같은 조성도는 후대 화학 분야의 기원이 될 동시대 연금술의 문화를 환기해준다.

피에트로 주교가 만든 아나니 대성당 지하의 이야기 연작의 출발점인 세계의 창조의 모습이 보여주는 것은 그가 고대 유산을 잘 이해하고 있는 지식인이었고, 성서에 대해서 잘 아는 인물이라는 점을 보여준다. 그리고 그는 성서의 직선적 시간을 통해 기술한 연작의 이야기에 고전을 활용한 각주를 붙이고 세계에 대한 지식을 유기적으로 연결하였다.

이 안에서 재현된 최초의 인간인 아담에 대한 묘사는 몸이 아니라 세계에 대한 은유적 표현, 세계의 구조에 대한 상상력과 이를 바라보았던 인간의 관점이 담겨있고, 고전과 성서는 이 같은 세계관을 만들어냈던 문화적 전통이었다. 이 장면 속에서 인간의 몸은 우주 안에서 우주의 원리를 담고 있는 그릇이 되었다.

4. 균열: 서유럽 병원 제도와 과학적 연구대상으로써의 몸

고대에서 중세 사이에 등장한 몸에 대한 이야기들은 몸과 세계에 대한 상징과 은유, 그리고 이런 이야기들이 만들어내는 알레고리를 보여준다. 하지만 남아있는 과거의 기록들은 이런 점만 보여주는 것은 아니다.

그리스 시대의 신전에 봉헌되었던 몸이나 헬레니즘 시대에 소설의 이야기를 전달하기 위한 바티칸 박물관(Musei Vaticani)의 팔각 중정(Cortile Ottagono)에 전시되어 있는 <라오콘 군상 *Laoccon and his sons*>이나 스페르롱가(Sperlonga)에 있는 티베리우스 황제의 별장(Villa di Tiberio)에서 모습을 드러내고 있는 <오디세우스 이야기*Odissea a Sperlonga*>은 인간의 몸을 관찰하고 인지한대로 세밀하게 재현하던 예술가의 모습을 보여준다(그림 1-2).[1] 이런 작

그림 1-2. 바티칸 박물관의 <라오콘 군상>과 스페르롱가의 <오디세우스 이야기>

---

1) Ranuccio Bianchi Bandinelli, Enrico Paribeni, *L'arte dell'antichità classica. Grecia* (Torino: UTET Libreria, 1986); Robin R. R. Smith, *Hellenistic Sculpture, a handbook* (New York: Thames & Hudson, 1991), 110; Blanckenhagen, Peter H. von, "review of Die Skulpturen von Sperlonga by Baldassare Conticello and Bernard Andreae," *American Journal of Archaeology* 80, No. 1 (Winter, 1976): 99–104.

품들은 중세 대상으로 관찰한 몸과 상징과 은유로 고안된 몸에 대한 문화가 고대에도 의미가 있다는 사실을 알려준다.

그럼에도 불구하고 중세의 이야기들이 지니고 있는 상징적 의미들은 우리가 생각하는 관점이나 지식의 구조와 다르다는 점에서 당시 문화의 특징을 설명할 수 있고, 이로 인해서 더 많이 다뤄져왔다. 그러나 중세 말 유럽에서 설립된 병원은 인체를 직접 연구하고 바라볼 수 있는 새로운 시도라는 점에서 다루야 할 필요성이 있다.

중세 '오스페달레(ospedale)'라고 불렸던 병원은 사실 오늘날 우리가 이해하는 것처럼 '병원'이 아니라 빈민 구호소 혹은 사회적 약자를 돌보는 장소였고 건강을 위한 '치료'가 진행되었던 장소가 아니라 사회적, 정신적 '치유'의 공간이었다.[2] 특히 사회적 상류층의 입장에서는 '자비'(caritas)를 베풀 수 있는 공간이라는 점에서 천국으로 갈 수 있는 길처럼 여겨졌으며, 이는 서로 다른 사회 구성원의 관계에 개입해서 사회적 긴장감을 낮추어줄 수 있는 제도이기도 했다.

이런 점은 어원을 통해서 확인할 수 있다. 오스페달레의 어원은 방문자라는 '오스피테'(ospite)에서 유래하며 '방문자를 돌보는 장소'라는 의미를 지니고 있었다. 중세 이탈리아와 갈리아 지방에서 오스페달레는 외지인을 묶게 해주는 공간이었으며, 대부분의 외지인은 순례자였다.[3] 이는 오늘날 '유스 호스텔' 같은 용어의 기원이 되기도 한다. 그러나 이 공간을 다른 지역에서는 모두 신의 공간이라는 의미를 부여한다. 영국에서 '신의 집(God's House)', 네덜란드에서

---

2) Carlo Maurizio Belli, *ordinamento dei servizi negli ospedali* (Milano: U. Hoepli, 1914) 참조.

3) Gabriella Piccinni, Lucia Travaini, *Il Libro del pellegrino (Siena, 1382-1446): affari, uomini, monete nell'Ospedale di Santa Maria della Scala* (Napoli: Liguori, 2003) 참조.

는 '고슈이스(Gods'huis)', 프랑스에서는 '메종디에(Maison-Dieu, l'Hôtel-Dieu)'라고 불렀던 점은 이 공간이 종교적 성격을 지니고 있다는 사실을 알려주는 표현들이다.[4)]

이 시기라고 해도 동로마의 전통을 이었던 비잔틴 제국이나 아랍 세계에서는 고대 의학의 유산을 전승하고 인간의 질병을 마주하며 몸을 다양한 현상이 일어나는 대상으로 다루고 기록했다.

비잔틴 제국의 경우에는 수도원에서 환자를 치료하였으며, 『루스티니아네우스 코덱스(Codex Iustinianeus, 529-534)』와 같은 필사본을 남겨놓았다.[5)] 또한 아랍의 경우에는 아비세나(Avvicena, 980-1037), 라제스(Rhazes, 864-925)와 같은 유수한 의사들이 남긴 환사의 기록을 통해서 병원에서 환자를 치료했던 상황을 충분히 엿볼 수 있다.[6)]

하지만 중세의 오스페달레에서는 인간의 몸을 분석하는 대신 기도를 통해 구원을 얻고자 했다는 점에서 많은 차이점이 있었다.

사실 종교적 공간과 인간을 치료하는 장소의 관계는 중세 이전의 사례에서도 만날 수 있다. 고대 그리스의 경우 신화에서 의학의 신으로 소개되고 있는 아스클레피오스(Ἀσκληπιός)의 신전에는 많은 환자들이 찾아왔고, 이곳에서는 오늘날의 관점에서 플래시보 효과

---

4) Dankwart Leistikow, *Dieci secoli di storia degli edifici ospedalieri in europa. Una storia dell'architettura ospedaliera* (Ingelheim am Rhein: Boehringer Sohn, 1967), 10; 진주홍, 최병진, 『의학과 미술사이』, 141-145.

5) Bruce W. Frier, ed. *The Codex of Justinian. A New Annotated Translation, with Parallel Latin and Greek Text* (Cambridge University Press, 2016), 2963,

6) Plinio Prioreschi, *Byzantine and Islamic Medicine, A History of Medicine*, Vol. 4, (Omaha: Horatius Press, 2001); Nader El-Bizri, "'Ibn Sīnā's Ontology and the Question of Being'," *Ishrāq: Islamic Philosophy Yearbook* 2 (2011), 222–237.

(Placebo effect)로 의심되는 비과학적 방식으로 치료를 진행했다.[7] 이후 로마 시대의 경우 전쟁이나 검투사의 공연 문화와 연관해서 갈레누스의 사례처럼 외상에 대한 치료를 진행했다.

그러나 중세 이 같은 지식의 전승이 라틴어의 어려움으로 인해서 제한되는 과정 속에서 직업인으로서 의사의 사회적 역할이 줄어들었고, 다른 한편에서 성 아우구스티누스와 같은 교부가 몸과 영혼의 관계를 통해 인간의 부활을 설명하면서 종교는 삶의 정체성에 깊숙이 스며들었다. 그리고 이런 점은 삶을 종교에 의지하는 감정을 강화시켜나갔고 중세 수호성인과 봉헌물(Ex Voto)의 종교적 문화로 발전되어 갔다.[8] 이는 근대적 병원이 완성된 오늘날에도 이탈리아의 일부 병원 입구의 종교적 조각상과 앞에 놓인 봉헌물을 통해서 지금도 만나볼 수 있다(그림 2).

그림 2. 로마의 카스트로 프레토리오 거리의 병원 앞에 배치되어 있었던 봉헌물

7) 전주홍, 최병진, 『의학과 미술사이』 (일파소, 2016), 19-27.

8) ex voto라는 라틴어 표현은 "봉헌 이후에"라는 의미를 지니며, 봉헌 이후에 이뤄질 약속이라는 의미를 지니고 있다. Allesandro Campus, "Ex voto come fine, ex voto come mezzo," *Rivista di Studi Fenici*, 25(1997): 69-77; Ernesto De Martino, "Fenomenologia religiosa e storicismo assoluto," *Studi e Materiali di Storia delle Religioni* (1953-54): 1-25.

이 같은 상황이 변화되기 시작했던 것은 12세기 말이었다. 이런 점은 제도적으로 수도원 같은 종교적 의미를 부여받은 공간이 아니라 왕이나 영주와 같은 권력자가 후원한 병원의 등장에서 확인할 수 있다. 예를 들어 1123년에 설립되었던 성 바르톨로메오 병원(St Bargholomew's Hospital)은 런던에서 가장 오래된 병원이다.[9] 이곳은 이후 17세기 혈액의 순환을 설명했던 윌리엄 하비(William Harvey, 1578-1657)나 18세기 근대 수술의 중요한 원칙들을 발전시켰던 퍼시벌 포트(Percivall Pott, 1714-1788), 존 아버네티(John Abernethy, 1680-1740)와 같은 의학사적 측면에서 중요한 의사들이 일했던 장소였다.[10]

흥미로운 점은 이 시기에 처음으로 남자와 여자의 공간을 분리했고, 외상환자의 경우에는 상처의 경중에 따라 환자를 분리한 후 목욕과 약을 제공했던 기록이 남아 있다는 점이다.[11] 이런 상황들은 서유럽에서 종교적 기능을 지니던 공간에서 인체의 직접적인 치료를 위한 기능적 공간의 탄생으로 이어진다는 사실을 보여주기 때문에 서유럽 병원의 제도사에서는 병원의 탄생처럼 중요하게 다뤄지고 있다.

이런 상황은 십자군 운동과 같은 외적 요인에 의해서 더 발전했다. 아랍에서 들어온 흑사병은 14세기 유럽에서 유행했으며, 이 시기에 군주의 윤리적 책임이 강조되는 과정 속에서 병원에 대한 후원이 확장되기 시작했다. 이 시기에 아리스토텔레스의 원전을 연구하며 경

9) James O. Robinson, "The Royal and Ancient Hospital of St Bartholomew (Founded 1123)," *Journal of Medical Biography* 1, 1(1993): 23–30.

10) 전주홍, 최병진, 『의학과 미술사이』, 201-213.

11) Thomas R. Forbes, "Mortality at St. Bartholomew's Hospital, London, 1839–72," *Journal of the History of Medicine and Allied Sciences* 34, 4(1983): 432–449.

험과 기술의 관계를 탐색했으며 유럽 의학의 중심지로 발돋움했던 파도바 대학(Universita di Padova)에서는 의학이 고전을 토대로 정비되고 학문적으로 다뤄지기 시작했고, 밀라노와 같은 장소에서는 병원이 세워졌다.[12]

특히 1456년 밀라노에서 건립된 카 그란데의 마조레 병원(Ca Granda Ospedale Maggiore)은 서유럽 병원 제도의 일대 개혁이었다. 당대 밀라노의 대주교 엔리코 람피니(Enrico Rampini, 1390-1450)는 1448년 3월 9일 병원을 위한 『법령 *Costituzioni*』을 제정했으며, 이 안에는 "병원과 가난한 사람들의 입원을 위한" 장소라는 점을 명확하게 밝혔다. 그는 법령을 반포했던 시기에 밀라노 대성당(Duomo di Milano)이나 스포르차 성(Castello Sforzesco)과 같은 당대 군주의 성보다 더 큰 규모의 병원을 추진하고자 했다.[13]

이 과정에서 당시 권력자로 떠오르던 프란체스코 스포르차(Francesco I Sforza, 1401-1466)는 시민의 지지를 얻기 위해서 병원을 후원하기 시작했고 오늘날 당시 유럽의 가장 유명한 건축가로 알려져 있는 필라레테(Filarete, 1400년 경-1469)에게 병원의 설계를 의뢰했다.[14] 당시 이정도의 규모를 지닌 건물은 군사용 건물밖에 없

---

12) Andrea Carlino, *la Fabbrica del Corpo, Libri e dissezione nel Rinascimento* (Torino: Einaudi), 40-52; Regina Andres Rebollo, "The Paduan School of Medicine: medicine and philosophy in the modern era," *Rio de Janeiro*, 17, 2(2010): 307-331.

13) Girolamo Luigi Calvi, *Notizie sulla vita e sulle opere dei principali architetti, scultori e pittori che fiorirono in Milano durante il governo dei Visconti e degli Sforza*, II, (Milano: 1865), 75, 76-78; Maria Pia Alberzoni e Onorato Grassi, ed. *La Carità a Milano nei secoli XII-XV: atti del convegno di studi, Milano, 6-7 novembre 1987* (Milano: Jaka Book, 1989), 154. Alessandro Signorini, Ospedale privato e non profit. Antagonista o alleato strategico dell'assistenza pubblica? (Milano: Vita e Pensiero, 2007), 183.

14) Gigliola Soldi Rondinini, *Arte e storia di Milano*, Bonechi, Milano, 1999

었다. 필라레테 역시 군용 건축물을 설계한 적이 있었지만 병원을 설계한 경험은 처음이었고, 설계를 위한 연구 기간을 요청했다.

그는 이후 피렌체와 시에나를 방문했고, 피렌체의 메디치 가문의 도움을 받아 1288년 설립된 산타 마리아 노바 병원(Ospedale di Santa Maria Nova)와 산타 마리아 스칼라 병원(Ospedale di Santa Maria Scala)을 방문하고 환자를 돌보는 과정을 유심히 관찰하며 병원의 설계에 대한 아이디어를 발전시켜나갔다. 그는 이 과정에서 조명과 환기의 중요성을 이해했고 간병인의 역할이 지닌 중요성을 충분히 이해했다. 또한 이 장소를 관리하는 사람들이 질병을 치료하는 과정에서 얼마나 중요한지 관찰했다.

그 결과 그가 설계한 카 그란데 마조레 병원은 환기와 조명을 고려해서 십자 형태의 평면도(그림 3)를 지니고 있었고, 복도에 침대를 길게 배치했지만 동시에 2개의 침대마다 충분한 공간을 두어 간병인이 환자를 볼 수 있도록 만들었다. 또한 환자와 사회를 격리하기 위해서 병원을 수로로 둘러쌌다. 이는 관리자의 역할을 강조해 준

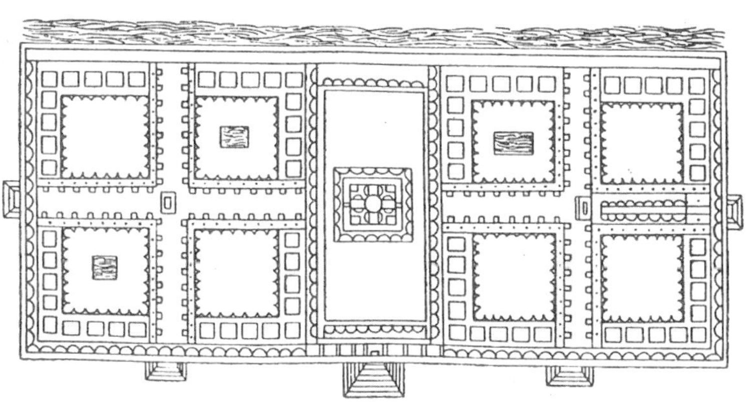

그림 3. 필라레테, <카 그란데 마조레 병원의 평면도>

참조.

다.[15)]

그가 최우선적으로 고려했던 것은 환자가 지내야 하는 환경과 기능이었지만 십자공간의 중심에는 여전히 기도할 수 있는 작은 기도실을 배치했고, 이곳에 있는 사제는 임종을 위해 움직일 수 있도록 만들어주었다. 필라레테가 설계한 병원의 공간 구조는 이 장소가 법적, 기능적, 행정적 요인을 만족시키고 있으며, 이는 이후 유럽 병원의 모델로 발전했다.

결과적으로 필라레테의 사례는 종교적, 윤리적 성격을 지닌 자비의 공간이던 병원을 환자를 관찰하고 치료하며 몸에서 일어나는 다양한 현상을 검토하는 장소로 변화시켰다. 그리고 이후 비잔틴 제국의 멸망으로 인해서 유래한 다양한 의학 분야의 고전은 이곳에서 관찰 속에서 검토될 수 있었다. 이는 이후 질병을 치료할 수 있는 학문으로서 서유럽의 의학 분야의 발전을 위한 새로운 사회적 조건이 된다고 할 수 있다.

이 안에서 필라레테는 인체를 기준으로 적절한 공간의 크기와 형태를 고안했다. 인간의 몸과 공간의 관계는 매우 중요한 건축 분야의 '모듈(module)'에 대한 개념으로 발전했고, 지금도 현대 건축가인 르 코르뷔지에(Le Corbusier, 1887-1965)의 건축물들의 설계에 대한 토대로 활용되었다는 점에서 오랫동안 전승되며 건축 분야에서 중요한 의미를 지니고 있다.[16)] 이 같은 생각은 필라레테의 『건축론 *Trattato dell'architettura*』(1464)에 잘 표현되어 있다.

그는 이 책의 서론에서 아담의 노동과 건축의 탄생에 대한 이야기,

---

15) 필라레테는 이 건축물에 대한 애착이 많았던 것으로 보인다. 이런 점은 그가 1460년부터 1464년까지 기술한 후 출간했던 『건축론 *Trattato di Architettura*』에서 넓게 서술하고 있다는 사실을 통해서도 알 수 있다.

16) Francesco Tentori, *Vita e opere di Le Corbusier* (Roma: Laterza, 1986) 참조.

이후 발전했던 그리스-로마 시대의 건축 사례를 검토하면서 자신이 원하는 건축이 효과적이라는 사실을 역사적 사례를 빌려서 설명하고 있다.

특히 그는 아담과 건축의 문제를 다루며 인간의 몸의 크기에 적합한 목재의 크기를 설명하면서 몸과 공간의 비례가 지닌 중요성을 강조했다(그림 4).[17] 또한 더 나아가 완성된 건축을 마치 인체가 확장된 공간처럼 설명하면서 인간, 건축, 자연의 비례를 적절하게 선택하는 것이 좋은 건축물이라고 강조했다.

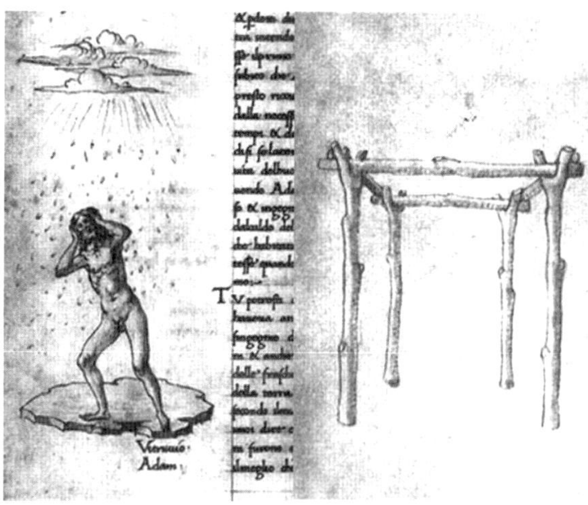

그림 4. 필라레테, <아담과 건축의 탄생>, 건축론, 1460-1464.

그가 병원의 기능적 측면을 반영해서 고안했다는 점에서 당시에는 혁신적 건축가였지만, 농시에 그의 생각이 다른 한편으로는 고전과 중세의 인간과 세계에 대한 상징에 대한 문화적 사유가 당대에도 중요한 의미를 지니고 있음을 알려준다.

---

17) 비를 피하기 위해서 지었던 지붕에 대해서 설명하면서 필라레테는 목재를 사용한 집을 최초로 만든 인간으로 아담을 다루고 있다.

인간과 세계의 관계에 대한 문화적 사유는 프란체스코 디 조르조 마르티니(Francesco di Giorgio Martini, 1439-1470)와 같은 건축가의 소고인 『시민과 군사 건축에 대한 소고 *Trattato di Architettura Civile e Militare*』(1482)에서도 찾아볼 수 있으며(그림 5), 이후 르네상스 시대 루카 파치올리(Luca Pacioli, 1447-1517)의 『신성한 비례에 관하여 (De divina proportione)』(1509)의 삽화를 위해서 레오나르도 다빈치가 남긴 <비트루비우스 맨 *Uomo Vitruvio*>(그림 6)까지 이어졌다.[18]

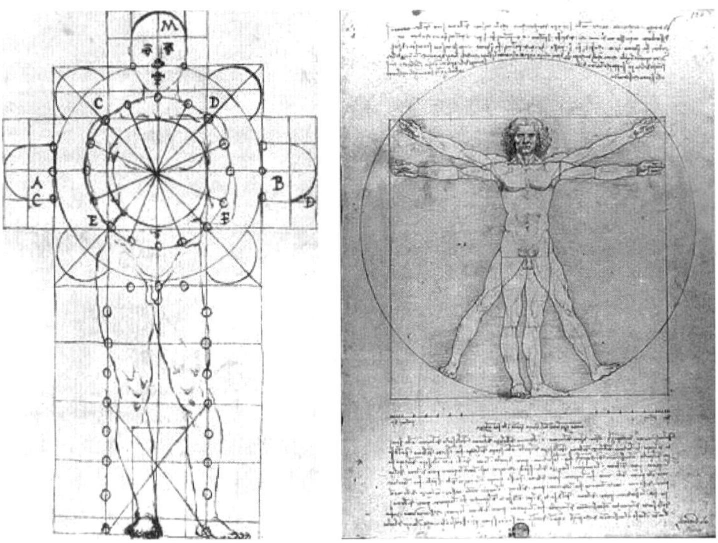

그림 5-6. 프란체스코 디 조르조 마르티니의 <교회에 투영된 인간>과 레오나르도 다빈치의 <비트루비우스 맨>

그가 만든 병원이 지닌 중요한 점은 인간의 몸을 직접 관찰할 수 있는 제도적이고 기능적인 공간을 발명했다는 점이다. 이런 점은

18) Marisa Dalai Emiliani, Valter Curzi, ed., *Piero della Francesca tra arte e scienza* (Padova: Marsili0, 1996), 239-252.

1542년 안드레아 베살리우스의 『인체의 구조에 관하여 *De Humani Corporis Fabrica*』로 이어진다고 생각한다. 또한 더 나아가 베살리우스가 책의 제목으로 사용했던 '구조'라는 단어는 '파브리카(fabrica)'라는 단어로 오늘날 '공장'이라는 뜻을 지니고 있지만 당시 건축과 미술 분야에서 주로 사용되었던 용어였다.[19] 그가 의학 분야에서 사용하지 않았던 단어를 가져와서 적용했다는 사실은 인체를 관찰할 수 있는 병원의 탄생과 무관하다고 보기 어렵다.

중세 서유럽에서 문화적 상징 속에서 논의되고 강조되었던 인간의 몸에 대한 신학적, 철학적 담론은 다시 몸을 바라볼 수 있는 기능적 공간으로서 병원의 탄생 가운데 근대 몸의 바깥쪽에 놓인 담론과 몸의 내부에 놓여있는 담론의 긴장감을 예견한다. 그리고 이는 근대 몸에 대한 연구와 그 결과물, 이를 활용해서 다시 세계를 설명하려는 많은 사람의 시도의 출발점이 되었다.

19) Andrea Carlino, *La fabbrica del Corpo* (Torino: Einaudi), 31-40.

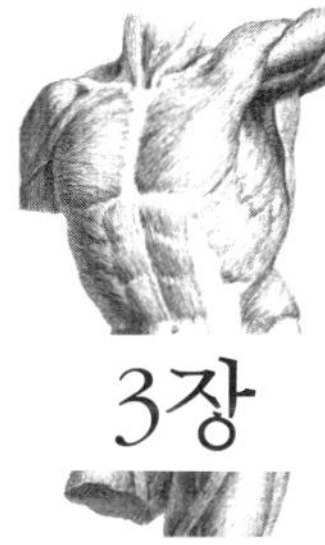

3장

몸의 공장: 근대 몸의 연구 궤적을 따라서

1. 대수적 사고가 만든 고안된 인체: 피에로 델라 프란체스카의 사례

고대에서 중세까지 몸의 이미지는 보이는 대상으로서의 표현을 넘어서 세계에 대한 은유처럼 다뤄졌고, 이는 인류학적 관점에서 시대와 장소에 따라 다양한 방식으로 다뤄졌다. 이탈리아에서 1400년대 초부터 진행되었던 르네상스 시대에는 기존의 방식과 차별화된 몸에 대한 표현과 원리에 대한 생각이 발전하기 시작했다.

미술 분야에서 몸을 표현하기 위한 원리는 당시 발전했던 미술 평론의 문화가 발전하면서 예술가들이 경쟁적으로 자신을 드러내는 과정에서 다뤄지기 시작했으며 이는 고전의 재발견과 아랍에서 들어온 타자(他者)의 지식을 수용하는 과정에서 시작되었다.

특히 미술 분야에서 공간에 대한 묘사와 몸을 표현하는 방식의 이면에든 인도에서 아랍을 거쳐 유럽에 전해진 "0"의 개념이 놓여있었다.[1] 0의 개념은 연산과 대수의 개념을 발전시킬 수 있는 토대였고, 이탈리아의 아름다운 자연 경관을 지닌 토스카나 지방의 주도(主都) 피렌체는 이 개념을 적용해서 경제적으로 놀라운 성과를 만들어냈다.[2]

당시 많은 가문들에서 시도했고 이후 메디치 가문에서 만들어냈던 은행은 0의 개념과 대수의 개념을 활용해서 복식 부기의 사례처럼 자본주의의 역사에 한 획을 그었다고 평가할 수 있는 재화에 대한 시스템이 만들어졌으며, 수표를 발행하며 유럽 금융의 중심지로 성장할 수 있었다.

이 안에서 예술가들의 사회적 역할은 매우 중요하다. 당시 이들은 실제로 각 지역에서 사용되는 금, 은으로 구성된 주화를 제작했고 무게와 부피의 개념은 이를 통제하는 기준으로 작용했다. 예술가는 주화시스템을 만들어낼 수 있는 실질적인 작업을 수행하였고, 일부 공방들은 오늘날 은행의 역할을 수행했기 때문이다. 이 같은 점 때문에 토스카나 지방에서 13세기부터 15세기까지 미술가는 은행을 위해서 일해야 하는 실무자들과 함께 산술 학교(Scuola d' Abaco)에서 함께 수학을 연구하였다.[3] 또한 일부 예술가의 경제적 역량도 늘어남에 따라 이들의 사회적 위상도 강화되었다.

한편으로 예술가들은 당시 새로운 도시 계획과 건축, 권력자의 이야기를 전달할 수 있는 매체로서 이미지를 생산하며 도시의 삶에 개

---

1) Christian Metz, *Essays sur la signification au chema* (Paris: Kliincksieck, 1968) 참조.

2) Michele Luzzati, "Firenze e le origini della banca moderna," *Studi Storici* 28:2 (1987): 423-234.

3) Maria Pia Maraghini, "*Il fenomeno abachistico a supporto dei cambiamenti socio-economici, Arezza tra il XIII ed il XVI secolo,*" Pecvnia, 13(2011): 25-58.

입했다. 그 결과 이탈리아를 비롯한 유럽의 도시는 메시지를 다루는 예술품으로 채워지기 시작했다.

수학과 미술이 지닌 사회적 유용성은 정치적으로 불안정한 이탈리아 반도에서 공방 간의 경쟁 혹은 예술가의 경쟁 속에서 여러 점의 예술에 대한 소고를 만들어냈고, 이는 흥미로운 사유의 전환 과정을 보여준다.

그 대표적 사례 중 하나가 레온 바티스타 알베르티(Leon Battista Alberti, 1404-1472)의 『회화론 *De Pictura*』이었다.[4] 그는 자신의 작품이 지닌 장점을 설명하기 위해서 당대 예술가에게 익숙한 수학의 개념을 도입해서 회화의 표면과 보이는 공간의 관계를 설명했다. 그는 이 책에서 유클리드의 기하학과 아랍에서 유래한 0의 개념을 적용해서 소실점을 통해 삼차원의 공간에 대한 정보를 이차원의 공간으로 옮기는 기준을 제시하며(그림 1), 자신이 현실을 가장 정묘하게 표현할 수 있다고 주장했다.

알베르티는 공간을 선으로 구분한 후, 두 평행한 직선이 만나는 점을 소실점이라고 설명했다. 하지만 유클리드 기하학에서 두 평행한 직선을 만나지 않으며, 이는 현실 속에 존재할 수 없는 추상적인 좌

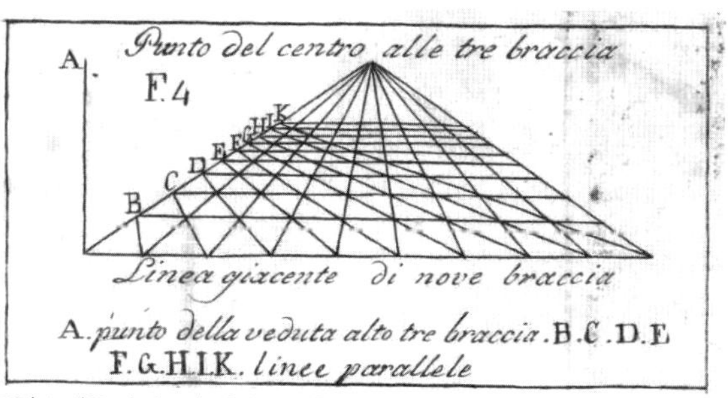

그림 1. 레온 바티스타 알베르티, 『원근법에 관하여』 삽화의 일부

4) 레온 바티스타 알베르티, 『알베르티의 회화론』, 노성두 역 (사계절: 1998) 참조.

표였다. 그는 0의 개념이 현실에 없지만 양수와 음수의 관계를 설명하는 기준이 되는 것처럼 현실에 존재하지 않는 원근법의 소실점을 활용해서 공간의 기준으로 삼았다. 이는 그가 고전의 지식과 아랍에서 들어온 새로운 수학적 개념에 익숙했다는 사실을 보여준다.

이 같은 생각은 이후 피에로 델라 프란체스카(Piero della Francesca, 1415년 경-1492)의 사례에서 관찰할 수 있는 것처럼 현실을 묘사하는 기준으로만 활용된 것이 아니라 몸의 양감과 부피에 대한 설명으로 나아갔다.[5] 그 역시 산술학교에서 수학했으며, 실제로 은행가와 상인을 위한 수학책인 『산술서 *Trattato d'Abaco*』를 기술하기도 했다는 점에서 수학 분야의 새로운 지식을 잘 이해하고 있었다. 그리고 이를 토대로 그는 『원근법에 관하여 *De prospectiva pingendi*』라는 책을 집필했고, 그 일부가 전해진다.[6] 하지만 그가 기술한 내용은 이후 루카 파치올리의 『신성한 비례에 관하여』에서 자세하게 설명되어 있다는 점에서 그 내용을 파악할 수 있다.[7]

피에로 델라 프란체스카는 『원근법에 관하여』에서 원근법을 통해 공간을 구성했지만 동시에 보는 사람과 대상의 거리에 따라 입체를 표현할 수 있다는 점을 보여주었고(그림 2), 이를 더 체계적으로 다루기 위해서 플라톤의 다면체를 연구했다. 이는 원소의 개념처럼 기하학에서 양감을 가진 입체를 체계적으로 정리한 것이었고, 이 같은 기본 입체에 대한 이해는 더 나아가 인체를 효과적으로 표현할 수

---

5) Robert Black, "The article reviews the book 'The Egnigma of Piero' by Carlo Ginzburg," *Oxford Art Journal* 9:2 (1986): 67.

6) Gerolamo Mancini, *L'opera "De corporibus regularibus" di Piero Franceschi detto Della Francesca usurpata da fra Luca Pacioli* (Roma: Tipografia della R. Accademia dei Lincei, 1915).

7) 최병진, 「피에로 델라 프란체스카의 <그리스도의 책형>에 대한 도상학적 해석과 대수적 사고」, 미술이론과 현장, 18(2014): 33-61.

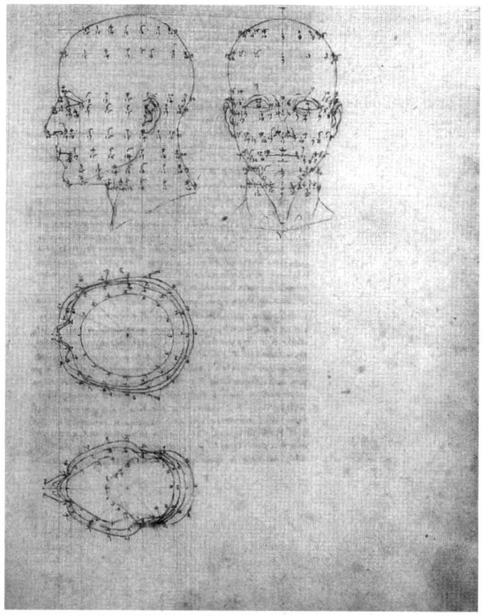

그림 2. 피에로 델라 프란체스카, <두상에 대한 비례와 양감>, 원근법에 관하여

있는 출발점이라고 여겼다.

플라톤은 아카데미의 입구에 "기하학을 모르면 들어오지 말라(ἀγεωμέτρητος μηδεὶς εἰσίτω)"고 적을 정도로 기하학의 중요성을 인지하고 있었고, 고대 그리스의 자연철학자들이 제안한 불, 물, 공기, 흙의 4원소에 대한 생각을 통해 사물을 구성하는 원소의 개념을 잘 알고 있었다.[8]

그는 다양한 다면체를 통해 세계의 부피와 변화를 설명하였다. 그리고 원소의 개념과 입체의 개념을 연결해서 정 4면체, 정 6면체, 정 8면체, 정 12면체, 정 20면체의 다섯 사례를 검토했고, 12면체를 제외한 나머지 다면체가 4원소에 해당한다고 설명했다. 그리고 12면체는 완벽을 의미하는 구체와 유사하고 황금비가 적용된다는 점에

8) Athanase Papadopoulos, *Geometry in History* (Strasbourg: Springer Nature, 2019), 3.

서 우주의 상(像)으로 해석했다.[9]

이 같은 플라톤의 연구는 고전에 대한 관심이 높아지던 르네상스 시기를 맞아 '플라톤의 다면체(corpus platonicum)'라는 이름으로 전승되었다. 피에로 델라 프란체스카는 이 같은 지식을 접한 후 인체가 양감과 부피를 가지기 때문에 이 개념을 적용해서 회화 작품을 만들어낼 수 있다면 보다 더 효율적이라고 생각했다.

그는 이 같은 개념을 활용해서 인체를 묘사하는 데 적용하려고 했다. 오늘날 미술가들이 한동안 드로잉을 배우는 과정에서 적용되는 석고상인 줄리앙 같은 조각이 입체로 나뉘어져 음영을 연습할 수 있도록 도와주는 것처럼 그에게 기하학적 지식은 인체를 탐구하고 입체로서 인간의 몸을 묘사하는 데 도움이 되었다. 물론 그의 논의는 사물의 형태에 원소의 개념을 적용했다는 점에서 추상적이지만 화가뿐만 아니라 종교화의 이면에 있는 의미를 탐색하던 신학자들에

그림 3. <루카 파치올리의 초상>, 『대수, 기하, 비례, 비례의 성격에 대한 논의들』의 첫 페이지의 일부, 1494년 인쇄본.

9) Omar Calabrese et al. eds. *Piero teorico dell'arte* (Roma: Gangemi, 1985), 52.

게도 흥미를 불러일으켰다.

피에로 델라 프란체스카의 책을 표절한 것처럼 유사한 기록을 남기고 있는 동향의 수사 루카 파치올리(그림 3)는 이 같은 신학자에 해당하는 대표적인 인물이었다. 그는 1509년 베네치아에서 이 논의를 토대로 『신성한 비례에 관하여』를 출간했고, 이 책은 다빈치가 <비트루비우스 맨>으로 알려진 유명한 삽화로 인해서 지금도 잘 알려져 있다.

피에로 델라 프란체스카는 이 같은 이론을 적용했고 <책형의 그리스도 *Flagellazione di Cristo*>(그림 4)는 원근법과 그가 생각한 입체의 원리가 담긴 흥미로운 작품이다. 그는 이 과정에서 자신이 방문하지 못한 예루살렘을 배경으로 빌라도가 그리스도를 재판하는 장면을 묘사했다. 이를 위해서 그는 당시 방문할 수 없는 예루살렘에 대한 역사적 정보를 찾았으며, 당시의 순례자를 위해서 제작된 예루살렘의 지도 속에서 2층 건물로 구성된 로마 시대의 건물이라는 사실을 알게 되었다.[10]

이를 토대로 그는 건축적 지식을 토대로 원근법을 적용해서 빌라도의 집을 묘사했고, 이 안에 고대 로마 기둥에 묶여 채찍질을 받는 그리스도를 묘사했다. 그림의 장면 속에서 등을 돌리고 있는 인물을 정보를 주지 않지만 기둥 옆의 인물은 재판을 시작했던 유대인으로 추정된다.[11] 한편 그는 원근법을 활용해서 역사가 흐르고 있다는 사실을 표현했다. 원근법상으로 멀리 보이는 공간에 빌라도의 집이

10) 최병진, 「피에로 델라 프란체스카의 <그리스도의 책형>에 대한 도상학적 해석과 대수적 사고」, 미술이론과 현장, 18(2014): 43; Marilyn Aronberg Lavin, *Piero della Francesca: The Flagellation* (London: The Penguin, 1972), 43.

11) Ernst H. Gombrich, "The Repentance of Judas in Piero della Francesca's Flagellation of Christii," *Journal of the Warburg and Courtauld Institutes*, XXII (1959): 105-107.

그림 4. 피에로 델라 프란체스카, <책형의 그리스도>, 1460, 우르비노 국립갤러리.

표현되어 있지만, 왼편에 있는 건축물은 로마 시대가 아닌 동시대의 건물이기 때문에 그 안에 배치된 인물들은 동시대 인물로 보아야하기 때문이다. 이들에 대한 연구는 지금까지도 수많은 가설을 만들어 내지만 이를 확신할 수 있는 연구가 진행되어 있는 것은 아니다.[12]

하지만 그가 플라톤의 구체를 적용해서 인물을 그리는 과정은 수학적 원리가 인간의 몸을 만들어가는 과정을 도와주며, 이를 이해할 수 있는 힌트를 제공한다. 그가 남기 다른 작품인 <몬테펠트로의 제단화 *Pala Montefeltro*>(그림 5)에 등장하는 인물들 중에는 서로 매우 닮은 성인들이 표현되어 있다. 이 작품에서 성 히에로니무스(Saint Jerome)와 성 베르나르도(Saint Bernardo), 그리고 성 프란체스코(Saint Francesco)와 성 피에트로(Saint Pietro)의 모습은 마치 쌍둥이처럼 표현되어 있다.

이 중에서 그는 유사한 삶을 살았던 인물의 기록을 토대로 자신이 모르는 인물을 표현하기 시작했다. 예를 들어서 성 프란체스코의 도

12) Carlo Ginzburg, "La Flagellazione: congetture e confutazioni," *Indagini su Piero* (Torino: Einaudi, 1994), 125-137.

그림 5. 피에로 델라 프란체스카, <몬테펠트로 제단화>, 1472, 밀라노 브레라미술관.

상은 그가 이전에도 접할 수 있는 사례가 많았지만 성 피에트로의 모습은 당시 막 성인이 되었기 때문에 그를 만났던 경험이 없었다. 이를 표현하는 것은 쉽지 않은 문제였지만 그는 성 피에트로의 삶과 유사한 성인을 선택해서 그를 표현했던 것이다. 그는 인간의 몸이 유사한 경험을 지니면 유사한 표정이나 체형을 지닌다고 보았던 것 같다.[13)]

원근법과 플라톤의 구체가 인간의 모습을 기술하는 원칙이 되었다는 점에서 그는 이 기준을 통해 인간의 본성에 따른 몸의 변화를 응용했던 것이다. 그리고 이런 점은 수학의 대수와 유사한 사고 방

13) 최병진, 「피에로 델라 프란체스카의 <그리스도의 책형>에 대한 도상학적 해석과 대수적 사고」, 미술이론과 현장, 18(2014): 56.

식을 드러낸다. A의 삶이 B라는 인체의 특성을 지니고 있다면 A와 유사한 삶을 살았던 C는 B와 유사한 D라는 인체의 특성을 지닌다고 보았기 때문이다.

몸을 다루는 정량적 기준은 인간의 속성에 대한 분류를 가능하게 만들어주었고, 이는 대상의 캐릭터가 아니라 인간의 속성에 대한 생각을 응용해서 새로운 캐릭터를 고안할 수 있도록 만들어준 것이다. 따라서 그는 자신이 경험 속에서 만나지 못했던 인간의 모습을 스스로 표현해가는 규칙을 만들어냈고 이는 수학에 대한 지식에서 유래한 것이었다.

이 같은 사례는 몸을 표현하기 위한 보편적이고 객관적인 원칙을 통해 새로운 인간의 몸을 고안한 것이었고, 이는 수학과 미술 분야의 협업이 변화시켰던 르네상스 시대의 새로운 표현 방식으로 이어졌다고 볼 수 있다.

2. 관찰에서 태어난 건축물 같은 인간의 몸: 레오나르도 다빈치의 사례

레오나르도 다빈치는 르네상스 시대를 대표하는 입지전적(立志傳的) 인물로 역사에 기록되어 있다. 그가 오늘날의 관점에서 다양한 분야의 텍스트를 남겼고, 이는 19세기 월터 페이터(Walter Pater, 1839-1894)의 설명처럼 지금도 사용되고 있는 '르네상스 형 인간'이라는 표현을 만들어냈다.[1] 하지만 그가 남긴 습작과 이를 설명하는 글을 관통하는 것은 미술이었다. 그는 미술이 보고 관찰하는 것을 표현해야 한다고 생각했기 때문에 관찰한 것들을 스스로 생각하고 기록해나갔고, 이 과정에서 다양한 분야의 글들이 탄생했다.

다빈치는 수많은 기록이 전해주는 것처럼 베로키오(Andrea del Verrochio, 1435-1488)의 공방에서 보티첼리(Sandro Botticelli, 1445-1510)와 함께 공부하며 미술을 배워나갈 수 있었다. 하지만 다른 동료에 비해 늦은 시기에 공방에 가입해서 공방을 열 수 있는 권리를 얻었다[2].

그가 살았던 시대는 공방에서 제작되는 미술품의 경쟁이 예술가 사이의 경쟁으로 변화되었던 시기였고 이로 인해서 미술가의 사회적 위상이 변했던 시기였다. 특히 이탈리아의 불안정한 정치적 상황은 내부 권력자의 경쟁과 프로파간다로 이어졌으며 미술은 권력자와 시민을 잇는 중요한 소통의 매체로 부상했다.[3] 이 과정에서 예술

---

1) Walter Pater, *The Renaissance - Studies in Art and Poetry; the 1893 text*, Donald L. Hill ed. (University of California Press: 1980) 참조.

2) Hugo Chapman & Marzia Faietti, *Fugure, Memorie, Spazio Disegni, Da Fra'Angelico a Leonardo* (Firenze: Giunti, 2011), 186.

3) 최병진, 「메디치 컬렉션의 자전과 계몽주의 시대의 공공성」, 『서양미술사학회 논문집』, 42(2015): 171-197.

가들은 권력자에게 자신의 작품이 지닌 장점을 설명하려고 노력했고, 이런 점은 르네상스 시대를 설명하는 미술 평론의 문화를 만들어냈다.

그러나 이 같은 변화는 다빈치에게 어려움을 만들어냈다. 그는 자신을 스스로 "문자 없는 사람(L'omo senza lettera)"라고 기록할 정도로 상류층의 공용어였던 라틴어를 잘 사용하지 못했기 때문이다.[4] 그는 태생적으로 사생아로 태어났기 때문에 라틴어 대신 당대 이탈리아어 속어를 배웠으며, 이는 그가 전승되는 수많은 학문적 지식을 접하기 어려운 이유가 되었을 뿐만 아니라 더 나아가 당시 주문자의 역할을 하는 교양 있는 권력자들에게 자신의 생각을 표현하는 데도 서툴렀던 이유가 되었다.

다빈치는 스스로 다른 예술가처럼 당시 권력자에게 조언하던 인문 학자처럼 자신의 작업에 대한 자긍심을 느꼈고 이는 밀라노에서 자신을 예술가가 아닌 '마에스트로(Maestro)'라고 소개한 점에서 확인할 수 있다.[5] 오늘날 '거장'이라는 의미를 지니고 있는 이 단어는 당시에 인문학적 소양이 많은 교양인에게 적용될 수 있는 용어였기 때문이다.

하지만 그가 라틴어를 잘 하지 못했다는 점과 이로 인한 부족한 점은 노력을 통해서 채워야 했고, 전승받을 수 있는 지식을 얻지 못했기 때문에 그는 오히려 관찰을 통해 자신의 단점을 메우려고 노력했다. 그래서 이런 점이 오히려 다빈치가 전통을 혁신하고 새로운 관찰의 내용을 과감하게 자신의 작품에 적용할 수 있었던 동인이 되었다.

이런 점은 그가 남긴 드로잉과 습작을 통해서 보여주는 변화를 통

---

4) 앞의 글.

5) Guido Lopez, *Leonardo e Ludovico il Moro, La roba e la libertà* (Milano: Mursia), 10.

해서 확인할 수 있다. 그는 앞서 언급했던 것처럼 베로키오의 공방에서 다른 작가의 작품을 모사하며 드로잉과 당시 알베르티가 고안했던 원근법을 배웠다. 이 시기 그림의 원리를 제안하고 이를 표현하는 것은 회화를 보는 담론을 기준으로 작품을 평가할 수 있다는 점에서 중요한 문화적 변화였다.

그의 그림은 회화적 평면을 창문처럼 생각하고 보이는 풍경을 묘사하는 것처럼 변했고, 이는 창틀처럼 그림의 액자에 대한 생각을 만들어냈던 당대의 상황에서 보다 좋은 작품의 기준이 되었다.

그는 이를 연구하는 과정에서 주어진 원근법에 대한 설명을 넘어서 관람자의 시점에 대해 생각하기 시작했다. 화가가 보는 장소가 곧 그림의 공간을 설명하는 기준이 되었기 때문이다. 그는 이 같은 생각을 토대로 자신의 위치에 관람자를 대입해서 왜상의 개념(anamorphosis)을 고안했다.[6] 그의 제자였던 프란체스코 멜치가 다빈치의 습작의 일부를 정리해서 출간했던 『레오나르도 다빈치의 노트북 *Leonardo da vinci's notebook*』에서 그는 "원근법에 따라 대상을 재현한 그림은 대상에서 그려진 시점에서 볼 때 더 실물처럼 보일 것이다."라고 기술했다.

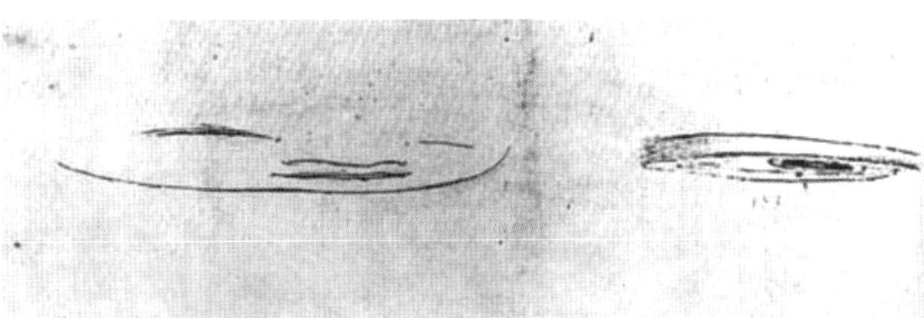

그림 1. 레오나르도 다빈치, <얼굴의 왜상에 대한 연구>

6) Daniel L. Collins, "Anamorphosis and the Eccentric Observer: History, Technique and Current Practice," *Leonardo* 25. 2(1992): 179–187.

그가 제안한 왜상(그림 1)은 그림을 정면에서 보는 것이 아니라 측면에서 이를 바라보았을 때 현실에서 표현된 대상을 이해할 수 있는 것처럼 표현하는 것이었다. 정면에서 보면 인물이 변형된 것처럼 보이지만 관람자를 기준으로 앞으로 나아가며 측면에 배치된 그림은 경험하는 현실의 모습을 드러내준다.

하지만 그는 더 나아가 이를 한 장의 그림에 서로 다른 이야기를 담는 다중 삽화로도 응용했다. 관찰자의 시점에 따라 다른 이야기가 표현될 수 있다면 그는 여러 개의 이야기를 관람자의 시점이 동선에 따라 변화될 때마다 그림의 서로 다른 디테일에 주목하게 만들 수 있다고 생각했기 때문에 한 장의 그림은 여러 개의 이야기도 담을 수 있을 것으로 보았기 때문이다.

그는 이 과정에서 원근법의 소실점을 여러 개 고안해서 하나의 작

그림 2. 레오나르도 다빈치, <모나리자>, 1517, 루브르 박물관.

품에 담기도 했다. <모나리자 *Mona Lisa*>(1517년 경)의 눈동자가 관찰자의 위치와 상관없이 보는 사람을 따라다니는 것 같은 효과를 만들어낼 수 있는 것은 작품의 왼편과 오른편에 묘사된 풍경들이 서로 다른 원근법의 소실점을 가지기 때문이다(그림 2).[7] 그는 한 장의 그림을 마치 영화처럼 여러 개의 레이어를 활용해서 중첩할 수 있게 만들었다. 바자리(Giorgio Vasari, 1511-1574)와 같은 후대의 평론가는 이를 두고 다빈치가 그림을 넘어 또 다른 환영(fantasia)을 향해 나아갔다고 평가했다.[8]

이런 점은 그가 라틴어로 배울 수 있었던 원리와 응용을 자신의 경험과 질문을 통해서 창의적으로 변화시켜나갔다는 사실을 알려준다. 그리고 이런 시도는 그가 사물을 관찰하고 기록하는 방식도 변화시켰다. 그는 사물을 여러 시점에서 관찰하며 대상을 거의 360도 관찰하면서 끊임없이 기록했고, 이는 자연에서 관찰할 수 있는 대상에 대한 세밀한 시각적인 정보를 이해할 수 있는 출발점이 되었다.

그가 남긴 드로잉의 동식물들은 이런 관점에서 볼 때 정적으로 개념을 전달하지 않는다. 그 이유는 그가 사물이 놓인 공간의 맥락과 경험도 관찰했기 때문이다. 바람이 불어오는 과정에서 변형되고 움직이는 식물의 드로잉은 바람이 불어왔던 시간을 표현하고 있고, 이는 그림에 생동감을 불어넣고 있다. 그리고 이는 인체의 연속 동작을 묘사하는 과정에서 확인할 수 있다.

자신이 배운 관찰의 원리로서 원근법을 이해하고 이를 응용하는 과정에서 그는 자신이 관찰했던 경험을 하나의 원리로 정리하고 나

7) Clark, Kenneth, "Mona Lisa," *The Burlington Magazine*, 115 .840(1973): 144–151; Asmus, John F.; Parfenov, Vadim; Elford, Jessie "Seeing double: Leonardo's Mona Lisa twin," *Optical and Quantum Electronics*, 48. 12 (2016): 555.

8) 조르조 바자리, 『르네상스 미술가평전1』, 이근배 역 (올재: 2017), 451.

시 이를 적용하려고 노력했고 이는 오히려 레오나르도 다빈치에게 보이는 사물을 표현하는 기준에 대한 열망을 만들어냈다. 그는 인체의 묘사를 위해 몸짓의 변화를 이해할 수 있는 기준으로 해부학에 대한 관심도 가지게 되었다.

오늘날 런던의 로얄 컬렉션(Royal Collection)에 보관되어 있는 <팔의 해부학적 연구 습작 *Anatomia dei muscoli del braccio, vene del braccio e del tronco*>(그림 3)은 팔의 해부학적 구조를 토대로 다양한 시점에서 관찰한 드로잉으로 남아있다. 거의 360도에 가까운 대상에 대한 습작은 그가 그림을 그리는 속도를 늦췄던 이유였지만 오히려 인간의 신체에 대한 표현을 스스로 다룰 수 있는 정보를 만들어냈다.

또한 관찰하는 대상 사이에 적용할 수 있는 원리에 대한 생각은 서

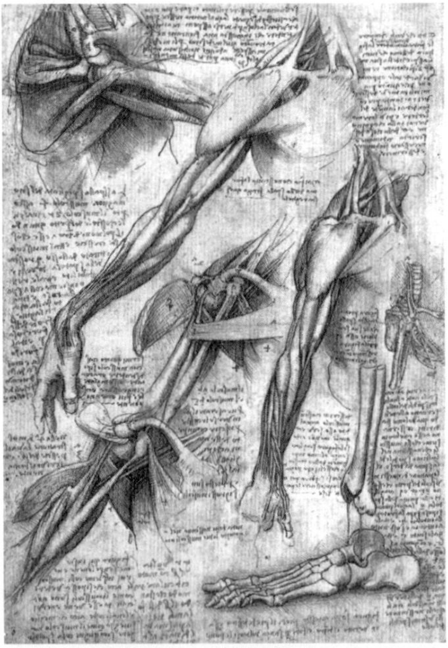

그림 3. 레오나르도 다빈치, <팔의 움직임에 대한 해부학적 연구 습작>, 윈저 컬렉션

로 다른 대상이 드러내는 원리를 이어주면서 그를 과학자처럼 변화시켰다. 그는 이 과정에서 인체를 일종의 기능적 건축물처럼 상상했다. 예를 들어 그가 심장에 대해서 설명하며 다루었던 것은 물을 통제하기 위한 수문의 모습이었다. 그는 회화 작품에서 바람을 표현하기를 원했고, 이를 관찰하기 위해서 유속을 연구하며 수문을 접했기 때문이다. 하지만 관찰과 경험에서 유래한 서로 다른 원리를 적용하는 과정은 인체에 대해서도 새로운 생각을 만들어냈다.

그가 남긴 드로잉에서 인간의 심장을 관찰할 수 있다. 이 곁에 적혀있는 기록을 보면 그는 심장은 연소기관처럼 설명하고 있으며, 폐를 묘사한 드로잉에 적혀있는 것은 냉각 기관처럼 설명하고 있다[9]. 이를 통해 혈액의 순환을 설명하며 혈관을 따라 에너지가 전달될 수 있기 때문에 인간이 움직일 수 있다고 보았다. 이런 점은 오늘날 레오나르도 다빈치의 해부학 이미지가 후대의 의사들에게 놀라움을 안겨주었던 이유였다. 결과적으로 그가 상상하고 이해한 인간의 몸은 안드로이드처럼 원리를 지니고 있는 일종의 기계처럼 변해갔다.

그가 이 같은 관찰을 라틴어로 기술했다면 당대 사회 속에서 수많은 논란과 논쟁을 불러일으켰을 것이다. 하지만 그는 이를 이탈리아어 속어로 기록했고 오랜 기간 동안 이 같은 이야기는 잊혀졌다. 게다가 그의 제자였던 멜치(Francesco Melzi, 1491-1570)는 스승에 대한 예술가로서의 이야기를 중요하게 생각했지만 다른 이야기들이 왜 기록되어 있는지 이해하지 못했기 때문에 이를 출간할 때 배제했기 때문이다.[10]

---

9) 전주홍 외 7인, 『마음의 장기 심장 - 인간에게 심장이란 무엇인가』 (바다출판사: 2016).

10) Valentin, Antonia, *Leonardo da Vinci: The Tragic Pursuit of Perfection*, Dickies, E. W. trans (New York: The Viking Press, 1938), 439.

결국 그가 기술했던 몸에 대한 생각은 이전과 전혀 다른 기계론적 몸에 대한 아이디어를 반영했음에도 의학의 역사에 기여할 수 없었다. 하지만 그는 이를 자신의 그림에 적용하며 원리에 의해서 만들어진 새로운 세계를 표현했고 세계의 보편적 원리는 그림의 토대가 되었다. 그는 더 좋은 작품을 그리기 위해서 구상미술의 시대 인간의 몸에 대해 탐색했고 움직이는 원리와 기능을 해부학적 지식을 토대로 다루었던 것이다.

물론 이 같은 생각의 이면에는 그가 친구였던 루카 파치올리의 책의 삽화를 위해 그렸던 <비트루비우스 맨>처럼 인간의 몸을 건축물로 보았던 전통을 접했던 점도 중요한 역할을 했다.[11] 그럼에도 다빈치에게 가장 중요했던 것은 인체의 움직임을 자유자재로 표현할 수 있는 원리와 관찰 속에서 얻은 생동감을 어떻게 표현하는 가였다. 그리고 이를 연구하는 과정에서 그가 보았던 세계의 모든 원리는 그를 경험을 강조하고 재현하며 세계를 생각하는 과학자 같은 모습을 지닌 화가로 변화시켰다.

---

11) Marco Bussagli, "*A misura d'uomo. Leonardo e l'Uomo vitruviano (rubrica Dentro il quadro)*", In *Art e Dossier*, 146 (giugno 1999), 17-20.

3. 중세에서 근대까지: 해부학 문화와 사회 제도적 조건

안드레아스 베살리우스는 근대 해부학의 아버지로 알려져 있다. 이로 인해서 해부학은 몸에 대한 근대적 사유가 반영된 것으로 여겨진다. 특히 오랫동안 역사 분야에서 언급했던 중세의 암흑기에 대한 편견이나 종교가 지배하던 시대에 대한 생각으로 인해서 몸의 내부를 직접 연구하는 데 제약이 있었다고 생각하기도 한다. 그러나 몸의 해부가 근대에 갑자기 등장한 것은 아니었다.

중세 인간의 몸을 연구하는 장소 중 하나는 수도원이었다. 이곳에는 히포크라테스, 오리바시우스, 갈레누스의 저서들을 보관하고 있었고 12세기까지 수도사들은 종종 이 지식을 활용해서 치료를 시도했던 사례도 남아있다.[1] 하지만 교회는 수도사가 이를 통해 돈을 버는 것이 영성적 삶을 살아야 하는 이들에게 부정적이라고 판단하였고, 치료의 대가로 돈을 받는 것을 금지했다.

일부 성직자들은 교회에서 치료를 시도한 정황이나 사례가 있었지만, 교회의 입장에서 치료 중 죽은 사람에 대한 책임과 금전적 보상이라는 쟁점이 놓여있었기 때문에 1215년 4차 라테라노 공의회(Concilio del laterano IV)에서는 마조레 수도회(Monastero Maggiore)에 소속된 수도사를 제외한 다른 성직자들이 의사의 역할을 수행하는 것을 공식적으로 금지했다.[2] 이런 점은 유럽 가톨릭교회의 문화가 종교와 의학을 서로 대립적인 문제로 다루지 않았다는 사실을 알려준다.

1) Giorgio Picasso, Mauro Tagliabue, *Il monachesimo italiano nel secolo della Grande Crisi* (Badia di Santa Maria del Monte, 2004), 500.
2) Peter Murray Jones, Materia medica: miniature medievali (Milano: Centro Tibaldi, 1997), 26.

그림 1. 보니파치우스 8세, 1298, 피렌체 두오모 박물관.

이밖에도 인체를 다루고 있었던 중세의 여러 교서들은 대부분 매장과 연관되어 위생의 문제를 다루고 있었다. 예를 들어 1299년 9월 27일 보니파치우스 교황(Bonifatius VIII, 1294-1303)(그림 1)의 교서인 『매장에 관해서 *De Sepulturis*』(1299)에서 죽은 사람의 몸은 살아있을 때 희망한 장소나 친지가 원하는 장소에 가능하면 빨리 매장해야 한다고 기록했다. 이런 상황이 가능하지 않은 경우에는 죽은 장소에 매장될 수 있고, 화장 없이 시신을 이전하는 것을 금지하고 있다. 한편 중세에는 일부 성직자와 귀족이 시신을 끓여 뼈와 살을 분리한 후 명복을 빌기 위해 나누어 매장하는 경우도 있었지만 이에 대한 부정적 입장도 표명하고 있다. 이에 대한 예외적 조건은 전쟁이나 피치 못할 이유로 자신의 고향에서 먼 장소에서 사망하는 경우 이전을 위해 뼈들을 가지고 와서 매장하는 것은 허용했다.

이를 두고 이탈리아의 의학사가인 안드레아 카를리노는 이 같은 교서들이 해부학이라기 보다는 위생에 대한 관점을 표명한다고 설명했다. 이 외에 지금까지 중세 해부학 실습에 대한 긍정적 혹은 부정적 견해가 담긴 종교 문서는 발견되지 않았다. 그러나 이런 점에 유럽 문화에서 몸을 해부한 경험이 없다고 보기도 어렵다.

중세부터 르네상스 시대까지 이어진 몸에 대한 종교적 관점을 살펴보면 해부학에 기여했던 점도 유추해볼 수 있다. 예를 들어 성 아우구스티누스가 죽음을 영혼이 몸에서 빠져나온다고 설명하면서, 고대 죽은 시신의 마술적, 제의적 통념은 힘을 잃고 더 이상 작동하기 어렵게 되었다. 이는 인체를 해부하는 사람들에게 죽은 자의 몸에 대한 편견이나 두려움을 줄여주었다.

그림 2. <몬디노 디 리우치의 해부학 실습 장면>,『몬디노의 해부학』 삽화의 일부, 1493년 판본.

그리고 1270년에 굴리엘로 다 살리체토(Guglielmo da Saliceto, 1210-1277)의 해부학 서적인 『외과술 *Cyrurgia*』(1275)이 출간되었으며 이후 1316년 몬디노 데이 리우치(Mondino dei Liuzzi, 1270-1326)의 『몬디노의 해부학 *Anathomia Mundini*』(1316)이 출간되었다(그림 2).[3] 이 책에서 그는 인체와 질병의 관계를 설명하기 위해서 해부가 필요하다는 사실을 드러냈고 이런 점은 오랫동안 의학부에서 교재로 사용되었다.[4]

하지만 일부 중세 말에 진행된 해부학 극장에 대한 기록은 이 과정이 매우 엄격했다는 사실을 보여준다. 카를리노는 이에 대해서 범죄자에 대한 해부를 통해서 사회 교화적 메시지도 포함되어 있기 때문이며, 동시에 몸에 대한 해부와 신학에 대한 관점이 연관되어 있었기 때문이라고 추정한다.

해부학과 관련해서 제도적인 변화가 기록된 것은 해부에 대한 연구 기록이 남아있는 시기보다는 후대였다. 1471년 1월 19일 식스투스 4세는 투빙겐 대학(University of Tübingen)의 해부학 실습에 대한 요청에 대해서 서간문을 통해 해부학을 허가했다. 이는 선례를 구성했기 때문에 이후 해부학 실습이 허용되는 이유가 되었다.[5]

하지만 해부학 실습을 둘러싼 사회적 공감과 규칙이 등장했던 것은 1531년 파올루스 3세 교황(Paulus III, 1468-1549)가 공표했던 사피엔차 대학(Universita di Roma La Sapienza)를 위한 교서였으며,

---

3) A. Boreri, G. da S., Studio storico-critico (Piacenza, 1938); T. Tabanelli, La chirurgia italiana nell'alto Medioevo, II, (Firenze, 1965), 499-800; Pantanelli, "M. de' L. Episodio inedito," *Bull. delle scienze mediche* , XCV (1923): 276-278.

4) Regina Andres Rebollo, "The Paduan School of Medicine: medicine and philosophy in the modern era," *Rio de Janeiro*, v.17, n.2, Apr-June, 2010.

5) Carlino, *La Fabbrica del corpo*, 1994, 77-96.

이는 실습을 위한 면허증도 언급하고 있다.[6] 지원자는 시험을 보고 통과했을 때 3년 동안의 면허를 얻었고, 이후 기간이 만료되면 다시 시험에 응시해야 했다. 시험의 조건은 첫째 건강한 신체를 가지고 있어야하고, 둘째 전문성을 드러내야하며, 셋째 종교적, 법적 문제가 없어야 했다.

나이는 30살 이상이어야 했고, 시험을 통과하면 로마에서 집과 금화 100스쿠디를 받을 수 있었고, 박사의 호칭을 수여받았다. 이 안에서 전문성에 대한 부분은 몸에 대한 의학적 지식뿐만 아니라 철학적 지식과 소양도 드러내야 했고 해부학 실습 과정에 대해서 잘 알아야 하면서도 동시에 종교적 의미를 설명할 수 있어야 했다.

이런 점은 해부학 실습이 쉽게 진행될 수 없고 특정한 인물에 의해서만 허용되었다는 사실을 보여준다. 그리고 이는 해부학이 연구와 인체의 기능에 대한 문제에 집중한다기보다는 여전히 몸에 대한 신학적, 철학적 메시지와 관련되어 있다는 사실을 보여주는 것이다. 또한 공개적으로 진행되었기 때문에 이 사건은 여러 가지 조건이 복합적으로 고려되었다. 사형수의 시신을 선택해서 해부학 극장이 열렸고 이 경우에도 친척 혹은 지인이 있을 때는 배제되었기 때문에 대부분의 경우 외국인이나 출신지가 다른 사형수가 선택되었다.

공식적으로 이뤄지는 해부학 실습은 한 해의 시작을 기준으로 첫 3개월 내에 혹은 사육제의 휴가 기간에 주로 진행되었다. 카니발이 있었던 시기는 일 년 중에 기온이 가장 낮은 시기였기 때문에 시신을 보존하기에 적합했으며, 학기의 휴가 기간이었기 때문에 학생들

6) 파올로 3세의 교서는 로마 사피엔체 대학 의학부의 의사 길드를 위한 것이었으며, 이후 기술되어 있는 세부적인 조건을 기술하고 있다. Maurizio Rippa Bonati, Jose Pardo Tomas, Il teatro dei corpi: le pitture colorate d'anatomia di Girolamo Fabrici d'Acquapendente (Milano: Mediamed, 2004), 241.

이 자유롭게 참여할 수 있었기 때문이다.

하지만 해부학의 시기는 동시에 이 시기의 종교적 의미와도 결합되어 있었다. 사육제 기간은 유일하게 일시적으로 사회적 규범에서 벗어날 수 있는 행동이 허가되는 기간이기 때문이다. 특히 축제 기간에 사회적 관용의 범위가 넓어졌기 때문에 해부학 실습이 진행되는 데 적절한 시기로 보았다고 볼 수 있다.

로마의 교회에서는 1570년 해부학 실습에 대한 전 과정을 법제화했으며, 1602년에는 이에 대한 세칙들을 명료하게 확립했고 이후 의대는 이 같은 과정을 통해 근대 해부학을 다루었다.[7]

특히 이 과정에서 해부학자는 의사와 구분되었고, 해부학은 중요한 커리큘럼이 아니라 이를 보조하기 위한 커리큘럼으로 다뤄졌다. 로마의 경우 이 같은 시도는 15세기부터 16세기 사이에 도시 의사 동업자 협의회(Collegium medicorum almae urbis)에서 해부학 실습에 대한 규칙들을 만들어갔다.[8] 로마의 경우에 의사 동업자 협의회의 설립 연대에 대한 기록은 남아있지 않지만 최초의 기록은 15세기 중엽으로 거슬러 올라간다.

이 당시 구성되었던 내용들을 검토해보면 다음과 같다.

- 동업자 협의회는 12명으로 구성되었고 이중 8인은 나이든 의사로 구성되었다.
- 이들은 순번을 정해서 (의사 길드에서) 선정되었고, 해부학 실습

7) Girolamo Amati et al,, *Bibliografia romana. Notizie della vita e delle opere degli scrittori romani dal secolo XI fino ai nostri giorni*, vol. 1 (Roma: Eredi Botta, 1931), 239.

8) Cornelie Usborne, Willem de Blecourt, *Cultural Approaches to the History of MedicineL Mediating Medicine in Early Modern Europe* (New York: Palgrave Macmillan, 2004), 15.

을 위해 학생들의 수업료를 받아 정리했다. 남은 4명 중에서 2명은 순번으로 상황에 따라 책임을 질 수 있는 역할을 맡았고, 다른 2명은 예비 인원이었다.

- 의사 중에서 가장 나이 많은 사람은 매년 1월 해부학을 진행할 의무 장을 지정했다. 이를 통해서 책임자를 선정한 후 이 일을 보조할 두 사람의 자문위원을 두었다. 이 경우에 한 사람은 전임자를 그리고 다른 사람은 후임자로 구성했다. 이를 진행하는 과정에서는 이들의 동의가 있어야 결정할 수 있는 부분들도 있었다.

해부학을 둘러싼 중세에서 근대로의 이행 과정은 인간의 몸과 해부에 대한 문화가 단절되어 등장하는 것이 아니라 일련의 연속성도 지니고 있다는 사실을 보여준다.[9] 또한 이 과정에서 인체와 질병에 대한 사유가 해부의 과정이기도 하지만 과거 인간에 대한 은유와 사회적 관점 속에서 해부학 실습은 제의적, 종교적 성격에서 벗어난 것이 아니라 상호 연관성을 지니고 논의되어지고 있다는 점도 확인할 수 있다.

이 같은 사회적 맥락 속에서 해부학에 대한 생각이 점차 확장되는 과정은 근대 베살리우스의 해부학이 인간에 대한 연구와 확장을 위한 몸의 구조에 대한 생각으로 나아갈 수 있는 토대가 되며, 이후의 상황 속에서도 의학 분야뿐만 아니라 다른 여러 분야와 협업할 수 있는 상황들을 이해할 수 있다는 점에서 해부학의 제도적 수용 과정은 중요한 의의를 지니고 있었다.

9) Ernst Cassirer, *Dall'Umanesimo all'Illuminismo* (Firenze: La Nuova Italia Editrice, 1968) 참조.

4. 근대 해부학의 탄생: 베살리우스의 혁신

지금으로부터 약 500여 년 전 "고요하고 우울하지만 전문성을 지니고 사회적 지위 상승에 대한 야심을 지녔으며 지치지 않고 행동하던" 인물로 평가 받았던 베살리우스는 해부학의 역사에서 매우 중요한 역할을 담당했다.[1)]

그는 합스부르크 가문을 위해 일하던 약사(Wijtink van Wesele)의 아들이었고 1533년 파리 대학에서 의학에 입문했으며, 1534년에는 갈레누스의 글을 읽으면서 전통을 이해했다. 그러나 그는 파리에서 그의 스승이었던 드리베르(Jeremiah Drivère)와 히포크라테스와 아랍에서 들어온 자료들을 통해 사혈 치료에 대한 쟁점들을 놓고 논쟁을 벌이는 과정에서 이곳을 떠났다.[2)]

베살리우스는 이 과정에서 스위스의 바젤에서 친우이자 출판사를 운형했던 로버트 윈터(Robert Winter)를 통해 자신의 논문을 인쇄했고, 4년 후에 파도바 대학에서 의학과 외과 분야로 학위를 받은 후 수업을 할 수 있었다. 당시 대학에 소속된 사람들은 자유로운 여행과 이동의 자유에 대한 권한을 가졌기 때문에 해부학에 대한 관점의 차이를 넘어서기 위해 그는 대학을 옮겼던 것이다.[3)]

그리고 파도바 대학에서 학문적 인정을 받기 위해서 갈레누스의 텍스트를 라틴어로 번역하며 수업을 진행했지만, 이 과정에서 그가

1) J.B. deC. M. Saunders e Charles D. O'Malley, The illustrations from the works of AndreasVesalius of Brussels (New York: Dover Edition, 1973); 정은진, 「해부학이 미술을 만날 때, 안드레아스 베살리우스의 인체의 구조에 대하여」, 『미술사학보』, 38 (2012): 184-211.

2) Charles Donald O'Malley, *Andreas Vesalius of Brussels, 1514-1564* (University of Califonia Press, 1964), 35.

3) O'Malley, *Andreas Vesalius*, 132.

접했던 아리스토텔레스의 고전을 활용해서 해부학과 외과 수업의 전통에서 벗어난 의견을 개진하기 시작했다. 그는 당시 2세기 동안 유럽 대학에서 가장 중요한 해부학 교재로 여겨졌던 몬디노 데이 리우치의 해부학 교재 대신 갈레누스의 고전 텍스트를 직접 관찰하고 검증하려고 했으며, 이 과정에서 시각 매체의 중요성을 정확하게 이해했다.[4)]

그는 수업을 위해 인체를 다루는 해부학 드로잉이나 골격 등 다양한 시각자료를 활용했고, 더 나아가 인체를 직접 해부하며 드로잉과 갈레누스의 기록을 함께 비교하고 분석해나갔다. 이 과정에서 당시 해부학에 대한 엄격하지만 사회적으로 제도가 정비되고 허용되었기 때문에 그는 기존의 관점과 다른 지식들을 탐색할 수 있었다.

그림 1. 안드레아 베살리우스, 『인체의 구조에 관하여』의 권두화, 1542.

4) Glenn Harcourt, "Andrea Vesalius and the Anatomy of Antique Sculpture", *Representation*, 17(Winter, 1987): 28-61; Andrew Cunningham, *The Anatomical Renaissance: the resurrection of the anatomical projects of the ancients* (A ldershot: Scolar Press, 1997), 144.

또한 파도바 의대는 베네치아 '공화국'에 속했기 때문에 지식의 검열을 위한 사회적 의견에서 자유로운 점도 도움이 되었다. 공화국은 한 사람의 권력자가 아니었기 때문에 지식에 대한 검열이 느슨했던 것이다.

당시 다른 지역에 비해서 상대적으로 해부학 연구가 자유로웠던 상황 속에서 1542년 그는 『인체의 구조에 관하여』를 출간했다(그림 1). 이 서적의 권두화는 당시 해부학 수업의 진행 과정에서 인문학자가 설명을 진행하고 있고, 이발사나 정육점에서 일하는 사람들과 이를 기록하는 화가의 역할을 관찰할 수 있다. 이들은 각각 소외과의사와 대외과의사로도 불렸지만 오늘날의 외과의사와는 달랐다. 하지만 이런 점은 당시 해부학 극장에서 학문적 성과를 위해 직접 관찰하고 시각적으로 기록하는 과정이 중요하다는 점을 잘 알려준다.

그는 이 같은 해부학에 대한 경험을 살려 일 년 후에 『인체의 구조에 관하여』를 더 큰 판본으로 출간했으며, 오늘날 파도바 대학의 빈첸초 피날리 의학 도서관(Biblioteca Medica Centrale "Vincenzo Pinali")의 고전 서가에 남아있는 『인체의 구조에 관하여』는 그가 갈레누스의 이론과 관찰을 통해 생산한 시각 자료를 결합해서 이후 해부학에 대한 의학의 발전에 기여했다는 사실을 생생하게 드러낸다.

그는 이 책의 서평에서 "오늘날 페스트가 돌았을 때부터 의학 분야에서 가장 경험 많은 사람들조차도 외과술로부터 멀어져 왔음을 알 수 있다는 점을 관찰할 수 있습니다. 바로 이 때문에 각 부분에 대한 지식을 잃어버렸습니다. 그래서 이 일은 '교수님들의 텍스트를 이해하기에는 너무 모자란 야만인들'의 손에 맡겨졌습니다."라고 기술하면서 이론보다 실천을 더 강조했고, 직접 몸을 해부하고 기록하는 것에 대한 필요성을 강조하고 있었다. 그리고 이를 통해 오랫동안 텍스트로 전승되었던 갈레누스의 이론을 교정해나가는 방법론으로 활용했다.

일부 당시의 인물은 이 같은 시도가 갈레누스의 권위에 대한 도전이라고 보았다. 하지만 그는 자신이 발견한 비판적 사유를 강조하기 위해서 갈레누스의 의학적 사유 이전의 고전으로서 아리스토텔레스의 이야기를 차용하며 이를 효과적으로 반박했다. 이는 파도바 대학이 당대 아리스토텔레스의 고전에 대한 연구의 중심지였기 때문이기도 했다.

그는 이 책의 1권에서 두개골에서 척추 뼈, 그리고 각 부분의 뼈와 이와 같은 뼈의 구조를 설명하며, 2권에서는 근육을 다루었다. 그리고 이는 근육을 보는 다양한 각도를 강조하기 위한 것이었다. 책의 3권은 동맥과 정맥을 통해 인체의 각 부분으로 피가 어떻게 분배되고 있는지를 묘사했으며, 4권은 영혼과 인체의 움직임의 연결고리를 구성한다고 해석했던 신경을, 5권은 남자와 여자의 위를 분석하며 소화의 체계를 검토하고 있으며 6권은 흉부에 대해 설명하며 심장을 보여주기 위해 다양한 단계의 해부 과정을 묘사했고, 7권은 뇌를 수직 단변으로 자른 후 분석하고 있다.[5]

그는 이 같은 부분들을 세밀하게 검토하고 티치아노의 공방에서 미술을 배웠던 얀 스테판 반 칼카르, 도메니코 캄파뇰라(Domenico Campagnola, 1500년 경-1564)와 같은 화가들에게 자신이 원하는 이미지를 설명하고 주문하였고, 결과적으로 자신의 연구에 대한 시각적 효과를 극대화했다. 그는 자신의 논지를 위해 예술가들과 협업했고, 이 과정에서 동시에 예술가들도 인체의 표현을 위한 도움을 받을 수 있었다.[6]

---

5) Andreas Vesalius, De Humani Corporis Fabrica (F. Hoffmann-La Roche, 1960) 참조.

6) 최병진, 「근대 초 해부학의 발전과 시각적 사유: 미술과 의학의 학제 간 상호연

베살리우스는 예술가의 도움도 받았지만 동시에 이 책을 쓰는 과정에서 예술분야의 인문학자의 도움도 받았던 것으로 보인다. 의학사가였던 안드레아 카를리노는 2013년 발표한 「베살리우스, 파도바 아카데미와 예술론 *Anatomia umanistica: Vesalio, gli infiammati e le arti del discorso*」이라는 논문에서 베살리우스와 피렌체의 인문학자였던 베네데토 바르키(Benedetto Varchi, 1503-1565)와 서간문을 교환했다는 사실에 주목했다.[7] 바르키는 이후 미켈란젤로의 장례식 연설을 할 정도로 당시 미술 평론 분야의 주인공 중 한 사람이었고 건축에 대한 전통을 잘 이해한 인물이었다.

카를리노는 자신의 논문에서 『인체의 구조에 관하여』의 '구조'에 대한 단어의 특이성을 설명한다. '구조'라는 단어는 당시 파브리카(fabrica)라는 용어를 사용하는 데 이는 의학분야가 아닌 건축이나 예술론에서만 사용되는 용어였기 때문이다. 따라서 그는 베살리우스가 바르키와 서간문을 교환하면서 자문을 얻었고 이런 점이 제목이 지닌 표현의 특수성에 반영되었다고 설명한다.

이런 점은 베살리우스가 시각 자료에 대한 관심을 보여준다. 그러나 더 나아가 베살리우스는 이를 활용하는 과정에서 독자의 심리에도 주목했다. 그는 독자들이 인체의 내부를 바라보는 낯선 감정을 보다 공감할 수 있는 이야기를 전환하기 위해서 당시 독자들에게 익숙한 농촌 풍경(그림 2)을 배경으로 활용하면서 종종 다른 분야에서 가져온 삶에 대한 문학적 은유나 기존 예술품이 지니고 있는 형태를 활용해서 삽화로 고안하고 있다.[8] 특히, 유명한 예술 작품을 빌려 인

관성」, 『미술이론과 현장』 20 (2015): 33-60.

7) 앞의 글.

8) 산을 배경으로 앞에 근육 없는 인간의 뼈가 마치 근육들이 이를 덮어주는 것처럼 지팡이에 기대어 서 있다. 그의 시선은 자신의 죽음이 억울하다는 듯 하늘을 보고 있는 것처럼 보인다.

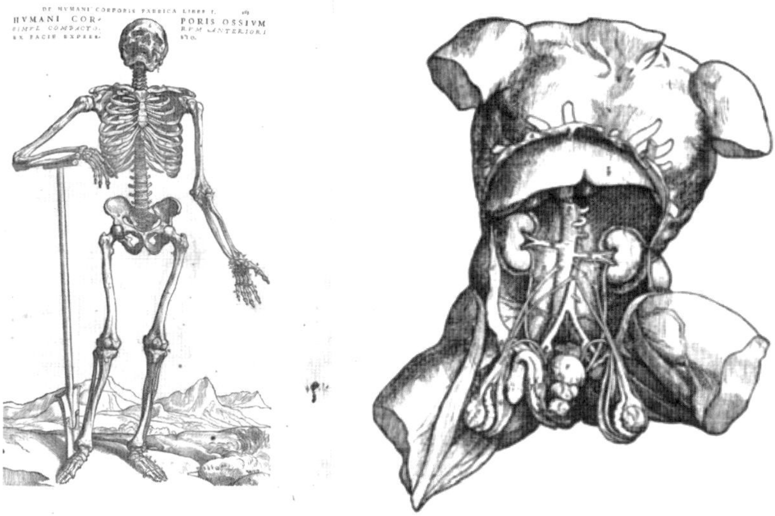

그림 2-3. 베살리우스, <인체의 구조에 관하여>, 1543년 판본의 삽화, <유명한 미술 작품인 벨베데레의 비너스를 차용해서 묘사한 인간의 배의 내부>, 『인체의 구조에 관하여』, 4권, 1543.

체의 내부를 분석하고 조각처럼 재현(그림 3)하는 과정을 통해서 그는 당시 자신의 연구에 대한 종교적, 윤리적 관점에서 논쟁이 될 만한 부분을 피해가려고 노력했다.

또한 그는 당시 파도바 대학 의학부 교수가 출판을 진행했던 베네치아가 아니라 바젤의 요한네스 오포리누스(Johannes Oporinus, 1507-1568)에게 출간을 의뢰했다. 오포리누스는 의학, 라틴어, 그리스어, 히브리어에 능통했던 인문학자였기 때문에 그의 텍스트를 쉽게 교열할 수 있었으며 동시에 텍스트와 이미지의 관계를 잘 이해할 수 있는 인물이기 때문이었다.[9] 하지만 그가 이 책을 카를로스 5세에게 헌사를 바쳤던 사실을 고려해보았을 때, 이를 위해 카를로스 5세에 가까운 문화적 장소를 출간 장소로 선택했을 것이라는 점도 유

9) Karl Steiff, "Oporinus, Johannes", *Allgemeine Deutsche Biographie*, vol. 24, (Duncker & Humblot, 1887), 381–387.

추해볼 수 있다.

그는 이 같은 헌사를 통해 이 책을 카를로스 5세에게 바쳤기 때문에 오히려 이후 이 책에 대한 비판적 논란에서 일부 자유로워 졌다. 그리고 이런 상황을 만들어낸 이후에 더 많은 사람들에게 자신의 책을 공개하기 위해서 가격, 언어, 전문성을 고려한 후, 요약본을 출판했다. 이 책은 오늘 날 『요약 *Epitome*』이라는 제목으로 남아있고, 이를 통해 더 많은 학자들과 학생들이 논쟁하며 이 책을 활용할 수 있게 되었다.[10]

이 같은 노력을 통해서 그는 자신이 성공할 수 있다고 확신했다. 그리고 관찰과 경험, 이에 대한 서술을 통해 의학 분야에 기여하고 전승된 지식을 교정할 수 있다고 믿었다. 그는 해부를 통해 인체는 나누어 건축물처럼 구조적으로 설명했고, 갈레누스의 실수를 교정했다. 그는 학자이기도 했지만 사회적으로 자신의 연구를 용인 받으려고 용의주도한 모습도 보여준 인물이었다.

그 결과 그는 오늘날 해부학의 아버지라고 평가받는다. 그가 이 과정에서 텍스트에 대한 해석이 아니라 시각 이미지를 논의의 근거로 활용하면서 논쟁에 참여하고자 하는 당대의 의사들과 이후의 의대 학생들은 그의 이미지를 관찰했고, 이 책은 결과적으로 의학 분야의 또 다른 고전으로 바뀌어갔다.

이 같은 논의의 설득력을 위해서 필요한 조건은 그가 사용해야 하는 몸의 내부가 매우 정밀해야 한다는 것이다. 그가 이를 위해서 고용한 예술가들의 몸에 대한 정밀한 표현은 지금도 설득력이 있다. 그는 자신의 논의를 위해서 이를 활용했지만, 이후 의사들은 텍스트와 이미지의 관계를 고려하며 논의를 진행했던 만큼, 텍스트와 이미

10) Martin. Kemp, “A drawing for the Fabrica ; and some thoughts upon the Vesalius muscle-men,” *Medical History* 14(1970): 277-288.

지의 상호 연관성은 기존의 관점에서 벗어나 새로운 생각과 가설을 만들어내는 데 기여했다.

그 결과 논의의 근거로 제시된 몸에 대한 이미지는 하나의 기계(macchina)와 같은 몸에 대한 생각들이 발전할 수 있는 토대가 되었고 이런 점은 이후 의학 분야의 오랜 논제로 발전할 수 있었다.

5. 근대해부학의 탄생 속 의학과 미술의 협업

베살리우스가 의학 분야의 텍스트를 설명하는 과정에서 시각 자료에 차용한 예술품의 이미지는 다른 한편에서 당시 피렌체에서 시작된 르네상스 시대 미술의 평론의 발전과도 밀접한 연관성이 있었다. 의사와 다른 관점에서 예술가들 역시 보다 나은 표현의 근거로 인체의 해부학적 지식을 다루고 있었기 때문이다.

르네상스 시대 알베르티는 오늘날 원근법에 대한 기념비적 저서로 기억되고 있는 『회화론』에서 매우 간결하면서 설득력 있는 주장을 개진한다. 그는 인간을 정말 잘 묘사하기 위해서는 뼈의 구조를 알아야 하면, 이를 통해서 근육을 표현하는 것이 가능하다고 강조한다. 또한 근육의 표현을 통해 몸의 표피와 표정을 잘 묘사할 수 있고, 더 나아가 인물이 입고 있는 의상의 형태를 잘 다룰 수 있다고 설명했다.[1)]

베살리우스가 몸의 내부를 관찰하며 인체에 대한 지식을 연결해서 다루고 있었다면, 예술가들은 몸의 내부를 통해 구상미술에서 효과적인 이야기를 표현하기 위한 지식으로써 인체의 구조에 대한 이해를 강조하고 있었던 것이다. 이 안에서 지식과 표현 사이의 교집합으로서 해부학의 지식은 이후 과학과 예술의 오랜 협업의 출발점이 되었고 두 분야의 상호 연관성이 오랫동안 발전할 수 있는 출발점이라고 볼 수 있다.

사실 베살리우스 이전에도 의학 분야와 미술의 협업에 대한 시도가 없었던 것은 아니었다. 베살리우스가 강의하기 이전에 파도바 대학 의학부의 부학장이었던 마르칸토니오 델라 토레(Marcantonio

1) Leon Battista Alberti, De pictura, trans. Ceci Grayson (Roma, Bari: Laterza, 1975), 62.

della Torre, 1481-1511)는 1503년 의학 이론을 강의하였고, 1510년 레오나르도 다빈치를 알게 되었다. 앞서 다룬 것처럼 다빈치는 자신이 지식을 다루는 언어적 한계를 경험을 통해 극복하려고 노력했기 때문에 의사의 입장이 아닌 예술가의 관점에서 몸의 구조에 대한 정보를 드로잉을 통해서 기록하고 있었고 평생 그의 관심사가 된 이 같은 드로잉들은 오늘날 영국의 윈저 컬렉션에 소장되어 있다.[2]

이 두 사람은 고대와 근대 저술가가 다루지 못한 인간의 형상에 대한 진정한 지식을 보여주기 위해서 야심찬 책을 준비했다. 하지만 이 같은 시도는 마르칸토니오 델라 토레가 세상을 떠나면서 더 이상 진행될 수 없었다. 이후 다빈치는 독자적으로 해부학에 대한 드로잉을 지속했고 이를 제자였던 멜치에게 전달하고 상속 조건으로 자신의 기록에 대한 출간을 의뢰했지만 수많은 분야의 기록의 무게에 눌려 이를 충분히 이해하지 못했던 멜치는 자신이 중요하다고 생각했던 부분만 이후 『레오나르도 다빈치의 노트』라는 제목으로 출간했고 그의 기록은 영국 왕실에 팔렸다.

다빈치가 자신의 해부학에 대한 지식을 얻을 수 있었던 것은 메디치 가문의 도움이 없었다면 어려웠을 것이다. 다빈치가 피렌체의 산타 마리아 누오바 병원에서 해부된 인간을 관찰할 수 있도록 허용해 주었기 때문이다. 하지만 이 장소에서 르네상스 시대의 또 다른 중요한 조각가였던 미켈란젤로도 해부학을 통해 지식을 얻을 수 있었다(그림 1).

흥미로운 점은 미켈란젤로 역시 베살리우스의 제자였던 레알도 콜롬보(Realdo Colombo, 1516-1559)와 협업하며 해부학 책을 준비

---

2) Kenneth D. Keele, "Leonardo's Influence on Renaissance Anatomy." *Medical History* 8:4 (1964): 360-370.

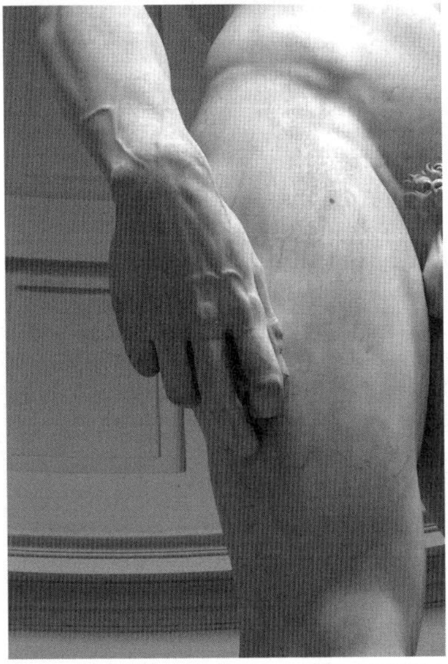

그림 1. 미켈란젤로 보나로티, <다윗> 상의 일부, 1501-1504, 피렌체아카데미아미술관.

하고 있었다는 것이다.[3] 그러나 이 경우에는 레오나르도 다빈치의 경우와는 반대로 미켈란젤로가 1554년 먼저 세상을 떠났기 때문에 두 사람의 협업은 완성될 수 없었다. 그러나 콜롬보는 1559년 『해부학에 관하여 *De re anatomica*』를 출간하며 자신의 권두화(그림 2)에 미켈란젤로의 모습을 표현했다. 이 권두화에서 미켈란젤로는 붓을 들고 아이에게 지시하고 있는 모습을 재현되어 있고, 이는 함께 작업하고 싶었던 미켈란젤로에 대한 오마주였다. 이런 점은 베살리우스 전후의 시기 의사와 예술가의 협업에 대한 생각이 효율적이라는 사회적 생각과 두 분야의 유용성이 학문적 관계의 접점을 만들어내고 있다는 사실을 잘 알려준다.

또한 이 책이 출간되기 3년 전 1556년 의사였던 발베르데(Jan

3) David Hillman and Carla Mazzio. *The Body in Parts: Fantasies of Corporeality in Early Modern Europe* (New York: Routledge, 1997). 참조.

그림 2. 레알도 콜롬보, 『해부학에 관하여 *De re anatomica*』의 권두화, 1559.

de Valverde)는 로마에서 출간했던 『인간의 신체의 구성의 역사 *Historia de la composición del cuerpo humano*』 역시 두 분야의 연관성을 잘 보여주고 있다. 그는 이 책에서 미켈란젤로의 작품과 스페인 화가 로비알레스(Pedro de Roviales)의 이미지를 틀로 삼아 인체의 내부를 묘사하는 삽화를 넣었다. 그리고 오히려 의사라기보다 예술 평론가처럼 서문에서 인체의 의미를 서술하고 있다.

> 표피를 구성하는 근육들을 알 필요가 있는 것만으로는 충분하지 않다. [...] 하지만 그 근육들에 숨겨진 근육들을 알 필요가 있다. 그리고 그렇게 해야 그 근육들의 탄생과 목적을 이해할 수 있다. 더 정확한 지식을 위해서, 그리고 긴 근육과 짧은 근육, 그리고 긴장되고 더 이완되고, 그 아래 놓여있는 근육들에 대한 지식도 필요하다. 사실 이 같은 지식으로 우리 시대 예술가 중 피렌체의 미켈란젤로 보나로티, 스페인 화가였던 페드로 데 루비알레스의 작품이 등장한 것이다. 이들

은 예술과 더불어 해부학적 지식을 연구했고, 그렇기 때문에 우리가 볼 수 있게 된 것처럼 가장 위대한 시대를 뛰어 넘고 가장 유명한 예술가가 될 수 있었다.[4)]

이 같은 서문은 알베르티의 『회화론』을 반복하고 있는 것이고 이를 통해서 당대의 예술가가 성공할 수 있다고 보았던 르네상스 시대의 예술 평론의 기준을 받아들였던 것으로 보인다. 이런 점은 그가 1560년 자신의 두 번째 해부학 저서인 『신체의 해부학 *Anatomia del corpo umano*』에 담긴 특별한 삽화에서도 확인할 수 있다. 그는 갑옷 안에 인체의 내부를 표현하고 있는 데, 이는 몸의 내부를 이해할 때 의상을 표현할 수 있다는 알베르티의 논의와 부합하는 것이기 때문이다.

발베르데의 이 같은 글은 사실 오늘날 미켈란젤로의 조각이 지닌 사실적 표현에서도 충분히 수긍할 수 있다. 미켈란젤로가 남긴 가장 유명한 조각상인 <다윗>의 손은 근육과 혈관이 세밀한 표현을 관찰할 수 있는 부분이다. 이 같은 표현이 가능했던 이유는 앞서 언급한 것처럼 산타 마리아 누오바 병원에서 해부학을 접했기 때문이다. 그는 이곳의 십자가를 제작해주는 대가로 죽은 사람의 해부를 진행했고, 이 과정에서 근육과 혈관에 대해 충분히 이해했고 이를 자신의 작품을 표현하는 데 사용했다.

이런 점은 <다윗>을 보고 드로잉을 남긴 라파엘로(Raffaello Sanzio, 1483-1520)의 <미켈란젤로의 다윗에 대한 습작>에서도 관찰할 수 있다. 이 드로잉에서 그는 과감한 선을 통해 미켈란젤로의 다윗의 근육을 표현한다. 이 과정에서 그가 표현한 선들은 홍미롭게도 몸의 내부에서 근육이 이어지는 부분들과 정확하게 일치하고 있

4) J. Ed Valverde De Humusco, *Historia de la corriposicion del cuerpo humano* (Roma: 1560), 66v.

다. 조각에 이 같은 선이 그어져 있는 것이 아니기 때문에 라파엘로가 해부학에 대한 지식이 없었다면 이를 표현하는 것이 어려웠다고 보아야 할 것 같다.[5]

조각이기 때문에 이 선은 관찰의 결과가 아니다. 따라서 라파엘로는 해부학적 지식을 가지고 있었기 때문에 조각을 이렇게 표현할 수 있었던 것이다. 따라서 이런 점은 이후 미술의 역사에서 해부학이 지니게 될 중요성을 어느 정도 예견하고 있다.

르네상스 시대의 예술가들은 해부학을 예술의 표현과 연관해서 다루고 있고 의사들은 예술의 표현을 통해서 지식을 검증하고 있었던 것이다. 이런 점은 과학과 예술이 모두 몸을 관찰하고 이를 토대로 자신의 목적을 달성하고자 했기 때문이다.

하지만 이 같은 상호 연관성은 몸의 관찰이 만들어낸 결과로만 볼 수 없다. 이런 점은 해부학 서적 자체의 목적인 과학적 재현과는 다르며, 의사는 실제 해부한 인체를 다루는 대신 미술품의 이미지를 활용하고, 미술 분야의 담론을 활용했는지 생각해보게 된다.

베살리우스와 같은 의사의 입장에서 이론을 검증하는 토대로서 시각 매체의 힘을 이해하고 교육적 가치를 충분히 이해했기 때문에 미술품의 형태에 인체의 내부에 대한 장기들의 정보를 배치해야 할 이유는 없다.

베살리우스의 『인체의 구조를 위해서』에 담겨있는 벨베데레의 조각이나 명상적 문구는 의학적 지식을 설명하는 것이 아니다. 따라서 이는 이 책을 접하고 있는 다른 분야의 독자를 배려한 것이며, 동시에 해부학 실습에 대한 사회적 관점을 고려하고 있다고 볼 수 있다.

당시 상황을 본다면 해부학 극장의 실습에 대한 허용 과정에서 매

---

5) 최병진, 「근대 초 해부학의 발전과 시각적 사유: 미술과 의학의 학제 간 상호연관성」, 『미술이론과 현장』 20 (2015): 37.

우 엄격한 잣대가 적용되고 있었다. 이를 진행할 수 있는 면허에 대한 이야기나 이를 위해서 신학적, 철학적 사유에 대한 검증은 어느 정도 이 작업에 대한 사회적 검열과 조건이 놓여있다. 그리고 이에 대한 기록의 과정은 제도적으로 매우 조심스러워야 하는 것이었다. 주로 외국이나 무연고자에 해당하는 범죄자의 몸이 해부의 대상이 되었다면, 이를 재연하고 출간했을 때 친지들의 항의는 책의 출간에 대한 쟁점이 충분히 될 수 있는 것이라고 볼 수 있다. 따라서 이 같은 상황을 피하기 위해서 인체가 아니라 인체를 표현하고 있는 매체로서 예술품은 매우 유용하다고 결론 지을 수 있다.

하지만 동시에 해부학에 대한 관점에 대한 엄격한 기준을 넘어서 해부학적 이미지에 대한 부담과 낯선 감정은 의학 분야의 발전을 제한하는 결과를 만들어낼 수도 있다. 오히려 조각이나 회화의 이미지에 삽입되어 있는 명상적 문구는 인체가 아닌 조각의 내부를 탐색하는 것 같은 감정을 만들어내기 때문에 실제 몸의 해부를 재현하고 있는 이미지에 비해서 심리적으로 긴장감을 완화시킨다. 이는 의학적 지식이 유포되는 과정에서 효과적이며, 사회적 공감을 더 쉽게 이끌어낼 수 있다.

하지만 이 같은 상황은 해부학에 대한 관심이 르네상스 시대의 세 거장인 다빈치, 미켈란젤로, 라파엘로의 작품에 대한 사회적 평가로 이어진다는 점에서 이후 예술가들에게 의학 분야의 해부학에 대한 지식이 유용해질 수밖에 없는 상황들을 만들어낸다. 예술가의 입장에서 의학 서적은 단순히 의학 지식을 기술하는 것뿐만 아니라 전시회의 카탈로그처럼 작품의 소재에 대한 의미를 명상적 문구(그림 3)들에서 확인할 수 있을 뿐더러 자신이 관찰하고 배우기 위해서 다루는 과거의 유명한 예술품의 몸에 대한 표현의 근거로서 해부학적 지식을 시각적으로 보여주기 때문이다.

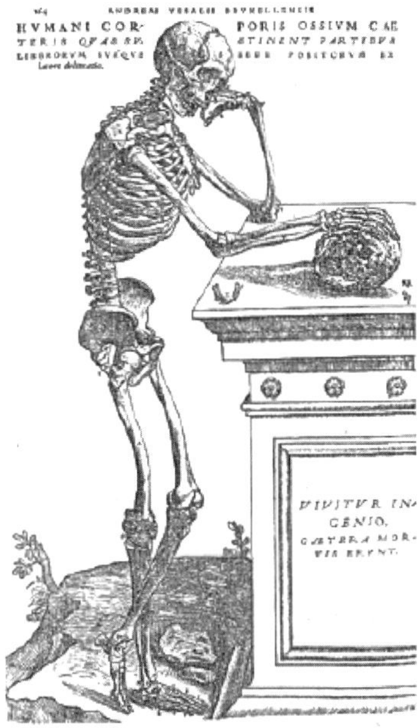

그림 3. 베살리우스의 도판과 명상적 문구[49]

베살리우스가 살았던 시대 해부학 분야를 둘러싼 의학과 미술의 협업은 이후 이탈리아에서 출간되고 발전했지만 다른 지역에도 영향을 끼쳤던 해부학 책을 위한 삽화의 전통을 구성하고 있다. 르네상스 시대 이후 19세기에 이르는 긴 근대의 여정 속에서 해부학 서적의 이미지에서는 잘 알려진 미술품의 형상에 인체의 내부를 재현하고 있다.

1530년대 초 야코포 베렌가리오 다 카르피(Jacopo Berengario da Carpi, 1466-1530)는 볼로냐에서 공부했지만 이후 르네상스 시대의 중요한 예술 후원자였던 에스테 가문(gli Este)을 위한 의사로 활동

6) 이 작품 안에는 "그 안의 영혼은 살아있으나, 그 밖의 모든 것은 죽어있다.(vivitur ingenio caetera mortis erunt.)"라고 적혀있으며, 이는 성 아우구스티누스의 영혼과 육체의 이원론적 사유가 전승된 것임을 드러내준다.

했다. 그는 자신이 출간했던 『자료집 *Commentaria*』과 『짧은 교훈집 *Isagog[a] e Breves*』을 집필하는 과정에서 <다윗>, <아담>의 모습을 삽화로 사용하고 있다. 그는 이를 효율적으로 제작하기 위해서 동향의 화가였던 아미코 아스페르티니(Amico Aspertini, 1474-1552), 야코포 프란치아(Jacopo Francia), 우고 다 카르피(Ugo da Carpi, 1470-1532)에게 작품을 의뢰했던 기록도 남겼다.

사실 그가 남긴 저서는 의학 분야에 대한 이야기를 기술하는 것이었지만, 그는 볼로냐에서 철학과 의학 분야의 학위를 함께 가지고 있었고 다 카르피가 철학에 대한 표현으로써 예술품에 대한 당대의 평가를 잘 알고 있었다.

이후 수 십 년이 채 지나기 전에 1545년 파리에서 활동했던 샤를 에스틴(Charle Estinne, 1504-1564년 경) 역시 『인간의 신체 해부에 관하여 *De dissectione partium corporis humani* 』(1545)를 기술했다. 그는 베살리우스가 활동했던 파도바 대학에서 해부학을 접했고, 동시대의 해부학자였던 에틴 드 라 리비에르(Étinne de la Rivier)의 친구이기도 했다. 하지만 그 역시 예술에 대해서 잘 이해하고 있는 의사이면서 자신의 연구를 진행했다. 왜냐하면 그의 형은 로베르 에스틴(Robert I Estienne, 1503-1559)으로 화가였으며, 에스틴은 그의 저서에서 예를 들고 있는 미술품에 대한 적합한 문구를 선택하는 데 도움을 주었기 때문이다.

한편 줄리오 체사레 카세리(Giulio Cesare Casseri, 1552년 경–1616) 역시 파도바에서 공부를 했으며 1627년에 베네치아에서 『10권으로 구성된 인체의 구조에 관하여 *De humani corporis fabrica libri decem*』을 출간했다. 그의 삽화에서도 여전히 미술 작품의 도상을 차용하고 있는 것을 볼 수 있다. 예를 들면 그는 미켈란젤로가 제작했던 것으로 알려져 있는 "잠자는 큐피트 *Cupido*

Dormiente"의 도상을 활용해서 인체의 내부를 다루고 있는 데, 이는 이후 카라바조와 같은 화가의 작품에서도 등장하는 소재였다.[7]

하지만 이처럼 의사들만 해부의 이미지를 미술품을 차용해서 표현했던 것은 아니었다. 해부학이 발전할수록 예술가들 역시 이에 대한 관심이 높아지기 시작했다. 프랑스의 화가였던 자크 가멜린(Jacques Gamelin, 1738-1803)은 1779년 툴루즈에서 『뼈들과 근육들에 대한 새로운 책 *Nouveau recueil d'osteologie et de myologie*』라는 책을 출간했다. 화가였던 만큼 그의 책은 <시간의 해부학적 형상 *A skeletal figure of Time*>과 같이 신화에서 차용한 뼈의 구조를 드러냈지만, 동시에 <해부학을 다루고 있는 두 사람의 신사>와 같은 삽화에서 해부의 과정을 설명하기도 한다. 그는 해부학적 지식을 정교하게 재현하면서 의학 분야에서 출간되는 것과 유사한 방식으로 자신의 책을 출간했던 것이다.

1812년 세비지(Jean-Galbert Salvage)는 『예술에 적용 가능한 싸우는 전사의 해부학, 혹은 인간 신체의 특성과 비례, 움직임의 메카니즘에 대한 근육과 뼈에 대한 책 *Anatomie du gladiateur combattant, applicable aux beaux arts, ou, Traité des os, des muscles, du mécanisme des mouvemens, des proportions et des caractères du corps humain*』을 출간했다. 그는 나폴레옹 시대의 군의관으로 종사했던 의사였지만 그는 이 책에서 오히려 당대 고전으로 남아있는 예술품의 남성성을 설명하는 책을 썼다.

이 책은 고선을 의학 분야의 관섬에서 표현하고 있는 것으로 의학 분야의 기계론적 인체에 대한 의사의 이해도를 드러내지만 동시에 예술에 응용할 수 있는 지식을 통해서 고전을 설명하며, 이후 석

7) K. Weil-Garris Brandt, "Sogni di un Cupido dormiente smarrito," *Giovinezza di Michelangelo* (Firenze, 1999), 315-317,

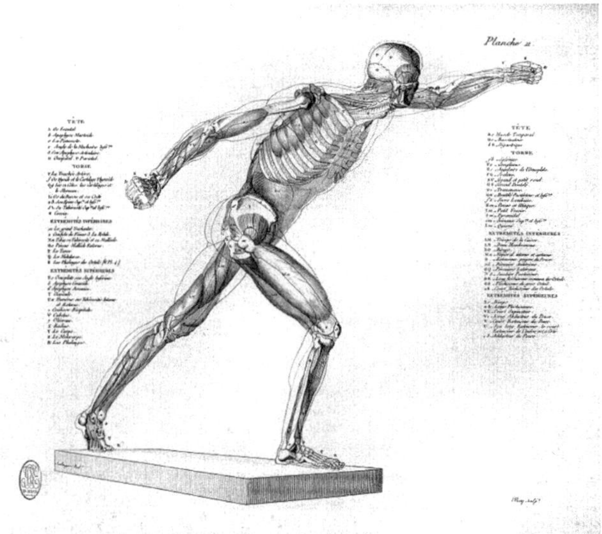

그림 4. 장 갈베르 세비지, 『예술에 적용 가능한 싸우는 전사의 해부학, 혹은 인간 신체의 특성과 비례, 움직임의 메카니즘에 대한 근육과 뼈에 대한 책』 삽화의 일부, 1812.

고상으로 이를 제작하기도 했다(그림 48). 이 책의 삽화에 포함되어 있는 <벨베데레의 아폴로 *Apollo di Belvedere*>나 <보르게제의 전사 *Gladiatore di Borghese*>는 예술을 이해하는 의사의 생각이 투영된 것이다.

이 같은 전통은 이탈리아에서도 발견할 수 있다. 1839년 이탈리아의 의사였던 프란체스코 베르티나티 *Francesco Bertinatti* 역시 1839년 『구상 미술에 적용된 생리학적 해부의 요소들 *Elementi di anatomia fisiologica applicata alle belle arti figurative*』을 출간했다. 그는 오히려 이 책이 의학 분야의 전문 서적이 아니라 미술품을 제작하고 이해할 수 있는 자료로서 의학적 지식을 강조했다.

19세기 초 등장한 두 서적의 사례는 모두 의사의 입장에서 해부학 서적이 신체에 대한 관심을 공유하고 있는 미술 분야에 기여할 수 있다는 문화적 인식을 표면화했다는 점에서 전통적으로 활용된 해부학 서적의 삽화가 지닌 특징이 두 분야의 상호 연관성을 토대로 유럽 문화에서 연속성을 지닌다는 점을 알려준다.

그는 카피톨리니 박물관(Musei Capitolini)이 탄생하는 데 있어서 가장 중요한 작품이었으며, 오랫동안 여러 예술가들이 관심을 가지고 있었던 고대 청동 조각인 <가시를 뽑는 소년*Spinario*>을 토대로 해부학을 적용한 삽화를 활용하고 있다(그림 5-6).[8]

근대 해부학의 모험은 서로 다른 분야의 독자를 위한 서적의 사례에서 볼 수 있는 것처럼 의학 분야와 미술 분야에서 모두 기여하는 전문서적의 출간으로 이어지고 있다. 그리고 이는 오늘날 예술과 과학의 밀접한 연관성을 드러내주는 사례로 남아있다.

그림 5-6. 프란체스코 베르티나티의 『구상 미술에 적용된 생리학적 해부의 요소들』의 삽화 일부와 카피톨리니 박물관의 <가시를 뽑는 소년>

8) Raymond Lifchez, "Jean-Galbert Salvage and His Anatomie du gladateur combattant: Art and Patronage in Post-Revolutionary France," Metropolitan Museum Journal, 44(2009): 163-184.

6. 의학 지식이 미술에 끼친 담론

베살리우스와 이후 이탈리아의 해부학 서적의 삽화에 대한 전통은 의학과 미술 분야에서 몸의 문화가 사회적 유용성을 지니고 있으며, 각 학문의 목적은 다르지만 상호 영향 관계를 만들어내고 있다는 사실을 잘 보여준다.[1] 의사는 몸을 구조적으로 파악하기 위한 대상이었고, 학문적 토대를 이루는 주요한 대상이었지만 예술가들에게 이 같은 지식은 현실처럼 정묘하게 대상을 묘사하는 데 도움을 주었다는 점에서 리얼리티를 바탕으로 서사의 설득력을 만들어내는 효과적인 출발점이었기 때문이다.

르네상스 시대 이후 예술가들에게 해부학은 늘 중요한 지식으로 남아있었고 활기를 불어넣었다. 해부학에 대해서 뛰어난 지식을 지니고 있었던 것으로 평가받고 있는 미켈란젤로, 다빈치, 라피엘로의 작품들에 대해서 예술가들은 이를 중심으로 새로운 평가들을 진행하기 시작했다.

벤베누토 첼리니는 미켈란젤로와 다빈치가 피렌체의 피티 궁전의 벽화를 위해서 경쟁했던 역사적 사건을 둘러싸고 이를 "세계의 미술 학교"라고 설명하며 격찬했다. 또한 이후 오늘날 바로크 시대의 미술에 대한 가장 중요한 사료를 남겨놓은 로마의 산 루카 아카데미의 교장이었던 조반니 피에트로 벨로리(Giovanni Pietro Bellori)는 라파엘로의 가치를 높이 평가하고 기록했으며, 이는 이후 프랑스의 왕립 아카데미가 설립되었을 때에도 그의 작품에 주목하고 예술가들이 배워야 할 전형으로 라파엘로의 작품에 대한 예술적 가치를 생산하기도 했다.

1) 최병진, 「근대 초 해부학의 발전과 시각적 사유: 미술과 의학의 학제 간 상호연관성」, 『미술이론과 현장』 20 (2015): 33-60.

미술 분야에서 해부학에 대한 개념이 중요한 역할을 담당하게 되었던 최초의 저서는 조르조 바자리(Giorgio Vasari)의 『르네상스 미술가 평전』의 두 번째 판본에서부터 시작되었다. 이 책은 사실 1550년 초판이 기술되었고 예술가의 작품에 대한 사례들을 설명하며 르네상스 시대 등장한 평론의 전통이자 역사를 기술했다는 점에서 미술사의 한 획을 그었다고 평가받고 있다. 하지만 그가 1550년에 출판했던 책은 두 번째 판본에서 해부학의 가치를 통해 새로운 이야기를 진행했다는 점에서 살펴볼 필요가 있다.

1550년의 초판본(그림 1)에서 바자리는 토스카나 지방을 중심으로 건축가, 조각가, 화가의 이야기를 기술하며 미술의 역사를 설명한다. 그는 비잔틴 미술이 조토와 같은 라틴식 미술로 변화되는 과정을 강조하며, '동시대'(moderna)의 미술이 시작되었다고 설명했고, 이후 여러 미술가를 거쳐 레오나르도 다빈치를 지나 미켈란젤로에 의해서 최고의 미술이 완성되었다고 설명했다. 흥미로운 것은 그가 이 같이 초판을 마무리했을 때, 미켈란젤로는 동시대의 인물이었다는 점이다.

그러나 그가 이 책의 두 번째 판(그림 2)을 제작하던 시기에는 피렌체에서 권력자로 부상한 코시모 1세의 자문을 받아 피렌체를 꾸미는 문화부 장관과 같은 역할을 수행하고 있었고 초판에서 다루고 접했던 예술가는 이미 역사의 이면으로 사라져가고 있었다. 그리고 이 같은 상황은 곧 바자리의 새로운 딜레마로 이어졌다. 그가 초판에서 미켈란젤로가 역사상 최고의 예술가로 정의했기 때문이었다. 따라서 이 같은 논의에서 보면 미술은 다시 쇠퇴할 수밖에 없었다. 하지만 이 시기에 그는 당대의 예술가의 가치를 설명해야 하는 상황에 놓이게 되었다.

따라서 그는 1568년의 두 번째 판본에서 동시대 미술의 가치를 다

그림 1-2. 조르조 바자리, 『르네상스 미술가 열전』, 초판본과 1568년 판본의 표지

시 그가 생각했던 역사적 발전의 맥락에서 재구성하기 위해서 토스카나 지방의 미술이 최고였지만, 이후의 작가들 역시 최고의 미술을 만들어간다는 사실을 설명해야 했다. 게다가 이 시기에 그에게 맡겨진 임무 중 하나는 피렌체 미술 아카데미를 재편하는 작업을 해야 했기 때문에 젊은 예술가들을 좌절시킬 수 없었다.

이를 위해서 바자리는 동시대의 작가들의 가치를 해부학적 지식을 통해서 설명하려고 했다. 그는 미켈란젤로가 여전히 토스카나를 대표하는 미술가였다는 의견을 바꾸지 않았지만, 동시대의 미술가들이 그가 남긴 유산으로서 해부학에 정확한 지식을 배울 수 있었기 때문에 동시대의 예술이 높은 가치를 만들어가는 것이 가능하다고 설명했다. 그리고 가장 대표적인 인물로 자신이 잘 알고 있었던 브

론치노의 사례를 들었다.[2]

이는 뉴턴이 재인용했던 베르나르 샤르트르(Bernard de Chartres, 1124~1130)의 우리는 거인들의 어깨에 올라간 난장이(Nani gigantum humeris insidentes)와 같기 때문에 고대인보다 더 많이 그리고 더 멀리 볼 수 있다는 표현과 유사한 점이 있다.[3] 미켈란젤로가 최고이지만 그의 지식을 알기에 우리는 더 나아갈 수 있다고 보았기 때문이다.

물론 바자리가 『르네상스 미술가 평전』의 2번째 판에서 강조했던 브론치노는 분명 뛰어난 화가였지만, 그는 해부학에 대한 지식을 다뤄야 하는 성인을 그렸던 경험이 있다는 점에서 유추해보았을 때 해부학적 지식이 반드시 필요한 화가 중 한 사람이었다. 그는 <성 바르톨로메오의 순교>라는 작품을 그렸으며 성 바르톨로메오라는 성인은 순교할 때 피부를 벗기는 고문을 받은 후 죽었던 인물이었다. 따라서 그는 근육의 모습을 직접 다루어야했고, 이를 위해서 인체 내부에 대한 정보를 반드시 필요로 했다. 이런 점은 이후 그의 초상화들이 지니고 있는 정교한 표현과 이를 동반한 인물의 심리 묘사로 이어진다.

그러나 당대의 예술가들이 모두 바자리의 의견에 동의한 것은 아니었다. 피렌체 아카데미의 주인공이었던 바자리가 해부학의 중요성을 강조했지만, 그가 본질적으로 원했던 것은 토스카나 예술이 뛰어나다는 사실을 강조하려고 했다. 하지만 예술의 가치는 모두가 동의할 수 있는 것이 아니었다. 동시대에 볼로냐에서 최초의 사

---

2) 브론치노의 <성 바르톨로메오>와 피렌체 매너리즘 유파의 해부학적 관점」, 『미술사연구』29 (2015): 318.

3) Robert K. Merton, *On the Shoulders of Giants: The Post-Italianate Edition* (University of Chicago, 1993), 314

립 미술 아카데미인 아카데미아 델리 인캄미나티(Accademia degli Incamminati)를 설립한 안토니오 카라치(Antonio Carracci)는 이를 반박했던 대표적인 인물이었다.

안토니오 카라치는 카라치 형제로 알려져 있는 아고스티노 카라치(Agostino Carracci)와 루도비코 카라치(Ludovico Carracci)와 함께 아카데미를 운영했으며, 그는 화가의 능력은 대상에 대한 정교한 표현이나 대상을 재현하는 것이 아니라 화가의 생각(idea)을 표현하는 것에 따라 보아야 한다고 보았다. 그는 이 같은 설명에 바자리가 현실의 정보에만 관심을 가지고 미술의 의미를 오도하는 바보 같은 인물이라고 신랄하게 비판했다.

하지만 카라치의 스승이기도 했던 바르톨로메오 파사로티(Bartolomeo Passarotti)의 경우처럼 제자의 의견에 동의했지만 동시에 해부학에 대한 연구의 중요성을 중립적으로 바라보던 화가도 있었다. 그는 더 나아가 해부학에 대한 관점은 당대 미술의 동향을 이해하는 기준으로 다루고 있으며 이는 로마 보르게제 미술관과 루

그림 3. 바르톨로메오 파사로티, <해부학 수업>, 보르게제 미술관 소장

브르 박물관에 남아있는 유화와 드로잉 작업인 <해부학 수업>이라는 제목의 작품을 통해서 확인할 수 있다.

그가 남긴 <해부학 수업>(그림 3)에는 의사가 등장하지 않으며, 화가들의 집단 초상화와 같은 형식을 띠고 있다. 그 안에 있는 인물은 바자리가 『르네상스 미술가 평전』에 예술가의 초상화를 배치했기 때문에 지금도 확인할 수 있다.

이를 통해 <해부학 수업>의 인물을 분석해보면 작품의 오른쪽에 뼈의 구조를 관찰하는 피렌체 유파의 화가들인 안드레아 델 사르토, 바치오 반디넬리, 프란체스코 살비아티, 폰토르모, 트리볼로와 페데리코 주카리가 내화를 나누고 있다.

반면 그림의 중앙에는 로마에서 주로 활동했던 우르비노의 유파로 알려진 라파엘로와 그의 제자들인 페리노 델 바가, 마르칸토니오 라이몬디, 줄리오 로마노, 폴리도로 다 카라바조, 다니엘레 다 볼테라가 해부를 지켜보고 있다. 반면 미켈란젤로는 베네치아의 화가였던 델 피옴보의 곁에서 설명을 하는 모습으로 묘사되어있고 그는 라파엘로와 한때 공식적으로 경쟁하기도 했던 인물이다.

또한 작품의 그림의 왼쪽에는 해부학에 대해 별다른 관심이 없었던 에밀리아와 베네치아 화가들, 즉 프란체스코 프리마티치오가 측면에 앉아있는 파르미지아니노와 마주하고 있고, 이들 사이에 티치아노와 야코포 산소비노를 확인할 수 있다.

이는 파사로티가 해부학에 대한 예술가들의 태도에 따라 당대 경쟁하던 이탈리아의 유파의 차이를 검토하고 소개하고 있다는 사실을 보여준다. <해부학 수업>의 기능은 당시 발전했던 수집의 문화의 주인공들인 작품의 주문자에게 유파의 특성을 설명하기 위한 작품이었다. 주문자는 이 그림을 통해서 미술가의 유파를 이해하고 작품의 특성을 검토할 수 있는 정보들을 얻을 수 있다. 따라서 이런 점은 미술에서 해부학이 논쟁에 참여했던 미술가 사이만의 문제가 아니라 더 나아가 당시 발전하던 수집 문화에서도 중요한 기준이 되었다는 점을 알려주고 있다.

이 같은 상황은 미술에서 논의되었던 해부학에 대한 생각이 의학 분야에서 새로운 지식을 탐색하는 것이었지만, 동시에 이 같은 지식의 발전 속에서 예술가들이 이를 활용하는 과정에서 지역 유파의 미술에 대한 가치를 둘러싼 평론의 쟁점으로 부상하고 있는 상황을 알려준다. 과학 분야의 의학적 지식은 이에 대한 직관적 질문을 던졌던 예술 분야로 되돌아오고 있으며, 당대 발전하던 수집 문화와 연동해서 독자적인 담론으로 미술의 전문을 확장하고 이후 아카데미의 교육 과정에도 중요한 영향을 끼치기 시작했던 것이다.

7. 의학의 역사를 재현하고 있는 볼로냐의 아르키진나시오 해부학 극장의 교육적 풍경

16세기 유럽의 해부학 극장은 과학적인 목적으로 해부가 진행된 지 약 200년 후에 인체를 해부하는 공식적인 장소이자 몸의 내부를 관찰하고 이해할 수 있는 장소가 되었다. 1550년 오늘날의 살라만카 대학에서 해부학 극장이 생겨났으며, 이후 이탈리아의 경우 아리스토텔레스주의와 의학의 중심지였던 파도바 대학에서 이 같은 극장이 설립되었다.

이후 늘어났던 대학 의학부의 해부학 극장에서 주목할 만한 사례는 볼로냐 대학의 «아르키진나시오 해부학 극장»(그림 1)이었다. 파도바와 인접해있으며 대학 학자들의 자유로운 이동이 허용되었던 당시의 상황은 이 같은 새로운 지식이 점차 유포되는 과정을 보여주지만, 이곳은 다른 장소가 간결한 구조 속에서 해부학 실습이 진행되었던 것과 달리 과거 의학의 역사와 변화를 시각적으로 기록하고 일종의 교육적인 자료로 활용했던 거의 유일한 기록이기 때문이다.

그림 1. 아르키진나시오 해부학 극장의 전경

이곳은 1637년 이탈리아의 건축가이자 볼로냐의 사립 아카데미의 설립자였던 카라치 형제(I Carracci)의 제자였던 안토니오 파올루치(Antonio Paolucci)에 의해서 건립되었다.[1] 그는 이곳을 꾸미기 위해서 단단하고 조밀한 재질을 지닌 전나무를 사용했으며, 이곳은 의학을 설명할 수 있는 이야기로 가득 채워졌다.

교실의 입구를 들어서면 직사각형 공간의 중앙에 해부학 실습을 위한 좌대가 배치되어 있고, 다른 한쪽 끝에는 해부학 실습 중에 인체에 대해 해설하고 분석하며 이 사건을 책임져야 하는 인문학자로서 의사를 위한 강단이 배치되어 있고 윗부분에는 해골을 들고 있는 여인이 앉아있는 데, 이는 해부학의 의인상이었다. 그리고 좌대의 주변에는 이 사건의 참관자를 위한 자리가 둘러싸고 있다.

중앙의 강단 양편에는 당시에 "스펠라티(Spellati)"라고 불렀던 피부 없이 근육으로 구성된 두 개의 목각상이 기둥처럼 배치되어 있다. 한쪽은 앞을 보고, 다른 한쪽은 뒤를 보고 있다는 점에서 이 근육이 표현된 두 점의 조각은 참관자들과 해부를 진행하는 사람들에게 인체의 각 부분을 손쉽게 지시할 수 있는 것으로 보인다.

이 조각을 드로잉(그림 2)했던 것은 당대 볼로냐를 대표하는 에르콜레 렐리(Ercole Lelli)였다. 그는 아버지의 공방에서 총포를 제작하는 것을 배웠지만, 이후 구상미술에 관심을 가지고 성장했으며 볼로냐의 해부학 극장에서 진행된 적어도 50여 번의 해부학 실습을 바탕으로 인간의 몸의 내부를 탐색하는 뛰어난 드로잉을 남겼으며 조각가로 활동했던 동시에 밀랍을 활용해서 몸을 내부를 기록하고 표현했던 인물이었다. 그가 남긴 인체의 해부학적 조각상은 끊임없이 복제되었으며 유럽의 해부학 문화를 대표하는 조각가로 후대에 알려

1) Wolfgang M. Freitag, Art Books: A Basic Bibliography of Monographs on Artists (New York, London: Garland Publishing, 1997), 494.

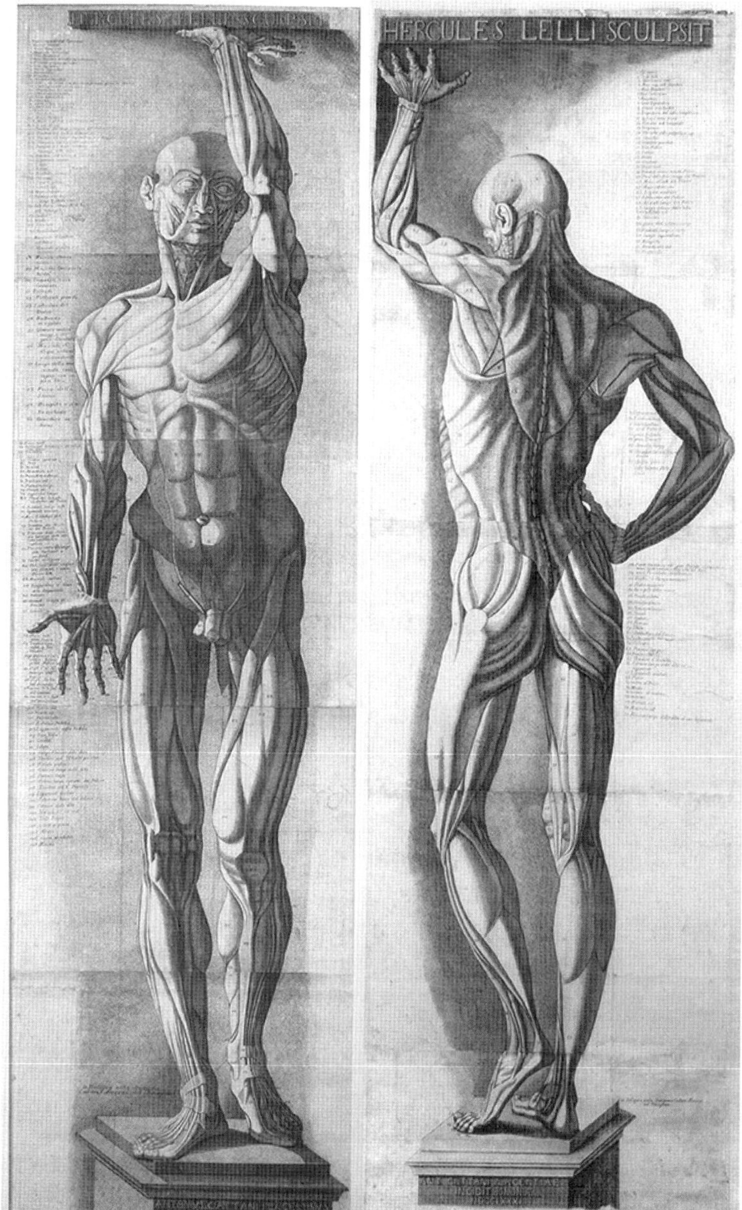

그림 2. 에르콜레 렐리, <해부학 상들>, 1780, 1781 (안토니오 카타니의 삽화를 위한 판화작업, 게티 리서치 센터.

졌다.

한편 좌대의 주변을 구성하고 있는 4개의 벽면에는 히포크라테스, 갈레누스, 몬디노 데 리우치 등 당시 의학의 발전에 기여했다고 생각했던 12명의 의사의 전신상이 배치되어 있었다. 이는 한편으로 의학의 역사를 다루고 있는 위인들을 표현한 것으로, 이미 우르비노(Urbino)에 현재 남아있는 페데리코 다 몬테펠트로(Federico da Montefeltro)의 스투디올로(Studiolo)에 제작된 바 있는 위인의 방의 전통을 잇고 있다. 또한 이 조각상의 위편에는 당시 의학의 발전에 기여했던 의사의 흉상이 줄지어 배치되어 있다.

천장에는 1645년 제작되어 완성된 흥미로운 도상들이 놓여있다. 중앙에는 의학의 신 아폴로가 배치되어 있고, 이는 이 공간의 성격을 잘 드러내준다. 또한 아폴로 신의 주변부에는 중세부터 발전해왔던 천문학과 관련된 점성술의 이미지가 배치되어 있다. 점성술의 문화는 르네상스 시대에 인간의 운명과 별자리의 문제로 함께 다뤄졌던 것으로, 당시 사람들은 행성의 영향 속에서 인간의 성격이 결정된다고 믿었고 이는 오늘날 별자리에 대한 운세로 이어지고 있기도 하다.

예를 들어 미켈란젤로나 알브레히트 뒤러와 같은 인물은 자신을 토성(Saturn)의 기운을 타고났기 때문에 "우울(malinconia)"이라는 특성을 지니고 있고 뛰어난 예술가가 될 수 있었다는 의견을 남겨놓았다. 하지만 당시 '우울'이라는 개념은 오늘날 심리학이나 정신과에서 다루는 우울함의 의미가 아니라 수많은 인간의 특성으로 내성적이며 이로 인해 관찰력이 뛰어났다는 사실을 강조하는 단어였다.

이 같은 상황은 점성술이 단순히 인간의 운명에 이야기하는 상황으로만 다룰 수 없다는 사실을 알려준다. 점성술은 당시의 지식의 체계를 검토하는 상징적이고 은유적인 틀이었기 때문이다. 그리고 이는 당대의 식물학에서 다양한 식물을 분류하는 체계와도 연관되어 있었다. 특히 파도바에서 발전했던 식물학의 체계는 점성술과 몸의 관계를 이어주며 치료를 위한 식물의 그룹을 구성했고, 오늘날 과학의 의학 패러다임에서 보았을 때 이해하기는 어렵지만 치료를 위한 시기를 선택하기 위해서도 활용되었다. 이런 점은 점성술이 오늘날의 과학으로 이어지는 과정에서 중요한 사유의 틀로 작용하고 있었다는 사실을 알려준다.

볼로냐의 아르키진나시오 해부학 극장은 다른 한편에서 의학사와 당대의 의학에 대한 소견들을 반영하고 있는 상징적 공간이었고, 더 나아가 의학에 대한 정보를 효과적인 시각 자료를 통해서 전달하는 중요한 사례로 남아있다.

이후 이곳은 1944년 1월 29일 2차 세계 대전의 어두운 시기에 폭격으로 손상되었다.[2] 이후 남아있는 공간의 조각과 유적은 다시 엄격한 복원 과정을 거쳐 재현되어 있다. 일부 원본이 아니라 이후 복원의 이미지가 이곳을 대체하고 있기는 하지만, 이곳은 당대의 생각의 사유를 이해하는 데 있어서 무리가 없는 의학 분야의 중요한 유산으로 남게 되었다.

이런 점을 보면 하나의 공간을 채우고 있는 이미지의 연작들은 늘 공간에 대한 사회적 기능을 반영하고 있다. 그리고 연작들의 관계는 그 자체로 장소의 용도를 설명하며 이는 다시 한 시대의 생각의 구조를 드러낸다. 따라서 이곳은 의학 교육의 시각화된 공간으로 당시 의학의 관점에서 몸을 바라보는 생각의 구조를 보여주고 있다고 할 수 있다.

---

2) G, Zucchini, l'Abusi a Bologna nel secolo XVIII", *L'archiginnasio*, Bologna, 1949.

8. 바로크 시대 해부학 모델의 양면성: 가에타노 줌보의 의학 지식과 종교적 메시지

밀랍이라는 재료는 오랫동안 인간, 동물, 신체를 재현하기 위한 재료로 활용되었으며, 고대 밀랍은 부장을 위한 초상화나 종교적 관점에서 봉헌물(Ex-voto)로 많이 사용되었다. 이 같은 재료가 의학 분야의 해부학의 발전 속에서 인체의 내부를 기록하기 시작했던 것은 16세기였다. 이를 통해서 빠른 속도로 부패하는 죽은 사람의 신체가 드러내는 정보를 기록하고 교육적인 자료로 사용할 수 있게 되었다.

예를 들어 앞서 살펴보았던 볼로냐의 아르키진나시오 해부학 극장에서 해부학 실습을 관찰하고 드로잉과 조각, 그리고 밀랍으로 자료를 남겨놓았던 렐리의 사례는 밀랍이 처음으로 해부학과 관련해서 발전하는 사례였고, 이 같은 작업은 당시 프로스페로 람베르티니

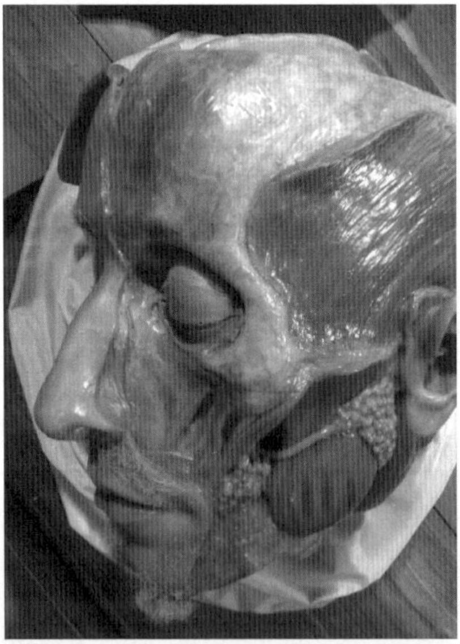

그림 1. 줄리오 가에타노 줌보, <두상의 해부학>, 라 스페콜라 박물관, 피렌체, 1695-1700.

추기경(Cardinale Prospero Bambertini, 1675-1758)의 수집의 대상이 되었다. 람베르티니 추기경은 이후 1740년에 교황 베네데토 14세(Benedetto XIV)로 해부학의 발전에 기여했다.[1]

이 같은 상황 속에서 볼로냐와 피렌체는 해부학 밀랍 모델이 발전하는 중심지가 되었다. 렐리의 유파에서 공부했지만 이미 나폴리에서부터 해부학을 잘 다루던 가에타노 줌보(Gaetano Zumbo, 1656-1701)는 17세기 예수회 수도사로 의학과 미술을 통해 과학과 종교의 경계에서 작업했던 흥미로운 예술가이자 최초로 다색 해부학 밀랍 모델을 제작했던 인물로 역사에 기록되어 있다. 그는 당시 파도바 대학과 볼로냐 대학 등 의학 분야에서 학문적 성과를 내고 있었던 이탈리아 중부 지방에서 다색 해부학 밀랍 모델을 제작하며 두각을 드러냈다.

줌보는 나폴리에서 해부학을 다루는 모습을 보여준 후 1691년부터 1694년까지 피렌체에서 메디치 가문의 코지모 데 메디치 공(Granduca Cosimo de Medici 1389-1464)을 위해서 일했고 이후 볼로냐에서 렐리를 만났으며 이후 제노바를 거쳐 파리에 도착했고, 이곳에서 그는 태양왕 루이 14세로부터 아카데미아 프랑세즈(Academie Francaise)에서 밀랍 모델을 제작할 수 있는 권한을 위임받았다. 그는 당시 의사들로부터 근육의 이름을 모른다고 비판 받았지만 독점적으로 이를 제작하게 되었다.

그가 남긴 대표적 작품 중에는 오늘날 피렌체의 라 스페콜라 자연사 박물관(Museo della Storia Naturale La Specola)에서 소상하고 있는 흥미로운 디오라마와 <두상의 해부학 *Anatomia della Testa*>(그림 1)이 있다.

---

1) Nadir M. Maraldi, et al., "Anatomical Waxwork Modeling: The History of the Bologna Anatomy Museum," *The Anatomical Record* 261:1(2000): 5.

이미 이 시기는 베살리우스의 해부학과 다양한 해부학 실습의 경험이 축적되고 유포되었던 시대였다. 하지만 기존 해부학 극장이나 베살리우스의 도판, 그리고 끊임없이 생산된 의학 분야에서 예술가와 협업하면서 만들어낸 이미지들은 과학적 연구의 토대로 구성되어 제공되었지만 그가 만든 해부학 모델은 2차원이 아니라 입체로서 다양한 각도에서 인체의 내부를 관찰할 수 있다는 새로운 유용성을 지니고 있었다. 또한 줌보가 안료를 섞어 밀랍에 색을 입히게 됨으로써 현실에서 관찰했던 몸에 대한 데이터는 더욱 더 정밀하게 재현되어 몸의 내부를 투영할 수 있도록 만들어주었다. 이는 부패할 수 있는 시신을 대체해서 반영구적 시각 데이터로 전환하며 기존 지식의 구조를 전승하는 가장 효과적인 방법 중 하나였다.

또한 베네데토 14세 교황의 해부학적 이미지의 수집에서 관찰할 수 있는 것처럼 이 같은 시도는 사회적으로 충분히 공감대를 형성하고 있었다.

줌보의 삶에 대한 기록들은 충분하지 않지만 확인할 수 있는 것은 그가 예수회의 수도사로 나폴리에서 봉헌물(Ex Voto)이나 당시 교회에서 종종 확인할 수 있는 성인의 밀랍 조각을 제작할 수 있는 기법을 배웠고 수도사의 입장을 견지하며 종교적 입장에서 인체에 대한 관심으로 나아갔다. 이 같은 점은 그가 피렌체에서 밀랍으로 제작된 디오라마를 통해서 확인할 수 있다.

그는 이곳에서 죽은 인체를 소재로 <시간의 승리 *Trionfo del Tempo*>(그림 2), <페스트 *La pestilenza*>, <인간의 위대함을 담은 바니타스 *Vanita della Grandezza Umana*>와 <매독의 결과 *Conseguenze della Sifilide*>(1691-95)를 제작했으며 이는 모두 죽음에 대한 풍경을 통해서 인간의 삶이 지닌 허무함을 보여주는 작품이라는 점에서 종교적인 목적으로 제작되었다고 볼 수 있다.

그림 2. 가에타노 줌보, <시간의 승리>, 1691, 피렌체 라 스페콜라 박물관.

이 같은 작품을 관찰했으며 더 나아가 <두상의 해부학>에 대해서 연구했던 미술사가인 로널드 라이트보운(Ronald Lightbown)은 이 작품의 표정에 주목한다. 그는 이 같은 표정이 신학적 문제와 밀접한 연관성을 지닌다고 설명했다.[2)]

이런 점은 충분히 설득력이 있다. 의사에게 필요한 것은 밀랍 모델의 표정이 아니라 그 안에 담긴 해부학적 지식이기 때문이다. 따라서 표정은 의학적 지식에서 보다 더 나아가 사회적으로 다른 메시지를 생산하고 있다. 그가 만든 <두상의 해부학>은 매우 모호한 표정을 짓고 있다.

2) Ronald William Lightbown, "Gaetano Giulio Zumbo. 1: The Florentine Period," *The Burlington Magazine*, 106:740 (1964): 486-496.

하지만 이 모호한 표정은 낯선 방식이 아니었다. 이미 르네상스 시대 여러 평론이 등장하며 예술가들이 경쟁하던 시기에 폼포니오 가우리코(Pomponio Gaurico 1482-1530)와 같은 조각가는 『조각에 관하여 *De Sculputre*』(1504)와 같은 짧은 소고에서 인체의 모호함이 보는 사람의 상상력을 자극할 수 있다는 점에서 작품의 표현에서 유용하다는 사실을 보여준바 있다.[3] 그는 오늘날 남아있지 않은 로마의 극장에 있는 기마 조각에서 사람이 타는 것인지 내리는 것인지 모호해서 보는 사람이 고민하게 만들지만 이는 말에 오르려는 장면이 정지되어있기 때문에 재현된 이미지의 앞뒤를 상상하게 만드는 흥미로운 사례로 강조했었다.[4]

줌보의 모호한 이미지는 죽은 사람의 해부학적 실습을 통해 제작되었기 때문에 삶이 죽음으로 이행하는 과정에서 정지된 표정이라고 볼 수 있다. 흥미로운 점은 그가 활동했던 시기에 줌보처럼 예수회 수도사였던 다니엘로 바르톨리니(Daniello Bartoli, 1608-1685)가 『순간의 인간, 즉 죽음의 순간에 있는 인간*L'huomo al punto, cioe l'huomo al punto di morte*』(1669)이라는 책을 기술했다는 사실이다. 같은 소속이었으며 종교적 관점에서 죽음을 다뤄야 했던 줌보가 이 책을 읽었을 가능성은 매우 높다.

그리고 이런 점은 삶과 죽음에 대한 도상을 둘러싼 과거의 전통으로써 "세 사람의 산자와 셋사람의 죽은 자의 만남 *Incontro dei tre vivi e dei tre morti*"와 같은 중세의 죽음 앞에서 삶에 대한 교훈을 만들어냈던 사례나 "죽음의 춤 *danza macabra*"과 같은 전통적인 도상

3) Pomponio Gaurico, *De Sculptura* (Napoli: Edizioni Scientifiche Italiane, 1999); 최병진, 「르네상스 예술 장르의 상호 관계성과 시각문화」, 『이탈리아어문학』 40 (2013): 251-252.

4) 최병진, 「르네상스 예술 장르의 상호 관계성과 시각 문화」, 『이탈리아어문학』, 40 (2013): 241-278.

의 연장선에 있다는 사실을 보여준다.

그러나 바르톨리니의 작품에서 다루는 것은 동시에 중세의 전통에서 벗어난 새로운 종교적 사유였다. 왜냐하면 그는 연옥에 대한 문제를 다루기 때문이다. 줌보와 유사한 도시를 방문하고 이탈리아 남부에서 북부로 이전하며 바니타스를 주로 작품의 소재로 다루었던 조반니 베르나르디노 아졸리노(Giovanni Bernardino Azzolino 1572-1645)의 다색 밀랍 조각의 사례는 줌보의 표정이 지니고 있는 이면의 문화적 논의를 참조할 수 있게 한다. 그는 <죽어가는 사람, 림보, 연옥, 지옥, 천국>을 한 점의 봉헌물에 담아 삶에서 죽음으로 나아가는 과정을 설명한 바 있다. 그리고 상호 연관성을 지니고 있는지 판단하기 쉽지는 않지만 줌보의 <두상의 해부학>과 죽어가는 사람, 연옥의 묘사를 위한 인물의 표정을 상호 유사성을 지니고 있다.[5]

따라서 우리는 그의 <두상의 해부학>의 표정은 과학적 지식을 전달하기도 하지만 죽음에 대한 통과의 순간을 재현하고 동시에 종교적 맥락에서 교훈을 동시에 전달하기 위한 목적을 지니고 있을 것이라고 볼 수 있다.

그는 종교적 교훈을 위해서 제작했던 이 같은 시도 이후에 점점 더 의학의 해부학에 대한 관심을 드러내기 시작했다. 나폴리를 떠나서 방문했던 도시가 대부분 당대 의학의 중심지로 알려져 있는 도시였기 때문이다.

그는 나폴리에서, 피렌체와 볼로냐로, 그리고 제노바에서 파리로 이동하며 여러 작품을 제작했으며 이 과정에서 볼로냐 대학을 방문했던 것은 그가 이후 다색 해부학 밀랍 모델을 제작하는 데 있

5) 최병진, 「가에타노 줌보의 해부학 밀랍 모형: 죽음의 모티브에 관해서」, 『서양미술사학회』 47 (2017): 145-146.

어 중요한 계기가 되었다. 그는 볼로냐를 방문했을 시기에, 이곳에서 에르콜레 렐리(Ercole Lelli, 1702-1766)는 단색이나 목조로 해부학 모델을 실험하고 있었는 데, 이는 지금도 볼로냐 대학의 아르키진나시오(Teatro Anatomico della Biblioteca comunale dell'Archiginnasio)의 해부학 극장에 배치된 목조상이나 팔라초 포치와 루이지 카타네오 해부학 밀랍 박물관(Anatomical Wax Model Museum)에 남아있는 인체 모형을 통해 확인할 수 있다.

이후 줌보는 1695년 제노바로 이동해서 당시 중요한 해부학자이자 해부학적 지식을 사회적으로 확장하고 싶어 했던 의사 데스누아(Giullaume Desnoues, 1650-1735)를 만나 협업했다. 그는 줌보의 해부학 밀랍 모델의 전시와 판매를 도왔고, 그를 위해 해부학 밀랍 모델을 제작했지만 이후 윤리적 논쟁으로 인해서 1700년에 그와 결별했다.[6] 하지만 그는 곧 마르세이유(Marseille)를 거쳐 파리로 이주했고 이곳에서 루이 14세(Louis XIV, 1638-1715)의 왕립 의학 대학(Regia Universita di Medicina)의 공식적인 밀랍 모델 제작자로 영예롭게 일하게 되었지만 많은 작품들을 남기지는 못한 채 1년 후에 세상을 떠났다

<두상의 해부학>은 그의 작품이 단순히 교육용 교재 이상의 의미를 지니고 있다는 점을 보여준다. 이 작품은 인간의 피부를 기준으로 몸의 내부를 향해 나아가며, 이에 대한 시각적인 정보를 만들어낸다. 이 과정에서 의학적 지식에 유용한 부분은 인간의 표피가 아닌 내부의 시각 정보들이었다. 그럼에도 그는 인간의 표피를 매우 주의깊이 묘사하고 있으며 형상에 감정을 담아 표현했다.

---

6) Jonathan Simon, "Honoré Fragonard, anatomical virtuoso" *Science and Spectacle in the European Enlightenment*, Bernadette Bensaude-Vincent and Christine Blondel eds. (Aldershot: Ashgate, 2008), 141-58.

이는 해부학 서적의 삽화가 지니고 있었던 의학과 미술의 상호 기여의 또 다른 맥락을 드러내준다. 그는 종교적 메시지를 생산하던 밀랍 예술가에서 출발했지만 이 안에서 관심을 가진 해부학에 대한 지식을 전달하는 데 기여했다. 특히 그가 기욤 데스누아(Guillaume Desnoues)와 같은 의사와 협업하면서도 윤리적 논쟁을 통해 종교와 과학의 긴장감을 보여주었음에도 그의 시도는 이후 교육적 용도로 사용할 수 있는 인체의 밀랍 모델의 전통으로 이어졌다.

9. 수집의 역사 속에 발전한 해부학 모델의 미적 환영: 클레멘테 수지니의 〈해부학 비너스〉

해부학 극장의 탄생, 과학 혁명 속에서 대상의 의미를 검토하기보다는 대상에 대한 서술로서의 연구 방식의 정착, 해부학 서적이 보여준 의학과 미술의 협업, 다양한 시점에서 현상을 분석하기 위해서 만들어낸 다색 해부학 밀랍 모델에 이르기까지 과학적 관점에서 시각 데이터의 생산은 의학의 발전에 기여했으며 동시에 이를 바라보는 문화적 관점들을 생산했다. 지식과 지식에 대한 가치의 판단이 동전의 양면처럼 사회의 변화를 만들어낼 수 있다는 점을 고려한다면 과학과 인문학의 관점이 분리되어야 하는 것이 아니라 사회적 플랫폼 속에서 서로 다른 입지를 정의하고 함께 나아가야 한다는 점을 환기해준다.

16세기 수집 문화는 세계와 인간에 대한 역사와 지식을 다룬다. 이런 점은 피렌체 시청에 남아있는 프란체스코 1세의 스투디올로(Studiolo: 수집의 공간으로 기능했던 서재)의 중앙 천장에 프란체스코 모란디니(Francesco Morandini, 1544-1597)가 그렸던 <프로메테우스와 자연 *Prometeo e Natura*>(그림 1)에서 확인할 수 있다.

이곳에서 의인화되어 표현되어 있는 자연은 수많은 동물들에 둘러싸여 누워 있으며, 왼편에 앉아있는 것으로 묘사되어 있는 프로메테우스는 한쪽에는 불을, 그리고 다른 한쪽에는 자연으로부터 새로운 재료를 공급받고 있는 것처럼 묘사되어있다. 그리고 그의 발 오른편에는 인간의 역사에서 중요한 발명 중 하나였던 바퀴가 놓여있다.

당시 많은 수집가들이 분더캄머(Wunderkammern, 호기심의 방)라고 불렀던 "경이로움의 방"(Gabinetto della meraviglia)은 이 "자연이 만들어 낸 것(*Naturalia*)"과 "인간이 만들어낸 것(*Arteficialia*)"

그림 1. 야코포 주키, <프로메테우스와 자연>, 프렌체스코 1세의 스투디올로의 천장 중앙부, 팔라초 베키오, 1572

으로 분류되어 있었으며 이는 각각 신과 인간의 역사를 만들어가며 후대에는 자연사 미술관으로 발전해나갔다. 이런 관점에서 <프로메테우스와 자연>은 결국 세계를 이해하는 방법에 대한 알레고리를 보여주고 있는 것이다.

그러나 이후 계몽주의 시대에 이 같은 수집 문화는 지식에 대한 분류 속에서 재편되었으며, 피렌체의 라 스페콜라 박물관은 이 같은 상황 속에서 해부학 문화와 이를 시각적으로 재현하며 당대 몸에 대한 생각을 잘 보여주는 공간으로 남아있다.

이곳을 설립한 인물은 메디치 가문의 권력을 계승했던 피렌체 계몽군주이자 합스부르크 왕가의 로렌 가문에 속했던 레오폴드 대공(Gran Duca Pietro Leopoldo di Lorena, 1747-1792)이었다. 권력을 계승하는 과정에서 메디치 가문의 마지막 후손이었던 안나 마리아

루이자 디 메디치는 피렌체의 역사를 전승하기 위해 자신의 컬렉션을 시청에 기증했고 이는 근대 공공성을 지니고 있는 박물관으로써 대중에게 개장되었던 우피치 갤러리(Galleria degli Uffizi)의 탄생으로 이어졌다(그림 2).[1]

그림 2. 우피치 갤러리의 복도 전경.

그러나 레오폴드 대공은 메디치 가문의 역사가 아니라 자산을 활용해서 자신의 권력을 강화하는 것이었고, 이를 위해 계몽군주로서 자신의 모습을 강조하며 사회적 유용성을 지닌 지식과 교육, 상업적 가치를 후원하기 위해 박물관을 설립했다. 라 스페콜라 박물관은 이 같은 맥락 속에서 1789년 설립되었다.

처음에 이곳은 광물학, 천문학, 물리학, 식물학, 동물학, 인류학 컬렉션들이 놓여있었으며 도서관과 결합되어 있었지만 이후 전문적인 학문의 분화 과정 속에서 현재 동물학과 인체 밀랍 모델을 전시하는 특별한 박물관으로 남아있다.

---

1) 최병진, 「메디치 컬렉션의 자전과 계몽주의 시대의 공공성 – 우피치 미술관을 중심으로」, 『서양미술사학회논문집』, 42(2015): 171-197.

이 장소의 주인공이라 할 수 있는 해부학 밀랍 모델은 해부학 극장과 베살리우스의 전통을 이어가며 대우주와 소우주를 이어주는 은유적 몸을 대체하며 기계적 몸을 재현한다.

그러나 미술사가 캠프와 윌러스(Martin Kemp, Marina Wallace)가 «눈부신 몸들(Spectacuar Bodies)»이라는 전시와 카탈로그에서 설명하는 것처럼 인체에 대한 정보를 넘어 신학적, 미학적 의미를 전해준다.[2)]

이곳에는 최초의 밀랍 인체 모델을 제작했던 줌보의 사례 뿐만 아니라 이를 유럽 전체의 문화로 변화시키는 데 기여했던 클레멘테 수지니(Clemente Susini, 1754-1814)의 모델들이 전시되어 있고, 수지니의 사례는 몸에 대한 동시대의 여러 관점의 경계를 구성하고 있다.

의학적 관점에서 해부학 밀랍 모델은 당시 여러 가지 유용성을 지니고 있었다. 우선 해부에 대한 죄책감을 줄이고 지식을 확장할 수 있었다. 또한 쉽게 상하는 인체를 고정시켜 경험을 전승할 수 있었을 뿐만 아니라 모델 역시 나뉘어져 있었기 때문에 인체 내부의 특성을 종합 혹은 분리해서 검토하며 인체 내부의 기능을 이해하는 데도 유용했다. 그리고 필요한 경우에는 밀랍이기 때문에 일부 수정하는 데 있어서도 장점을 지니고 있었다. 따라서 계몽주의 시대 해부학 밀랍 모델은 의학 지식의 전승과 교육에서 필수적인 기자재였던 것이다.

인류의 역사만큼 오래된 밀랍 모델은 중세 이후 교회의 봉헌물의 재료였다는 점은 인체 모델을 제작하기 위한 재료로도 미술가에게

---

2) Martin Kemp, Marina Wallace, *Spectacular Bodies: The Art and Science of the Human Body from Leonardo to Now* (University of California Press: 2000).

는 익숙했다. 중세 이후 병을 앓던 사람들은 교회에 자신의 질병에 대한 쾌유를 기원하며 인체의 일부를 제작해서 봉헌했고 이런 부분은 지금도 이탈리아 교회들이 소장하고 있는 컬렉션에서 지금도 확인할 수 있다.

이런 장점들을 충분히 인지했지 때문에 볼로냐 대학의 경우에는 해부학 컬렉션을 소장하기도 했던 베네딕트 14세(Benedictus XIV, 1675-1758)의 후원을 받아 마르실리(Luigi Ferdinando Marsigli, 1658-1730)가 볼로냐 대학에 인체 밀랍 모델 제작을 위한 학교를 설립했고 줌보 역시 이곳에서 인체를 탐색했다. 그리고 계몽군주였던 레오폴드 대공 역시 라 스페콜라 박물관을 설립했을 때 관장이었던 펠리체 폰타나(Felice Fontana, 1730-1805)를 통해 동일한 목적의 학교를 설립했으며 이곳은 약 150년 동안 이를 제작하는 미술가를 배출했다. 대공의 관점에서 이런 점은 더 나아가 피렌체에도 경제적으로 기여할 수 있는 산업으로서 유용성도 지니고 있었다.

수지니는 이곳에서 활동했던 가장 유명한 해부학 밀랍 제작

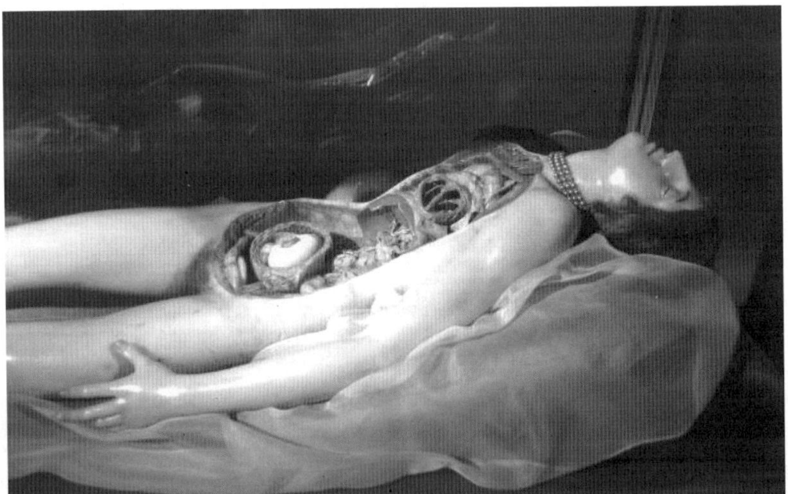

그림 3. 클레멘테 수지니, <해부학 비너스>, 1782, 라 스페콜라 박물관.

자였으며 오늘날 가장 잘 알려진 작품은 <해부학 비너스 *Venere Anatomica*>(그림 3)이다. 그는 라 스페콜라 박물관을 위해 여러 점의 작품을 제작했을 뿐만 아니라 1785년 설립되어 오늘날까지 남아있는 비엔나의 조세피눔 박물관(Josephinum's Museum)에 약 800점 이상의 해부학 모델을 판매했고, 이 같은 방식으로 오늘날 유럽 전역의 박물관에 놓여있는 작품들은 수지니의 작품을 복제하던 각 지역의 미술가의 작품의 수를 고려하더라도 현재 약 2000점 이상으로 추정되고 있다.

하지만 이 같은 밀랍 모델을 제작하는 것은 쉬운 일이 아니었다. 라 스페콜라 박물관의 기록은 인제의 크기와 같은 한 점의 밀랍 모델을 위해 약 200여구의 인체를 요청했고, 산타마리아 누오바 병원에서 이를 위해 지속적으로 죽은 사람들의 인체를 제공했다고 기술하고 있다.

의학적 지식의 전승을 위해 인체를 작동하는 기계로 다루는 관점은 신체 내부를 투영한다. 라 스페콜라의 마지막 전시실에 있는 눈의 구조는 이런 점을 잘 보여준다.

다빈치, 데카르트에서 비코(Giambattista Vico, 1668-1744)에 이르는 철학적 논의 속에서도 중요한 논의를 생산했던 눈은 다양한 재료를 활용해서 인체와 가장 가까운 시각 데이터를 구성했고 경우에 따라 테라코타와 유리도 활용되었다. 그리고 신체의 내부와 외부의 구조적 관계에 집중한다는 점에 몸은 객관화된 연구 대상으로 모습을 드러낸다.

그러나 이런 상황 속에서도 이 작업을 진행했던 미술가들은 죽음에 대한 자신의 감정을 담았다. 이들 역시 해부된 신체 앞에서 낯설고 충격적인 경험들을 가지고 있었으며, 이를 통해 인간의 죽음을 바라본다.

그림 4. 잔 로렌초 베르니니, <성녀 테레사의 법열>, 1651, 로마 산타마리아빅토리아 교회.

수지니의 인체 모델은 목걸이나 귀걸이, 바구니와 같은 삶의 풍경을 담아냈고 더 나아가 삶의 마지막 순간을 맞이하는 인간의 극적 표정들을 표현하고 있기 때문이다. 그리고 이런 점은 의학적 연구 대상에서 다루는 지식은 분명히 아니었다고 볼 수 있다. 오히려 이 같은 표정들은 이 전에도 잔 로렌초 베르니니(Gian Lorenzo Bernini, 1598-1680)의 <성녀 테레사의 법열 Ecstasy of Saint Teresa>(그림 4)과 같은 작품처럼 사자(死者)를 위한 성인들의 표정 속에서 관찰할 수 있다.[3]

3) 이후 수지니의 <해부학 비너스>가 전시되었을 때, 이 작품은 장기의 구조를 분리해서 볼 수 있음에도 열기 어려운 유리 진열관 안에 배치되었으며, 이는

베르니니가 이 작품을 작업했을 때 성인을 직접 보지 못했다는 점에서 성녀 테레사의 자서전을 읽었을 것으로 추정할 수 있다. 성녀 테레사의 자서전에는 다음과 같은 구절이 기술되어 있다.

> 어느 날 내 앞에 잴 수 없는 아름다운 천사가 발현했다. 천사의 손은 마치 불이 일어나고 있는 창을 길게 잡고 있는 것처럼 보였다. 이 창은 마치 나의 심장을 여러 번 찌르는 것 같았다. 그 고통이 너무 사실적이어서 여러 번 고성을 질러야 했지만 동시에 너무나 부드러워서 자유를 찾은 것 같았다. 어떤 지상의 즐거움도 이와 같지 않았다. 그렇게 신에 대한 위대한 사랑이 내 안에 남게 되었다."[4]

심장을 찔렸을 때의 삶과 죽음에 대한 경계에서 신앙이 만든 환희는 인간의 육체를 해방하고 있고 성녀 테레사의 표정은 오히려 베르니니의 작업을 수지니가 참조했다고 믿을 정도로 라 스페콜라 박물관의 <해부학 비너스>와 유사한 점이 있다.

물론 이탈리아에서 미술가의 교육 과정은 아카데미의 고전 작품에 대한 모방에서 시작하기 때문에 두 작품 간에 유사한 점이 있다는 사실이 놀랍지 않지만 그 의도는 근대 해부학 서적이 예술품을 통해 해부학에 대한 윤리적 쟁점을 피하고자 했던 것과 동일한 것이다.

만약 신체의 내외부가 몸을 이해할 수 있는 보편적 지식을 재구성해서 기계로서의 몸을 다루고 있다면, 미술품은 이 지식을 보는 사회적 관점을 보여준다. 해부학 극장이 가능하기 위해 공공성을 부여해야 했다면 라 스페콜라와 같이 공공 박물관은 사회적 기준을 충족

이 작품의 용도가 점차 의학적 지식의 전승이 아닌 감상의 대상으로써의 가치가 강조되고 있다는 사실을 보여준다.

4) 성녀 아빌라의 테레사, 자서전, XXIX, 13; Aida Stoppa, *Sette universi di passione* (Colledara: Te, Andromeda, 2004), 64–81.

시켜야 했던 것이다. 그리고 이를 제작한 미술가에게 삶과 죽음의 경계에 대한 문화적 관조는 몸이 드러내는 종교적 사유를 배제하지 않았던 것이다.

오늘날 그의 <해부학 비너스>는 하이퍼리얼리즘처럼 현실을 세밀하게 드러냄으로서 문화적으로 강한 인상을 남기고 있다. 그랜드 투어 시대 많은 사람들에게 이 같은 장면들이 매력적인 관찰의 대상으로 변할 수 있는 이유 중 하나는 이 작품이 의학용 교재를 넘어 삶과 죽음을 표현한 걸작이라고 믿었기 때문이다. 그리고 이들은 신체 내부가 만들어내는 낯선 감정과 신체의 외부가 표현하는 아름다운 인체의 극적 표현 사이에서 이질적이고 역설적인 감정 속에서 몸을 다시 바라본다. 그리고 제도화된 공간에서 공개된 몸은 스펙터클이 되어버린 것이다.

이런 상황은 결국 이 작품을 의학적 지식의 교육용 교재로서의 기능을 상실하는 이유가 되었다. <해부학 비너스>는 자단목(紫檀木) 가구와 베네치아의 유리로 제작된 진열장 속에서 대상에 집중하게 만들어주고 있다.

몸에 대한 연구를 위해 고안된 해부학 밀랍 모델은 이제 감상을 위한 미술품으로 변화되며 그 시대의 몸에 대한 거울로서 남아있다. 지식의 공유를 위한 해부학 밀랍 모델은 지속되는 지식의 발전과 해석들로 대체되며 시간의 흐름 속에서 더 이상 몸에 대한 정보를 제공하지 않는다. 이는 과거의 지식이며 그 당시 의학사를 드러내지만, 더 나아가 이런 작품들인 의미를 지니고 미술품으로 혹은 문화적 유산으로 남아있을 수 있는 이유는 지식을 보는 사회적 관점이 표현되고 이를 보는 사람들의 관점 속에서 매력적인 대상으로 변해버렸기 때문이다.

10. 기계로 확장된 몸과 인간의 구현: 오토마타

17세기 해부학의 발전과 유포 속에서 몇몇 미술가들은 인체의 구조를 상상하는 흥미로운 드로잉들을 남겨놓았다.

예를 들어 조반니 바티스타 브라첼리(Giovanni Battista Bracelli, 1610-1650경에 활동)는 <기괴한 인체들 *Bizzarrie di varie figure*>(그림 1)서 인간의 인체를 그로테스크한 모습으로 그렸다.[1]

이 작품은 인체를 직접 관찰해서 표현한 작품이라기보다 인체의 기능을 상상해서 투영한 것이었다. 이는 다시 말해서 몸을 하나의 기계로 보고 있는 몸의 유럽 문화사에서 찾을 수 있는 은유적 표현

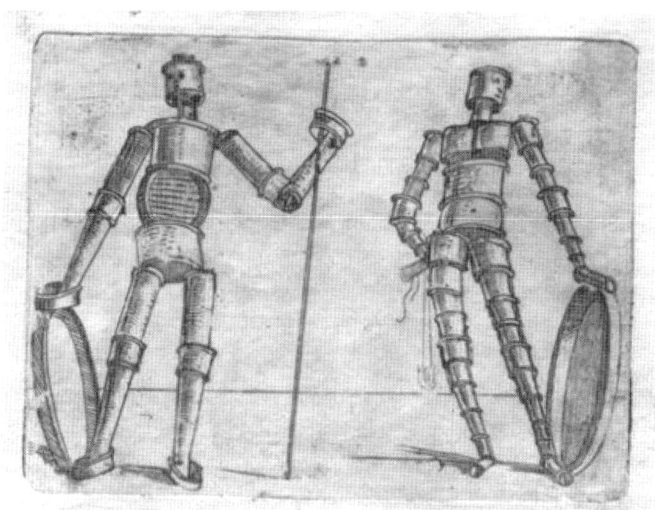

그림 1. 조반니 바티스타 브라첼리, <기괴한 인체들>, n.3, 1624.

1) Filippo de Boni, *Biografia degli artisti* (Venezia: co' tipi del Gondoliere, 1840), 138; S. Sperindei, "Nuovi documenti sul pittore ed acquafortista seicentesco Giovan Battista Braccelli." In *Atti delle giornate di studi "Caravaggio e i suoi"* P. Carofano ed. (Pise: 2017), 181-190.

이었다. 하지만 이를 통해서 몸을 작동하는 기제에 대한 생각은 오늘날 오토마타(Automaton)이라고 알려져 있는 개념으로 발전했고 이에 대한 생각들이 지속적으로 표현되기 시작했다.

'오토마타'는 사실 그리스 시대에서 어원(αὐτόματον)을 가지고 있는 단어로 '자신의 의지에 의해서 움직이는 행동'을 의미하였고 호메로스는 이를 자동으로 열리는 문에 대한 이야기 속에서 표현하기도 했다[2].

당시 해부학에서 시작된 몸의 구조에 대한 지식은 다른 한편에서 몸과 영혼에 대한 개념을 만들어냈다. 이런 점은 "나는 생각한다. 고로 존재한다(Cogito ergo sum)"이라는 표현을 남긴 데카르트와 연관된 일화 속에서 확인할 수 있다.

전해지는 일화에 따르면 데카르트는 프란시느라는 인형을 가지고 배를 타고 여행했고, 이를 상자에 넣어두었다고 한다. 그러자 함께 여행했던 한 선원이 이에 대한 궁금증으로 몰래 그 상자를 열어본 후, 배멀미를 하는 인형을 보고 놀라서 바닷가에 던졌다고 한다.[3]

이 같은 일화가 사실인지 아닌지 판단할 수 있는 방법은 없지만, 데카르트는 몸을 일종의 기계로 분석하며 몸과 영혼의 관계를 고민하고 있었다. 그가 말년에 남겼던 『정념론 *Les passions de l'âme*』(1649)은 몸과 영혼이 독립된 실체를 가지고 화합한다는 이야기를 다루고 있으며, 이는 이후 '정념(passion)'에 대한 고찰로 나아가고 있다. 그는 인간의 영혼이라는 개념에서 만들어지는 인간의 감정을

---

2) Homer, Illiad, 5.749; Harry Henderson, s.v. "automaton" *Encyclopedia of Computer Science and Technology* (Infobase Publishing. 2009), 13.

3) Anna Luppi, "Il meccanismo svelato: preparati, modelli e repliche del corpo-macchina nella nuova scienza medica", In *Visioni anatomiche, Le forme del corpo negli anni del Barocco* (Milano: Silvana, 2011), 23.

경험적, 과학적 통찰을 통해 밝히고자 했던 것이다.[4]

인간의 몸을 일종의 기계로 이해했던 것은 1495년 레오나르도 다빈치의 사례에서도 확인할 수 있다. 이때 다빈치는 기계처럼 제작된 기사의 습작을 표현했고, 기계의 기능을 통해 몸의 근육을 대체한 팔과 얼굴, 입을 움직일 수 있는 인간의 형상을 다룬 바 있다. 하지만 그의 기록은 시기적으로 이례적인 사건이었으며, 인간의 몸을 움직이는 것에 대한 관심을 표현하기 보다는 당시 그가 다루던 연극의 공연을 위한 것이기도 했다. 그리고 무엇보다 이 기록은 사회적으로 전승되지 않고 오랫동안 사회적으로 다뤄지지 않았었다.

하지만 데카르트가 살았던 바로크 시대는 일종의 기계로서의 몸은 몸의 구조를 공학적으로 환원하고 요약하는 상황들이 보다 많이 등장하기 시작했던 때이다. 예를 들어 데카르트의 몸의 기계에 대한 생각에 관심이 많았으며 인간의 근육을 검토하던 수학자인 보렐리(Borelli)는 비자연적인 것들에 대한 지식을 활용함으로써 어느 정도 자연의 속성을 탐색하는 것이 가능하다고 보았고 인체의 의미를 탐색하기 위해서 인체의 구조를 매우 간결하게 환원했다. 그리고 더 나아가 이를 동물을 이해하는 과정에서 응용하기도 했다.[5]

이 같은 상황은 이후 디드로((Denis Diderot, 1713–1784)의 <백과사전을 위한 도판 *Planches pour l'Encyclopedie ou pour le Dictionnaire raisonne des sciences des arts liberaux, et des arts mechniques avec leur explication*>에서도 확인할 수 있다. 이 도판의 저자였던 루이-자크 고시에(Louis-Jaques Goussier, 1722-1799)는 동물의 움식임을

4) 르네 데카르트, 『정념론』, 김선영 역 (문예출판사, 2013) 참조.

5) Zakiya Hanafi, *The Monster in the Machine: Magic, Medicine, and the Marvelous in the time* (Durham: Duke University Press, 2000) 참조.

기계처럼 설명했던 것이다.[6)]

당대의 상황에서 이탈리아의 바로크 시대의 문화의 꽃은 오페라와 같은 공연이었다. 이탈리아의 피렌체의 메디치 가문의 극장은 무대와 관람객의 높이가 같고 배우가 청중과 소통하며 진행되었지만, 점차 연극이 지닌 소통의 힘은 권력자의 스펙타클로 변화되기 시작했다.

조반니 바티스타 알레오티(Giovanni Battista Aleotti, 1546-1636)는 파르마의 파르네제 극장(Teatro Farnese, 1618)에 처음으로 '무대'를 설치했다.[7)] 그 결과 청중들이 작품을 공연을 감상할 수 있는 공간 시스템이 본격적으로 만들어졌다. 이런 점은 비첸자에 있는 <올림픽 극장 *Teatro Olimpico*>(1585)에서도 이미 관찰할 수 있지만, 파르네제 극장은 연극의 내용에 따라 복합적으로 배경을 변화시킬 수 있었다는 점에서 주목할 만하다. 또한 파르마에서는 몬테베르디(Claudio Monteverdi, 1567-1643)의 등장으로 문학가와 음악, 그리고 공연을 연출하기 위한 건축가의 협업이 강화되는 과정에서 오페라는 당시의 권력자와 청중의 소통을 가능하게 만들었으며, 이 과정에서 무대 시설을 중심으로 기계적 요소를 응용하는 경향이 높아지게 되었다.

이 같은 공학적 요소는 이후 궁정을 중심으로 상류층의 공연에서도 응용되기 시작했으며, 그 결과 공학적으로 구조화된 자동인형 기계의 제작으로 이어졌다. 자크 드 보캉송(Jacques de Vaucanson, 1709-1782)은 프랑스의 예술가였으며 극장용 자동 악기와 기계를

---

6) Roberta Cavazzuti, *Deus ex machina: macchine e lavoro nell'Encyclopédie di Diderot e D'Alembert* (Pàtron: 2004), p.128

7) 최병진, 「기호에서 드로잉으로: 바로크 삶의 재현 – 가시성의 기준과 재연된 기호들」, 『이탈리아어문학』, 43(2014): 421-445.

제작했으며, 동시에 직조 기술의 발전에도 기여했던 인물이었다.[8] 그는 1739년 "움직이는 몸체(anatomies mouvantes)"로써 당시 <소화하는 거위 *Le Canard Digérateur*>(그림 2)를 제작했다.

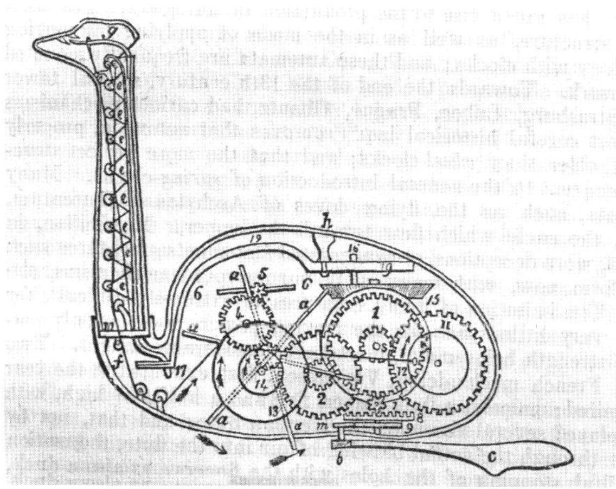

그림 2. 자크 드 보캉손, <소화하는 거위>의 투영도, 1734.

이 작품은 움직임을 통해 오리가 밀이나 음식을 먹는 모습을 모여주지만, 실제로 이를 소화하는 것과 달리 다른 방식으로 오리의 소화된 배뇨물을 만들었기 때문에 소화 과정을 드러내고 있는 것은 아니었다. 약 400여개의 부품을 지닌 작품은 당대에 매우 유명해지면서 1744년 프랑스의 왕궁(Palais-Royal)에서 전시가 되었다. 철학가이자 문학가로 특히 드라마투르고로 활동했던 볼테르(Voltaire, 1694-1778)는 부캉손의 오리를 빼놓는 다면 프랑스의 영광을 설명할 수 없다고까지 극찬하기도 했다. 이 같은 사례는 이후 다양한 자동인형기계의 사례들이 만들어지는 데 영향을 끼쳤다.[9]

8) David M. Fryer, John C. Marshall, "The Motives of Jaques de Vaucanson," *Technology and Culture*, 20.2(1979): 257–269.

9) Voltaire, *Œuvres complètes de Voltaire* (Paris: P. Plancher. 1819), 491;

1784년 베르사이유에서 멜로디를 만들어내는 자동기계인형을 제작해서 사람들에게 놀라움을 선사했던 다비드 렌트겐(David Roentgen, 1734-1807)의 경우도 프랑스 왕실을 위해서 활동하며 자동인형기계를 제작했다. 렌트겐은 아버지의 공방에서 흑단 제작가(ebanista)로 경력을 쌓았고 이후 프랑스 절대왕정시기의 왕비였던 마리 앙투아네트(Marie Antoinette, 1755-1793)는 그를 "흑단 기계 제작가(ebanista meccanica)"로 임명하였다. 그는 14세기부터 유럽 문화에 등장했던 현악기인 '솔터리(psaltery)'를 연주하는 자동인형기계(그림 3)를 만들었으며 1784년 이를 왕비의 앞에 공개했다.

그림 3. 다비드 렌트겐, <솔터리를 연주하는 자동인형기계>>, 1784, 파리 공예 및 직인 박물관

안드로이드처럼 등장했던 이 기계의 인형은 마리 앙투아네트를 닮아 있는데 이는 주문자를 고려한 것으로 추정할 수 있다. 마리 앙투아네트는 이 작품은 구입한 후 프랑스 왕립 과학 아카데미에 기증했고, 이후 독일의 대문호인 괴테(Johann Wolfgang von Goethe,

---

Jessica Riskin, "The Defecationg Duce, or, the Ambiguous Origins of Artificial Life," *Critical Inquiry* 29(2003), 599-633.

1749-1832)는 이를 『빌헬름 마이스터의 수업시대 *Wilhelm Meisters Lehrjahre*』(1796)에서 언급하기도 했다. 이 작품은 프랑스 대혁명 시기에 일부 파손되었지만 다시 보수되었으며, 현재 파리에 있는 공예 및 직인 박물관(Musee de Arti e de Mestieri)에 전시되어 있다.[10)]

이 같은 사례에서 알 수 있는 것처럼 절대 왕정 시기의 공예가들, 특히 시계를 제작했던 장인들은 주문자를 두고 상호 경쟁하는 과정에서 자신의 능력을 드러내기 위해 자동인형기계를 제작했다. 이와 유사한 상황은 스위스의 시계공이었던 페이르 자케 드로즈(Pierre-Jaquet Droz, 1721-1790)의 사례에서도 찾아볼 수 있다.

드로즈는 렌트겐과 같은 후원자를 두고 활동했다. 그는 프랑스 왕실을 위해 <음악가 *Musician*>, <도안가 *Draftman*>, <글씨 쓰는 인형 *Writer*>(그림 4)와 같은 자동인형기계를 고안했다. 그리고 이를 위해서 시계공의 경험을 살려 약 6000여개의 부품을 활용해서 인체

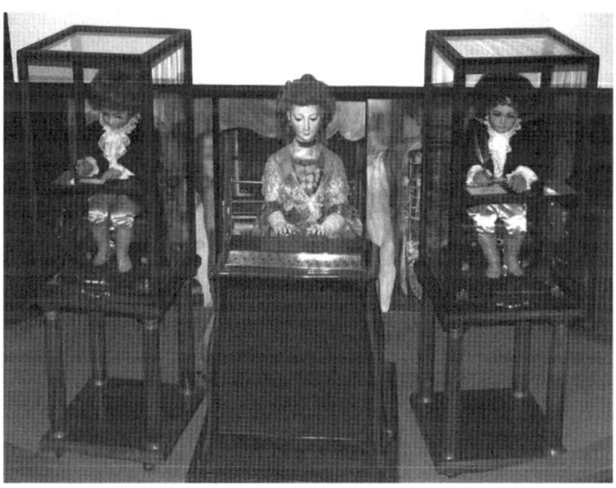

그림 4. 페이르 자케 드로즈, <글씨 쓰는 인형>, <음악가>, <도안가>, 1768-1774. 뇌샤텔미술사박물관.

10) Hans Huth, *Roentgen furniture: Abraham and David Roentgen, European cabinet-makers* (Barkway: Sotherby Parke Bernet: 1974); Riskin, *The Defecationg Duce* 2003: 632.

의 움직임을 표현했다. 그 결과 <글씨 쓰는 인형>의 경우 서로 다른 약 40개의 문장을 쓰는 모습을 보여준다.

이 시기에 제작된 자동인형기계는 인체나 동물의 해부학적 구조가 반영 되었던 것이 아니라 공학적 아이디어를 통해서 움직임을 만들어냈던 경우였다. 이 같은 상황의 또 다른 배경은 바로크 시대의 연극뿐만 아니라 "경이로움의 방"에서 확인할 수 있는 16세기 수집 문화의 발전을 통해서도 생각해볼 수 있다. 이 과정에서 유럽 왕실에서는 새롭고 즐거움을 줄 수 있는 수집품을 모았고 자동인형기계 역시 소장품의 일부가 되었다.

이 같은 작품의 이면에서 인간과 동물 등 자연의 속성에 대한 관심과 이를 간략한 움직임으로 표현하고 소개했던 것도 중요한 동기가 되었으며, 이후 공학의 영역이 발전할 수 있는 계기가 되었다.

이런 점은 해부학에 대한 관심이 인간의 상상력과 결합되었을 때, 의학과 미술 분야뿐만 아니라 이를 통해 응용하는 공학 분야처럼 지식을 활용하는 사회적 관점에 따라 다양한 방식으로 문화적 산물을 생산하고 있다는 사실을 보여주는 것이다. 또한 디드로의 백과사전처럼 학문을 분류하고 정리해가는 과정 속에서도 서로 다른 분야의 사례를 염두에 두고 새로운 시도를 진행했던 과거 지식의 융합과 개방성에 대한 사례를 구성한다. 그리고 이는 오늘날에도 충분히 생각해볼 수 있는 시사점을 준다.

11. 조반니 모렐리: 무의미한 것들의 재발견

1874-76년의 연구를 묶어서 출판한 독일 미술사저널 『시각예술에 대한 저널 *Zeitschrift fur bildende Kunst*』에 흥미로운 논문 한 편이 실렸다. 이 논문의 저자는 러시아 미술사가라고 자신을 소개했던 이반 레르몰리에프(Ivan Lermolieff)였고, 다루는 내용은 고전이 되어버린 미술 작품의 저자를 찾아낼 수 있는 새로운 미술 감정 방법이었다.[1] 그는 이 논문에서 그림에서 가장 무의미하고 중요하지 않은 부분을 관찰하면 특정 화가의 습관을 확인할 수 있기 때문에 작가를 찾을 수 있다고 주장했다.

이 같은 생각은 동시대의 미술사가에게 신랄하게 비판 받았다. 당시 독일의 여러 미술사 학자는 미술은 의미를 다루는 분야이며, 미술 감정을 위해서도 의미에 대한 표현 방식에 집중해야 한다고 생각했다. 이 논문은 결국 미술사가들 사이에서 스캔들로 발전했다. 하지만 몇 년 지나지 않아 이 글을 기고한 이반 레르몰리에프가 실존 인물이 아니라는 점이 밝혀졌다.

이 글의 실제 저자는 당시 비교해부학을 공부했던 의사였고 후대 이탈리아 통일 운동에 참전했던 군인이기도 했던 조반니 모렐리(Giovanni Morelli)였다. 그는 예술에 대한 관심이 많았고, 동시에 예술가들이 배우는 해부학을 비교해부학을 통해서 접했기 때문에 자신이 알고 있는 몸에 대한 정보를 중심으로 고대 미술을 감상하고 연구했다.

그는 의사였기 때문에 그림 속의 해부학적 실수를 찾아냈고 같은 화가들은 동일한 실수를 반복한다는 사실을 알게 되었다. 그는 그

1) 최병진, 『미술사와 미술감정』 (일파소: 2014), 55.

이유가 화가들이 그런 표현에 의미를 부여하지 않았기 때문이라고 보았고, 따라서 무의식적으로 표현하는 부분에서 반복되는 실수는 여러 화가들에서 공통적으로 나타나지 않는다는 점에서 작품의 저자를 감정하고 밝혀낼 수 있다고 생각했다.[2)]

미술 감정 분야가 등장했던 시기는 르네상스 미술의 위상을 설명하던 16세기였다. 르네상스 시대부터 권력자들이 시민들과의 소통을 위해서 미술에 중요성을 부여했고, 이를 후원하면서 미술품의 경제적 가치가 증가했다. 그 결과 미술품은 동시에 권력과 경제적 부를 과시할 수 있는 상류층의 수집 대상으로 변했고, 이 안에서 이 같은 가치를 확인할 필요가 있었기 때문에 미술 감정 분야가 생겨났던 것이다.

메디치 가문의 코지모 1세(Cosimo I de Medici, 1519-1574)를 위해 일했던 화가이자 평론가였던 조르조 바자리(Giorgio Vasari, 1511-1574)는 미술 작품의 가치를 다루고 판단하는 과정에서 『르네상스 예술가 열전 *Le vite de' più eccellenti pittori, scultori e architettori*』(1568)을 썼다. 이 책은 그가 생각하는 뛰어난 예술가와 그가 남긴 작품을 설명하며, 후원자 혹은 구매자에게 좋은 미술 작품의 기준을 설명했다.[3)]

그는 이 책에서 자신이 역사적 기록을 알고, 예술가로서 양식을 판단할 수 있기 때문에 원작을 이해하고 있다는 점을 강조한다. 바자리는 "아는 만큼 보인다."는 격언처럼, 역사와 양식을 아는 만큼 작품의 저자를 확인할 수 있다고 생각했다. 이런 점은 서유럽에서 미술 감정의 전통적인 방법론을 구성했다.

---

2) 최병진, 「모렐리의 방법론: 미술과 과학의 '융합'에 대한 역사적 사례연구」, 『Contents Plus』 15(2017): 23-40.

3) 바자리, 『르네상스 미술가열전1』, 26-30.

이 같은 전통에서 생각해본다면 모렐리의 미술 감정 방법이 당시 신랄하게 비판 받았던 이유를 이해할 수 있다. 전통적인 미술 감정에서 벗어나 인체에 대한 지식을 바탕으로 의미가 없는 부분들을 통해 현실과 다른 예술가의 행동 패턴을 상상하며 원작을 판단했기 때문에 예술을 모르는 감정가처럼 보일 수밖에 없었기 때문이다.

모렐리는 젊은 시절 뮌헨에서 공부하며 이그나시우스 될링거(Ignatius Dollinger, 1799-1890)의 비교해부학 수업을 들으며 의사가 되었다. 당시 비교해부학은 진화의 개념을 토대로 여러 인종의 특성을 다루고 인체의 보편적 특성을 검토했다. 특히 그는 공부하는 내내 서로 다른 인종 사이에서 볼 수 있는 인체의 유사성과 차이점을 다루었다고 학업을 위해서 자신이 직접 스케치를 하기도 했다. 이 과정에서 그는 좋아하는 미술품을 구입했던 컬렉터이기도 했다.[4]

하지만 그가 공부한 분야의 특징과 관찰의 습관을 통해서 얻은 인체에 대한 구조적 지식 때문에 몸을 다루고 있는 구상미술 작품을 볼 때마다 유독 예술가가 반복했던 세부(detail)의 실수를 확인할 수 있었다. 그는 디테일을 통해 과거 화가가 그림을 그리는 상황을 상상하며 화가가 그림을 그리는 과정에서의 행동 패턴을 유추하며 그림을 바라보았다.

모렐리는 위대한 예술가들이 사물을 관찰하는 방법이 다 다르기 때문에 이들의 표현은 중립적이지 않다고 생각했다. 그는 그 같은 표현이 오히려 내면적 원인이 표출된 것으로 보았으며, 예술품의 형식에 대한 기존의 판단에서 만들어진 편견에 구애받지 않을 수 있는 신중한 연구자는 오히려 관찰하는 예술품의 표현 뒤에 있는 예술가

4) 최병진, 「모렐리의 방법론」, 2017: 33; Giulio Bora, *I disegni della Collezione Morelli* (Milano: Credito Bergamasco: 1988), 9-13.

의 영혼을 잘 이해할 수 있다고 믿었다.

이 같은 상황에서 그에게 흥미로운 일은 이후 작가를 모르는 상황에서 나타났다. 그는 이 작품을 관찰하며 예술가의 실수와 작업 과정을 상상했고, 이런 점은 그가 보았던 다른 그림을 상상하며 예술가의 행동 패턴을 유추했던 상황과 겹쳐지거나 차이를 드러냈기 때문이다. 그는 좋아하는 미술품을 감상하며 점차 범인을 찾아가는 것처럼 디테일이 드러내는 차이점을 통해서 종종 작품의 저자를 확인할 수 있었고, 더 나아가 작가가 잘못 알려졌던 작품도 찾아냈다.

모렐리가 자신의 방법에 확신을 가지고 자신감에 찾던 1880년, 그는 다시 이반 레르몰리에프(Ivan Lermolieff)라는 이름으로 『이탈리아 거장들의 작업 *Die Werke Italienischer Meister*』이라는 책을 출판했고 자신의 미술품 감정 방식을 명료하게 설명했다. 그는 작품을 보면서 화가가 의식하고 그린 부분과 의식하지 않고 그린 부분을 나누어야 한다고 설명했다. 의식적 표현은 화가가 관심을 두고 생각하며 주의해서 표현했던 부분이었지만, 반대로 무의식적 표현은 귀나 손톱과 같이 그림의 메시지와 덜 관계가 있었기 때문에 화가가 주의를 기울이지 않고 습관적으로 표현하는 부분으로 보았다(그림 1).

그는 이 과정에서 르네상스 시대 이후 예술가와 평론의 관계에 주목했다. 평론가들이 반복해서 이야기하는 부분은 이후 예술가들의 표현에 영향을 끼쳤고, 이 같은 상호 연관성은 오히려 미술 평론에서 다뤄지는 쟁점을 배제하면 의미가 없는 부분을 더 세밀하게 찾아낼 수 있다고 설명한다. 따라서 저자를 찾을 수 있는 방법은 저자나 다른 사람들이 주목하거나 주의하지 않는 부분을 찾아내고 분석하는 것이었다.

이 같은 모렐리의 생각과 관찰 방식은 이후 여러 분야에 중요한 영향을 끼쳤다. 이탈리아의 역사가 카를로 진즈버그(Carlo Ginzberg,

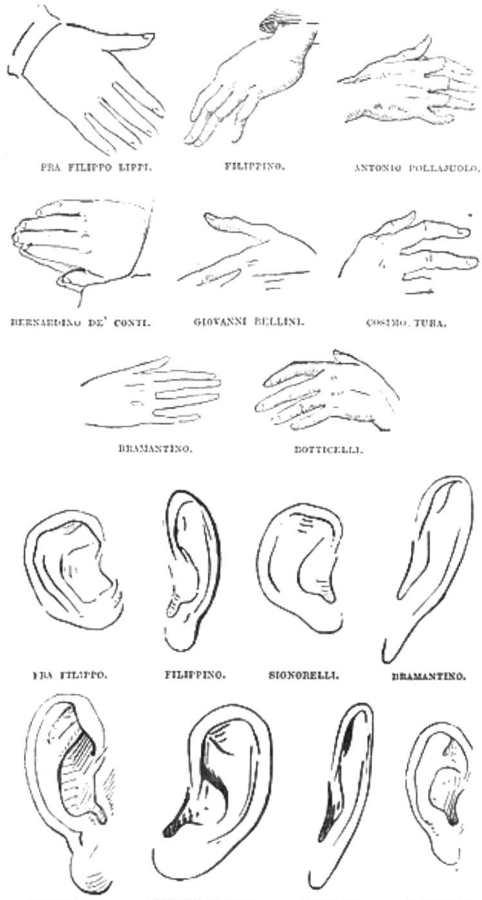

그림 1. 조반니 모렐리, <손과 귀의 형태들>, 『이탈리아 거장들의 작업』 삽화의 일부, 1892.

1939-)는 이를 검토하며, 모렐리의 관점이 단순히 미술 분야에만 영향을 끼친 것이 아니라 당대의 시대정신을 표현하고 있다고 강조했다. 그는 모렐리의 방법론이 당대의 범죄심리학, 그리고 이를 다루고 있는 코난 도일(Sir Aurthur Conan Doyle, 1859-1930)의 추리소설뿐만 아니라 이후 프로이드의 정신 분석학에도 영향을 끼쳤다고

설명한 바 있다.[5)]

실제로 모렐리의 미술 감정은 오늘날 추리물에서 관찰할 수 있는 현장 조사와 부검을 통해 시간 속에 남아있는 흔적을 읽고 범인의 의도와 심리를 분석하는 작업과 상통한다. 코난 도일의 원작 『바스커빌 가의 개 *The Hound of the Baskervilles*』(1901)를 다루고 있는 동명의 영화 대사는 주목하지 않는 디테일이 만들어내는 이야기를 흥미롭게 묘사하고 있다.

> 셜록! 나한테는 아무 문제없어! 알겠어? 증거가 필요한 거지? 응. 우린 커다란 개를 찾고 있잖아. [...] 저 사람들은 어때? 감상적 과부와 실직한 어부인 아들. 답은 '맞다.'야. 맞다니 뭐가? 위스키라는 웨스트 하일랜드 테리어를 키우고 있는데 우리가 찾는 개는 아니야! 그만 좀 해, 셜록. 입고 있는 스웨터를 봐. 몇 번 안 입었어. 마음에 안 드는 거야. 재질이나 무늬가 마음에 안 드는 건데, 무늬 같고. 그럼 선물이겠지. 크리스마스 선물? 엄마한테 잘 보이고 싶은 거야. 왜일까? 분명 돈 때문이겠지. 식사를 대접하는 데 자기는 음식을 조금만 시켰어. 엄마를 감동시키고 싶지만 자기 음식은 아끼려고 해. 배가 안 고픈가 보지. 셜록. 아냐, 접시가 작잖아. 전채만 먹은 거야. 게다가 샅샅이 핥아먹었고. 엄마는 파블로바를 다 먹어가. 만약 대접 받는 게 남자였으면 남자도 양껏 먹었을 걸. 저 사람은 배가 고프고 부자가 아냐. 소매의 신발을 보면 알 수 있어. 모자 관계라는 건 어떻게 알았어? 엄마나 크리스마스 선물로 저런 걸주지. 이모나 누나일 수도 있지만 엄마일 가능성이 더 높아.

또한 이 같은 쟁점은 미술 사학 분야에서도 "리버스 엔지니어링(Reverse Engineering)"의 개념과도 연관되어 있다. 이탈리아의 고

5) Carlo Ginzburg, "Spie. Radici di un paradigma indiziario," In *Crisi della ragione*. Aldo Gargani ed. (Torino Einaudi, 1992), 57-106.

고학자 살바토레 세티스(Salvatore Settis, 1941-)와 미술사가 안토니오 피넬리(Antonio Pinelli, 1943-)는 미술품의 제작과정을 역으로 구성해서 과정이 보여주는 미술가의 선택을 통해 그의 의도를 이해하고 당시 사회와의 관계를 설명할 수 있다고 이야기하며 이 작업을 "리버스 엔지니어링"이라고 명명했다.[6]

앞서 모렐리의 관점에서 융합적 특성을 읽어냈던 진즈버그는 그를 "새로운 인문과학의 패러다임은 이미지의 기호학적인 층위에 대한 방향을 설정하고 있다."고 평가했다. 이 같은 성격은 더 나아가 다른 여러 분야를 연결할 수 있는 가능성을 드러낸다. 이탈리아를 대표하는 움베르토 에코(Umberto Eco, 1932-2016)는 모렐리의 가치를 잘 이해했다. 그는 "비주얼 리터러시(Visual Literacy: 이미지를 읽고 해석하기)"의 영역에서 이미지의 문화적 독해를 통해 『장미의 이름 *Nome della rosa*』처럼 소설의 여러 장치들을 만들어냈고, 의식과 무의식을 넘나들며 독자들에게 긴장감을 불어 넣었다.[7]

모렐리가 시도했던 미술 감정 방법은 인간의 몸을 이해하고 이를 통해 역사적 정보를 얻는 것이었지만 동시에 인간의 몸을 다뤄야 하는 다른 분야와 상호 영향을 주었다. 서로 다른 목적을 지닌 전문 분야의 경우에도 연구 대상을 공유한다면 새로운 분석 방법론은 충분히 시사점을 주기도 하고, 그 안에서 방법론으로서 새로운 유용성을 부여하기도 한다.

---

6) Emille Passignat, Antonio Pinelli, *Reverse engineering* (Roma: Carocci: 2007) 참조.

7) Umberto Eco, ed. *The Sign of Three: Dupin, Holmes, Peirce* (Bloomington: Indiana University Press), 81-118.

그림 2-3. 조반니 모렐리와 코난 도일의 초상

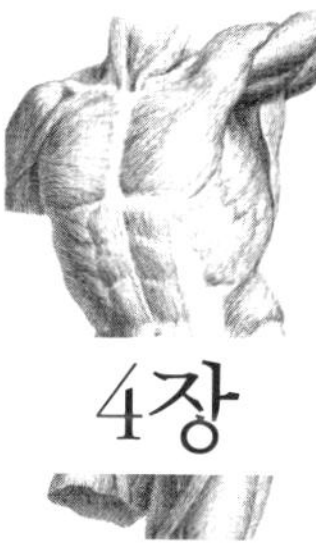

4장

몸의 바깥쪽: 인간에 대한 은유

앞서 3장에서 "몸의 공장"이라는 큰 제목에서 다루었던 것은 인체 내부의 연구와 직접 연관되어 등장한 해석과 이를 중심으로 발전했던 서로 다른 시대와 장소에서 생산되었던 몸의 의미였다.

의사에게 필요한 인체의 연구를 경험했던 줌보나 수지니와 같은 미술가들은 이 문제가 삶과 죽음, 영성과 같은 종교적 문제를 함께 해석할 수 있다고 언급했고 이 같은 질문은 인체의 내부에서 시작된 것이었다. 또한 인체를 이해함으로써 기능적 연장선에서 등장한 오토마타에 대한 생각이나 모렐리의 미술 감정 역시 인체에 대한 지식이 기준이 되어 다른 문제를 다루고 있는 것이었다.

따라서 이를 정리해본다면 근대 후반 해부학은 인체에 대한 물리적, 화학적, 기계적 정보를 생산하며 몸을 과학 영역의 연구 대상으로 부상하게 만들어주었다. 그 결과 몸에 대한 지식이 늘어나는 만큼, 이 같은 지식 이면에 놓여있는 해석과 의미에 대한 철학적 사유와 표현도 늘어났다고 볼 수 있다.

하지만 우리는 역사 속에서 몸에 대한 의미를 다른 방식으로 생산하는 상황도 생각해볼 필요가 있다. 과학적 연구 대상으로 몸을 다루며 얻은 연구 결과는 그 자체로 의미가 있었지만 다른 한편으로 인간의 감정, 정신, 영혼 등 이면에 놓여있는 인간의 속성은 인체의 외부에 있는 사회적 관계, 혹은 세계와의 관계에 대해 생각하게 만든다는 점에서 내부의 해석과 다르게 다뤄진다.

예를 들어 해부학적 구조는 얼굴 표정의 변화 가능성을 설명해주기는 하지만, 각각의 표정에 담긴 의미를 직접 설명해주지 않는다. 이는 특정 표정에 대한 사회적 공감을 통해서 만들어지기 때문이며, 이는 몸의 내부와 해석이 아니라 몸의 외부에서 만들어지는 의미와 사회적 관계를 통해 형성된 것이다.

몸을 둘러싼 사회적 의미는 몸이 매체로써 전달하는 인간에 대한 관점이 투영되어 있고, 이 같은 매체성은 변화되는 시대와 이에 따른 변화 속에서 오히려 몸을 둘러싼 다양한 의미를 확장해나가고 있다. 따라서 오늘날 과학과 인문학, 사회학이 다른 방식으로 접근하고 있는 것은 몸에 대한 접근 방식도 몸의 내부에 대한 연구와 몸의 외부에 대한 연구로 나누어볼 필요가 있다.

이 같은 관점에서 살펴본다면 인간의 심리와 사회적 공감으로써 표정이나 몸짓에 대한 의미를 탐색했던 대표적인 분야 중 하나는 미술 분야였으며, 특히 초상화는 이 같은 성격을 다루며 더 나아가 이에 대한 심층적인 연구를 동반하고 있다.

1. 영혼의 거울로서의 얼굴과 몸짓: 르네상스의 변곡점

초상화는 대상을 단순히 재현하는 데 머무르지 않고 화가가 모델을 보고 이해한 인간의 심리와 감정, 직업 등 다양한 정보를 종합해서 전달한다. 특히 얼굴의 표정은 삶을 살아가는 과정 속에서 반복되었던 몸의 흔적이 남아 특정 인물의 성격과 심리를 효과적으로 드러낸다.

르네상스 시대 이탈리아에서 복잡한 정치적 지형과 사회 계급의 급격한 변동 속에서 초상화의 역할은 더 유용해졌으며, 베네치아의 조르조네(Giorgione, 1470년 경-1510)처럼 이를 주로 다루는 전문적 화가의 등장은 점차 인간의 감정과 표현의 관계에 대한 심층적인 지식들 생산했다.[1] 또한 성쇠를 거듭했던 권력자들이 초상화나 기념 조형물을 주문하는 과정 속에 미술가들이 생존 인물을 모델로 세밀하게 인물에 대한 의미를 고안하면서 미술은 사회적 메시지의 표현 수단으로 발전하게 되었다. 또한 상류층에게 있어서 위인전의 삽화(그림 1)는 교육을 통한 이데올로기의 전승 수단으로 중요한 역할을 담당하며, 텍스트와 이미지의 상호 기여 속에서 역사적 인물에 대한 초상을 끊임없이 생산했다.

그림 1. 『위대한 인물들의 삶』에 묘사된 조비오의 초상

1) *The Complete Paintings of Giorgione*. Introduction by Cecil Gould. Notes by Pietro Zampetti. NY: Harry N. Abrams. 1968; *Giorgione. Atti del Convegno internazionale di studio per il quinto centenario della nascita (Castelfranco Veneto 1978)*, Castelfranco Veneto, 1979 참조.

그림 2. <젊은 여인의 부장 초상>, 3세기 파이윰, 루브르 박물관.

물론 고대와 중세에도 인간을 세밀하게 재현하는 작품이 있었고, 인간의 용기, 대범함과 교훈을 표현해왔다. 예를 들어 인간의 고통을 효과적으로 표현하고 있는 <라오콘 군상>은 오늘날 저자에 대한 논란이 있기는 하지만 <라오콘 군상>에 대한 레싱(의 이야기나 바르부르크에 이르기까지 인간의 감정이 담긴 형상(Pathosformel)과 이에 대한 서사는 지금도 미술사와 같은 학문의 기초로 다뤄지고 있다.[2] 또한 파이윰(Fayyum)의 네크로폴리스에 남아 있는 로마 시대의 부장 미술은 죽은 이후의 삶에 대한 동경 속에서 인물의 특성과 사회적 지위(그림 2)를 섬세하게 다루고 있기도 했다.[3]

하지만 이 같은 상황에도 불구하고 르네상스 시대에 주목하는 이유는 이 시기에 이를 텍스트로 기술하는 평론의 문화 속에서 인간의 묘사에 대한 아카데믹하고 동시에 인간의 감정에 대한 연구를 구조적으로 다루는 텍스트들이 등장했기 때문이다.

예를 들어 다빈치의 사후 출간되었던 『회화론 *Della Pittura*』에서 "인간의 육체를 지배하고 지탱하는 영혼이야 말로 우리들의 판단을

2) Gertrude Bing, ''A. M. Warburg,'' Journal of Warburg and Courtauld Institutes, 28(1965): 310; Gotthold Ephraim Lessing, *Laocoon: or, The limits of Poetry and Painting*, translated by William Ross. London, Ridgeway, 1836 참조.

3) Necropolis: "죽은 자들의 도시"라는 어원을 지니고 있음.

만들어내는 것이며 더 나아가 우리들의 판단 그 자체가 된다."고 설명하며 인간의 모습을 그리는 것은 육체 이면에 놓인 인간의 영혼을 다루는 것이라고 보았다.[4] 그는 이 같은 관점을 토대로 인간의 심리를 다양한 방식으로 분석하며 이후 캐리커처(Caricature)라고 알려진 드로잉들을 남겨놓았다.

이 같은 생각의 배경에는 르네상스 초의 알베르티(Leon Battista Alberti, 1404-1472)가 비트루비우스(Marcus Vitruvius Pollio, 기원전 80년 경-기원전 15년 경)의 개념에서 차용했던 것으로 신체의 '움직임'이 놓여있었고, 이는 다시 수사학과 연관된다. 이들이 제시했던 '움직임'은 인간의 본성이나 영혼(Psiche)의 활동에 대한 육체의 표현 방식을 의미하는 것이었다. 따라서 다빈치가 언급했던 "영혼의 움직임"은 인간의 생각과 감정이 육체의 움직임과 교환된다고 본 문화적 선언이라고 할 수 있다.

특히 르네상스 시대의 예술가들은 정지되어 포착된 인간의 표정이 보는 사람들의 관점 속에서 앞뒤의 상황을 환기시키며 보는 사람들이 이에 몰입할 수 있는 부분들을 선택해서 습작을 그려나갔고, 이런 점은 폼포니오 가우리코(Pomponio Gaurico, 1482-1530)의 『조각에 관하여 *De sculptura*』에도 잘 표현되어 있다.[5]

그리고 이 같은 상황은 당대의 미술품의 정지된 표정과 몸짓이 만들어내는 감정을 관찰하고 분류하며 새로운 인간 군상에 대한 캐릭터로 이어지기 시작했고, 이는 종종 르네상스 시대의 초상화 중에서 "이상적 초상화"라는 이름으로 잘 알려져 있다. 결국 인간의 모습에

4) 레오나르도 다빈치, 『레오나르도 다빈치의 노트북』(루비박스, 2006), 105. 105.

5) 최병진, 「르네상스 예술 장르의 상호 관계성과 시각 문화」, 『이탈리아어문학』 40, (2013): 241-278.

는 인간에 대한 관점으로써 메시지로 변해갔던 '이데아'에 대한 평론의 논의를 만들어 냈을뿐더러, 더 나아가 캐리커처라는 새로운 장르를 만들어낸다.

캐리커처의 역사에서 중요한 인물로 다뤄지는 다빈치나 이후 안니발레 카라치(Annibale Carracci, 1560-1609)의 사례는 이 같은 상황을 잘 보여준다. 특히 다빈치의 경우 관찰의 대상이었던 육체와 이 안에 담긴 감정과 메시지의 의미에 대한 탐색은 20세기 프로이드의 『꿈의 해석』이 출간되기 약 400여 년 전에 인간의 몸과 표정에 대한 연구가 인간의 속성을 둘러싼 사회적 의미가 생산되었던 상황을 보여준다.

다빈치는 『레오나르도 다빈치의 노트북』에서 관찰할 수 있는 것처럼 인체와 각 부분의 기능의 관계를 설명하였지만, 초상화에서 다뤄지는 인간의 눈에 대해서 "영혼의 창"이라고 설명하며 보편적 감정이 담긴 인체의 특정 부분을 설명하고 연구에서 중요한 부분으로 다루었다.

인상학이나 관상학이 유럽 문화에서 고대에 시작된 오랜 역사를 지니지만, 다빈치는 이에 대한 연구에 대해서 인간에 대한 심리를 표현하기 위한 기준을 설정했다는 점에서 인간의 속성에 대한 자의식을 드러냈기 때문에 새로운 측면이 있다. 그리고 이 같은 속성을 통해서 현실에 없는 새로운 인물을 고안한다는 점은 대상의 재현에서 벗어나 새로운 문화적 형식으로 미술작품에 의미를 부여했다.

안니발레 카라치의 경우에도 바자리와의 논쟁 속에서 미술품은 인간을 재현하는 것을 넘어 화가의 생각인 이데아를 반영하고 문학작품처럼 이야기를 만들어낸다고 설명하고 있다. 따라서 화가들은 마치 철학사들처럼 관찰 속에서 직관적으로 이해했던 인간의 몸짓과 표정이 지닌 의미에 대한 구체적인 질문을 던지기 시작했고, 이

그림 3. 안니발레 카라치, <캐리커처>, 1595년 경, 대영박물관.

는 근대 인간의 심리에 대한 이해와 연구(그림 3)로 이어졌다는 점에서 흥미롭다.[6]

이 같은 질문과 대답에 대해서 관심을 가졌던 것은 미술 분야에서 이를 바라보는 사람들의 새로운 관점들을 생산했다. 그러나 이는 르네상스 시대에 등장했던 수사학에 대한 관심과 연관되어 문학 분야와 관련된 대답들과 관련되어 있다. 르네상스 시대 문학가를 대표하는 단테는 인간을 이해하기 위한 방법 중의 하나는 그의 이야기하는 방식과 몸짓을 관찰하는 것으로 충분하다고 설명했고, 이런 점에서

6) 최병진, 「브론치노의 <성 바르톨로메오>와 피렌체 매너리즘 유파의 해부학적 관점」, 『미술사연구』, 29(2015): 317-340.

수사학이 지닌 가치를 강조한 바 있었다.[7]

따라서 근대 인간의 본성에 대해서 탐색했던 몽테뉴(Montaigne, 1533-1592)나 파스칼(Pascal, 1623-1662), 라이프니츠(Gottfried Wilhelm Leibniz, 1646-1716)와 같은 철학자나 바로크 시대 사회 계급의 의미를 탐색하며 연극론을 제안했던 페드로 칼델론 데 라 바르카(Pedro Calderon de la Barca, 1600-1681)이나 이후 세익스피어(Shakespeare), 몰리에르(Moliere), 디드로(Didrot), 발자크(Balzac)와 같은 문학 작가들의 이야기들 안에서도 유사한 질문과 서로 다른 대답들로 이어졌다는 사실은 낯설지 않다.

미술 분야와 문학 분야에서 다뤄지는 캐릭터와 이들이 만들어지는 이면에는 인간에 대한 사회적 관점에서 분류된 속성들의 문제가 놓여있기 때문이다. 문학, 철학, 미술에서 다뤄지는 인간성에 대한 문제는 인간의 속성과 이로 인해서 만들어지는 운명에 대한 이야기가 사회적으로 공유되는 과정들을 만들어냈으며, 16세기 인간의 운명을 다루는 수상학, 점성술, 연금술과 결합되어 있는 짧은 논고들에서 관찰할 수 있다.

7) 최병진, 「르네상스 예술 장르의 상호 관계성과 시각문화」, 『이탈리아어문학』, 40(2013): 241-278.

2. 인간의 운명에 대한 고찰과 인간의 속성을 다루는 미술 분야의 논의들

1504년 바르톨로메오 델라 로카(Bartolomeo della Rocca, 1467-1504)는 당시 저명한 철학자이자 의사였던 알렉산드로 아킬리니(Alessandro Achilini, 1463-1461)의 도움을 받아 『수상술의 원칙과 인상 *De chyromantie principiis et physionomie*』(1504)을 출판했다. 그는 이 책에서 운명을 마주한 인간의 심리를 묘사했다.

또한 1538년 후앙 루이스 비베스(Juan Luis Vives)는 『영혼과 삶 *De anima et vita*』에서 기존의 영혼과 몸의 관계를 설명한 후 아리스토텔레스의 대상에 유기적으로 포함되어 있는 영혼과 플라톤의 비물질적 개념으로서의 영혼의 개념을 절충하려는 시도를 했다. 그는 영혼, 마음, 의지, 기억의 관계를 설정하기 위해서 노력하며 이를 토대로 인간의 감정을 읽기 위한 시도를 진행했다.

뿐만 아니라 1550년 수학자였던 제롤라모 카르다노(Gerolamo Cardano, 1501-1576)도 『인상학 *Metoposcopia*』(그림 1)이라는 저서에서라는 저서에서 인간의 특성과 성격, 그리고 운명의 관계를 논했다.

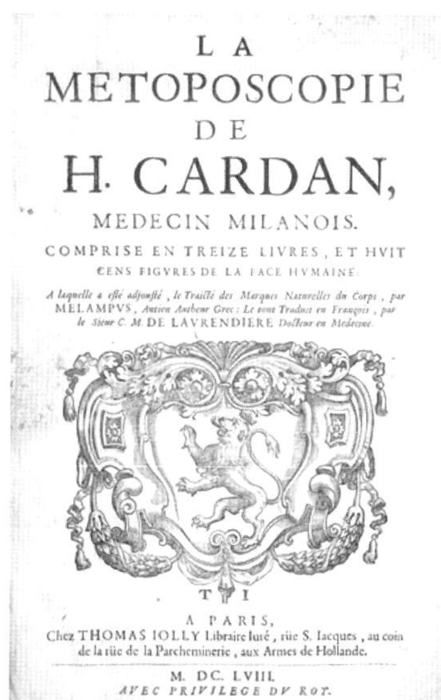
LA
METOPOSCOPIE
DE
H. CARDAN,
MEDECIN MILANOIS.
COMPRISE EN TREIZE LIVRES, ET HVIT CENS FIGVRES DE LA FACE HVMAINE:
A laquelle a esté adjousté, le Traitté des Marques Naturelles du Corps, par MELAMPVS, Antien Autheur Grec: Le tout Traduict en François, par le Sieur C. M. DE LAVRENDIERE Docteur en Medecine.

A PARIS,
Chez THOMAS IOLLY Libraire Iuré, rüe S. Iacques, au coin de la rüe de la Parcheminerie, aux Armes de Hollande.
M. DC. LVIII.
AVEC PRIVILEGE DV ROY.

그림 1. 제롤라모 카르다노, 『인상학』의 표지, 1550.

이 같은 인간의 운명과 인간의 표정, 몸짓의 관계에 대한 관심은 권력자의 관심을 끌었고, 다양한 분야에서 다뤄다. 그리고 미술 분야의 논고들에도 등장하기 시작했다. 1550년 조반 파올로 로마초(Giovan Paolo Lomazzo, 1538-1592)는 『회화의 신전에 관한 생각 *Idea del tempio della pittura*』(1590)을 통해 회화에 대해 설명했으며 실천적 측면보다는 추상적 의미화를 시도하며 회화의 가치를 강조했다.

그는 의학 분야의 핵심적 논의였던 4 체액설을 통해 인간의 특성을 구분한 후 각각의 판단과 미술에 기여할 수 있는 부분을 설명했다. 그리고 흥미로운 방식으로 다빈치, 미켈란젤로, 라파엘로, 폴리도로 다 카라바노, 안드레아 만테냐, 티치아노 가우덴치오 페라리와 같은 르네상스 시대의 미술가 7명을 예시로 들어 4 체액설과 인간의 운명에 대한 관계를 기술했다.

1586년에 이르면 조반 바티스타 델라 포르타(Giovan Battista

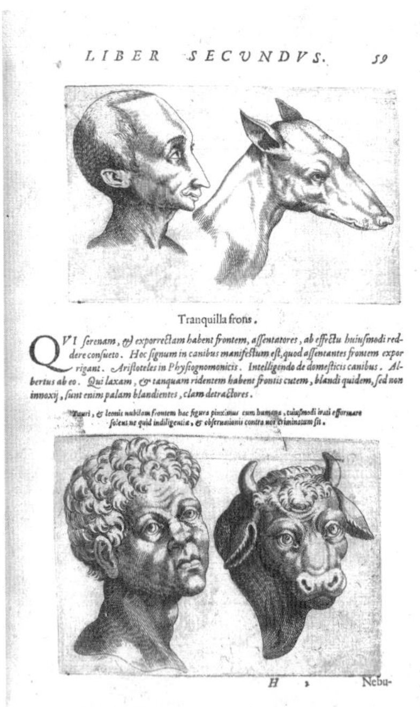

그림 2. 조반니 바티스타 델라 포르타, 『인간의 관상에 관하여』의 삽화 일부 (IV권), 1586.

della Porta, 1535년 경–1515)가 『인간의 관상에 관하여 *De humana physiognomica*』를 출간했다. 그의 시도는 앞선 사례들에 비해서 후대에 더 주목을 받았으며 19세기에는 범죄학자였던 체사레 롬보르소(Cesare Lomborso, 1835-1909)의 논의로 이어졌다. 그는 이 책에서 인간의 표정(그림 2)을 인생을 관통하는 다양한 경험의 스펙트럼처럼 다루었다.

16세기 짧은 기간 동안 여러 번 출간된 인간의 운명에 대한 책들이 드러내는 인간의 형상은 중세의 마술적이고 종교적 형이상학의 사유와 근대 과학의 과학적 사고방식의 경계에서 인간의 감정을 분석하고 있다는 점에시 흥미로운 점이 많고, 현대 철학자에게도 주목받은 바 있다.

예를 들어 프랑스 철학자였던 미쉘 푸코(Michel Foucault, 1926-1984)는 『광기의 역사 *Histoire de la folie a l'age classique*』(1961)에서 16세기의 특징 중 하나가 광기를 발견했던 시대라고 강조한 바 있다. 그는 에라스무스(Erasmo da Rotterdam, 1466-1536)의 『우신예찬 *Moriae encomium*』과 세바스티안 브란트(Sebastian Brandt)의 시 「바보들의 배」를 읽은 보스(Bosch)가 광기어린 인물을 그림의 소재로 활용했던 사례를 인용한 바 있다 (그림 3).

사실 몸을 통해 설명할 수 있는 인간의 추상적 속성으로서 광기나 그 밖의 감정에 대한 논의는 당대 미술품의 표현에서도 잘 관찰할 수 있다. 다빈치가 인간의 심리에 대한 관심을 가지고 전쟁에 대한 인물을 다루었던 <안기아리의 전투 *Battaglia di Anghiari*>(1504)는 오늘날 일부 습작만 남아있지만 인간의 어리석음, 폭력을 인물들의 극적 표정에 담았다. 그리고 이 같은 습작의 기록에서 그는 인물의 행동을 다루는 것을 넘어 인간의 영혼을 드러내야 한다고 주장했다.

이는 매우 명확한 사례이지만 다빈치의 삶에서 관찰할 수 있는 다

그림 3. 히에로니무스 보스, <바보들의 배>, 1494-1510년 사이, 루브르박물관

른 미술가의 사례에서도 인간의 심리에 대한 고찰은 잘 드러난다. 그가 베네치아를 방문했던 시기에 이곳에는 조르조네의 초상화들이 놓여 있었다. 그리고 이 작품들을 표현하는 과정에서 당대 유화의 발전은 이 문제를 더 세밀하게 표현할 수 있는 기술적 방식을 제공했다. 유화는 기존의 프레스코 화와 같은 기법에 비해서 오랫동안

디테일하게 세부를 다룰 수 있었기 때문이다.

안토넬라 다 메시나(Antonello da Messina, 1430-1479)처럼 초기 유화 기법에 대한 이탈리아의 사례들을 초상화에서 보여주는 화가는 초상화를 다루는 과정에서 끊임없이 수정하고 생각의 시간을 제공했던 유화 기법을 넘어 인간에 대한 명상을 담는 것처럼 보이며, 이후 조르조네와 다빈치로부터 영향을 받았던 로렌초 로토(Lorenzo Lotto, 1480-1557)와 같은 화가의 초상화로 이어졌다. 그가 그린 1505년 <베르나르도 데 로시 주교의 초상화 *Ritratto del vescovo Bernardo de' Rossi*>(1505)는 이를 살펴볼 수 있는 대표적인 사례였다(그림 4).

레오나르도 다빈치의 영향에 대한 논의가 활발한 뒤러의 경우에도 인간의 본성과 광기에 대한 낯선 감정을 공유했다. 오늘날 근대 영혼의 상태를 다룬 상징적인 판화 작품으로 남아있는 <멜랑콜리아 Melancholia>(1514)는 인간의 본성에 대한 주해서처럼 표현`되어

그림 4. 로렌초 로토, <베르나르도 로시 주교의 초상>, 1505, 카포디몬테 국립갤러리.

있다.

이를 두고 미술사가이자 도상학을 정초한 에르빈 파노프스키(Erwin Panosfsky)는 뒤러의 이 작품에 대해 복합적 관점에 대해서 해석한다. 그는 <멜랑콜리아>(그림 5)에서 관찰할 수 있는 모래 시계, 천칭, 마방진, 컴퍼스와 우울한 휴지(休止) 상태의 여성이 침울하게 우를 바라보는 모습이 '인류의 타락'에 대한 네 가지 체액 이론과 관련되어 있다고 해석하고 있다.

그는 인격을 다루는 요소의 불균형에서 인간의 타락이나 감정의 변화를 다루고 있는 모습을 관찰할 수 있다고 주장했고 뒤러의 작품에 담긴 안색(complexion)이 '체액의 혼합'(humoral mixture) 혹은 '기질'(temperament)에서 유래한다는 점을 강조했다. 즉 그에 따르면 뒤러는 인간의 감정을 분석하려는 시도를 한 것이다.[1]

그림 5. 알브레히트 뒤러, <멜랑콜리아>, 1514.

1) Panofsky, 1943.

하지만 이런 점은 20세기의 미술사가의 놀라운 분석뿐만 아니라 당대 등장한 평론에서도 충분히 관찰할 수 있다. 조르조 바자리의 『르네상스 미술가 열전』은 작품에 대한 인물의 특성과 예술가의 삶이 결합되어 예술가가 경험한 심리적 상황과 표현의 변형이 미술가의 개성을 강조한다고 주장했다. 그가 다룬 다빈치에 대한 설명이나 라파엘로의 작품에 대한 묘사는 이런 점을 잘 보여주는 사례이다.

> 레오나르도는 턱수염이나 머리카락을 길게 드리운 자연 그대로의 기괴한 용모를 좋아했다. 그런 인물을 길에서 마주치면 그 인물에 열중하여 온종일이라도 따라다니면서 자기 머릿속에 그 사람의 인상을 새겨 넣고 집에 돌아와서 그 인물이 마치 눈앞에 서 있는 것 같이 데생을 그려 놓았다.[2]

> 추기경 줄리아노 데 메디치(Giuliano de' Medici)를 위해 라파엘로는 <그리스도의 변용>을 패널 그림으로 제작해서 프랑스에 보냈다. 즉, 타보르(Tabor) 산의 그리스도의 변용인데 아래에서는 11명의 제자가 그를 기다리고 있다. 거기에는 또 마귀에게 물들인 어린이가 있어 그리스도가 산에서 내려와 그를 낫게 할 것이다. 어린아이의 몸은 뒤틀어지고 눈알은 뒤집어지고 신음하고 있다. 그가 마귀에 홀려 있음이 그의 몸짓, 혈관, 맥박의 박동에 나타나 있으며 겁에 질린 몸짓을 하고 있으며 극도로 창백하다.[3]

바자리의 사례는 화가의 작품을 서사하는 과정에서 인물의 심리가 작품의 영혼처럼 예술가의 가치 판단을 위한 요인 중 하나라는 사실을 드러낸다. 그리고 이 같은 변형들을 설명하는 과정에서 당시 생산된 여러 논고들은 더 나아가 인간의 얼굴과 몇몇 동물의 특

---

2) 조르조 바자리, 『르네상스 미술가 평전 1』 (올재: 2018), 457.

3) 앞의 글, 43-44.

성을 결합해서 다루기 시작하는 점도 확인할 수 있다. 이는 고대에 신화에서 세계의 속성을 의인화하는 과정 속에서 신의 형상을 만들어냈던 것처럼 동물과 인간의 성격의 유사성을 검토하면서 인간의 심리와 성격을 규정하려 했음을 알려준다. 인간에 대한 분석은 세계에 대한 관심을 반영해서 새롭게 분석되고 논의되기 시작한 것이다. 예를 들어 1520년 야코포 폰토르모 (Jacopo Pontormo, 1494-1557)가 남긴 <코시모 1세 베키오 *Cosimo il Vecchio*>(그림 6)는 군주를 맹금이나 여우처럼 표현하고 있고 이는 마키아벨리의 『군주론』을 환기하고 있다.

그림 6. 야코포 폰토르모, <코시모 일 베키오의 초상>, 1520, 우피치갤러리.

이 같은 점은 카라치가 남긴 캐리커처의 사례에서도 관찰할 수 있고 이후 화가들에게 많은 영향을 끼쳤다. 바로크 미술가였던 카라바조, 벨라스케스, 렘브란트의 사례나 현대 미술의 선구자들이었던 고야, 쿠르베, 반 고흐의 작품에서도 우리는 여전히 인간의 심리에 대한 논의의 중요성을 읽어낼 수 있다.

3. 사물을 통해 고안된 인간의 정체성: 아르침볼도의 사례

16세기의 사례들 중에서 주세페 아르침볼도(Giueseppe Arcimboldo, 1527-1593)의 작품들은 주목할 필요가 있다. 매너리즘 시대의 화가로 알려져 있는 아르침볼도는 주문자를 통해서 접했던 자연 철학과 연금술에 대한 관심을 지니고 세계에 대한 은유를 통해 인물의 정체성을 설명했다.

그는 원래 밀라노 출신으로 아버지의 공방에서 회화를 공부하고 밀라노 대성당(Duomo di Milano)에서 견습하였고, 다빈치의 캐리커처나 프란체스코 우르비니(Francesco Urbini)의 '비자리에(bizzarie)'에 대한 관심을 가졌다.[1)]

프란체스코 우르비니와 같은 우르비노 출신의 도자공의 도기들은 당대 상류층의 유희적인 놀이로써 사물과 인간의 형상이 결합된 그림들의 사례를 제공한다. 하지만 아르침볼도는 단순히 유희적이거나 아이러니한 메시지를 전하는 대신 철학적 문제를 만들어내는 것처럼 논리적인 그림으로써 초상화를 제작했다[2)].

이 같은 관심은 이후 비엔나의 막시밀리아노 2세(Maximilian II, 1527-1576)의 궁전화가가 되면서 빛을 발하기 시작했다. 그는 자신이 그려야 하는 모델을 자연에서 관찰 가능한 동물, 식물, 물고기와 같은 이미지를 활용해서 모자이크처럼 배치하고 있고 이런 점은 1572년부터 1573년까지 2년동안 막시밀리아노 2세를 위해 작업했

---

1) 비자리에는 이탈리아어로 "장난 스러운"이라는 의미를 지니고 있다. 당대에는 즐거움을 위한 유머러스한 드로잉을 의미한다. 프란체스코 우르비니의 삶에 대한 기록은 많이 남아있지 않지만, 1536년의 도기에 이름과 연도가 기록되어 있다. 르네상스 당대에 우르비노는 도자의 중심지이기도 했다.

2) B. Geiger, "G. A. "surrealista" dei suoi tempi," in *Arte figurativa*, IV (1956), n. s. 33-35.

던 연작 «사계 *Quattro Stagioni*»(1563)를 통해서 확인할 수 있다.

봄, 여름, 가을, 겨울의 네 계절의 모습을 막시밀리아노 2세와 그의 계승자인 루돌푸스 2세의 모습으로 표현하고 있는 4점의 초상화는 2점씩 서로 마주보고 있다(그림 1-4). 초상화의 내부에 있는 꽃, 과일, 나무는 계절의 변화를 드러내고 있고, 봄에서 겨울로 이어지는 과정에서 인물은 마치 노화의 흐름을 이기지 못하는 것처럼 보인다. 따라서 이 작품은 4계절을 통해 인간의 삶에 대한 굴레로써 영원히 흘러가는 시간에 대해서 다루고 있다.

또한 막시밀리아노 2세와 루돌푸스 2세의 모습이 뒤섞인 것처럼 보이는 의인화된 계절은 사계절이 야누스처럼 연결되며 합스부르크 왕실의 권력의 상호 보완 관계를 보여준다. 또한 인간이 거스를 수 없는 자연의 흐름에 왕가의 이야기가 합쳐짐으로썬 합스부르크 왕가의 권력자들은 자연처럼 영원하다는 사실을 강조하고 있는 것처럼 보인다.

이런 점은 그의 또 다른 연작인 «4원소 *Quattro elementi*» (1566-1563)에서 반복된다. 그는 합스부르크 왕실의 권력자를 이번에는 불, 물, 공기, 흙과 같이 세계에서 없어서는 안 될 본질처럼 묘사하고 있었기 때문이다.

이 과정에서 그의 그림에서 관찰할 수 있는 인간과 자연물의 관계

그림 1-4, 쥬세페 아르침볼도, «사계»: 루브르박물관(봄), 덴버미술관(여름, 가을), 빈미술사박물관(겨울), 1572-1573.

는 중요하다. 이 그림에서 인간은 자연의 일부이지만 동시에 자연은 인간의 일부가 되고 있다. 이 같은 점은 세계와 인간의 유기적 관계에 대해서 관심이 많았음을 알려준다.

아르침볼도가 노년이던 1591년에 완성했으며 루돌푸스 2세의 모습을 담고 있는 <베르툼누스>(그림 5)도 같은 맥락이었다. 그는 주인공을 꽃, 과일, 식물을 활용해서 모자이크처럼 표현하고 있다. 자연의 원리로써의 4원소와 이를 반영한 자연물들, 인간의 형상이 지시하는 인물의 관계를 구조적으로 다루고 있다. 이런 점은 당시 유행했던 신플라톤주의의 모토였던 "모든 것이 만들어내는 하나, 하나 안에 담긴 모든 것(En to pan)"이라는 문구를 떠오르게 만든다.[3] 그는 일자(一者)에 대한 생각을 그림에 적용한 것이다.[4]

그림 5. 쥬세페 아르침볼도, <베르툼누스>, 1591, 스콕로스테르 성.

또한 보는 사람과 대상의 거리에 따라 달라지는 세상에 대한 지식에 대한 생각은 그림을 바라보는 사람들에게도 동일하게 적용된다. 예를 들어 이 작품은 가까이서 보았을 때와 멀리서 보았을 때 보이는 이야기가 달라진다. 가까이서는 자연의 사물들을, 멀리서는 인간

3) "모든 것이 만들어내는 하나, 하나 안에 담긴 모든 것"(En to pan): 이 모토와 관점은 그리스 신화의 오로보로스와 같은 도상과도 밀접한 연관성이 있으며 세계의 유기적이과 단일한 성격을 강조한다. Paolo Lucarelli, "L'Alchimia Greco-Alessandrina," in *Abstracta, Curiosità della Cultura e Cultura della Curiosità*, 45a, IV, giugno 1990, pp. 14-21.

4) 플로티누스가 제안했던 일자(一者, the One)는 가시적 세계의 배후에 놓여있는 궁극적인 원천을 의미한다. John Bussanich, *The One and its Relation to Intellect in Plotinus* (Leiden: Brill, 1988) 참조.

의 형상을 관찰할 수 있다.

그림 6. 주세페 아르침볼도, <청과물상>, 1587-1590년 사이, 알라 폰초네 시립 박물관.

이 같은 점은 <청과물상>(그림 6)에서도 관찰할 수 있다. 이 그림에서 모든 사물은 아래에서 위를 바라보는 것처럼 묘사되어 있다. 이는 자연과 그 이면에 대한 초월적 사유로써 그가 관심을 가졌던 신플라톤주의에 대한 생각이 반영된 것으로 생각해볼 수 있다.

이런 점을 고려해보았을 때 그의 그림이 지닌 철학적 맥락은 유희적이지만 가볍지 않아 보인다. 또한 이 그림이 특정한 사회적 유용성을 지니고 당대 의미가 있었다는 사실도 분명하다. 그가 궁정화가로 임명된 후 세상을 떠나게 될 때까지 지속적으로 그는 이 같은 유형을 작품을 그렸기 때문이다.

사실 그림이 지닌 난이도와 복잡성을 고려해보았을 때 이 작품은 특정인을 위한 그림으로 보아야 할 것이다. 그림에 등장하는 수많은 자연물이 지닌 상징과 이들이 묶여서 만들어내는 수수께끼처럼 이를 풀 수 있어야 작품이 지닌 의미를 충분히 검토할 수 있기 때문이다.

예를 들어 사계의 연작 중 <봄>의 경우 서로 다른 종류의 81가지 식물이 묘사되어 있다. 따라서 이 작품은 공적 작품으로 모두를 위한 작품이 아니라 이를 이해할 수 있는 특정 권력자이자 주문자를 위한 작품이라고 볼 수 있다.

실제로 이 작품의 주문자는 이 같은 복잡한 이야기를 충분히 다룰 수 있었다. 루돌푸스 2세는 연금술과 세계에 대한 지식을 시각적으로 증언해줄 수 있는 수집가로 오늘날 분더캄머(Wunderkammer)라고 알려져 있는 호기심의 방의 소유자였을 뿐만 아니라, 자연의 의미를 다루기 위해서 정원을 만들고 식물을 수집했던 인물이었기 때문이다[5]. 따라서 화가가 주문자를 위해서 그가 알고 있는 다양한 지식을 통해 그들을 위한 수수께끼를 통해 유희적인 즐거움을 제공한다고 볼 수 있다.

특정한 놀이와 유희를 위한 그림을 그리기 위해서 화가는 주문자와 동일하게 혹은 그보다 더 많은 지식을 지녀야한다. 아르침볼도의 사례는 이 같은 조건을 충분히 만족시켜준다. 그는 막시밀리아노 2세와 루돌푸스 2세의 분더캄머 컬렉션을 수집하고 확장하는 일을 담당했다[6]. 수집의 분류체계나 사물의 의미를 모른다면 할 수 없는 일이다. 그리고 이 같은 수집 공간의 기준을 수집가였다는 점에서 합스부르크 왕가의 연금술이나 자연의 원리에 대한 생각을 공유할 수밖에 없었다.

화가와 주문자의 밀착은 오늘날 매너리즘이라고 이야기하는 시대의 경향이 지닌 특징 중 하나였다. 그는 주문자와의 생각의 공유를 통해 미술에 가볍지 않은 즐거움을 제공했다. 그리고 그가 이해한 주문자의 철학적 사유를 토대로 창의적으로 이야기를 만들어냈고, 더 나아가 이들을 위한 축제의 기획자로 일하기도 했다.

이 그림을 그리는 중이던 1565년 그는 밀라노에서 프라하로 이주했으며, 1587년 화가로써는 드물게 팔라티노 공작이라는 직위를 수여 받기도 했다. 물론 그가 자신의 사회적 지위를 상속할 수 없다는

5) Peter Marshall, *The Magic Circle of Rudolf II: Alchemy and Astrology in Renaissance Prague* (New York: Walker & Company, 2006) 참조.

6) Gregorio Comanini, Il Figino overo del fine della pittura (Mantova: 1591), pp. 28-53, 135, 244, 278.

조건이 붙기는 했지만 이는 당시의 복잡한 사회 계급의 관계를 고려 한다면 충분히 이해할 수 있는 일이었다.

4. 세계의 해석과 고대의 환영: 알드로반디의 환상

장 피에르 주네(Jean-Pierre Jeunet 1953-) 감독이 만든 프랑스 영화 <아멜리에 Le Fabuleux Destin D'Amelie Poulain>(2001)는 주인공이 살아가는 공간의 여러 틈새를 통해 주변에서 살아가는 사람들의 생각을 관찰하고 공감하는 이야기를 보여준다.

중세에서 르네상스 시대로 이어지는 과정에서 세계를 연구하던 학들 중에서는 이 같은 태도를 지니고 있던 연구자들을 찾아볼 수 있다. 특히 이 같은 연구자들은 세계의 단일성에 대한 논의와 대상을 나누어간다는 해부학의 등장 속에서 거시적 세계와 미시적 세계를 연결했고, 이 같은 경향은 근대 자연사 분야에서 더 잘 드러난다.

볼로냐 대학의 자연 철학자이자 의사였으며 수많은 다른 분야에 능통했다고 기록되어있는 당대의 저명한 학자인 알드로반디(Ulisse Aldrovandi, 1522–1605)(그림 1)는 그 대표적인 사례였다[1]. 그는 수학, 지리학, 고고학, 천문학, 동물학, 식물학, 의학, 신학 등 다양한 분야를 검토하며 세계를 연구했으며 연구를 위해 구입한 서적들, 자신이 쓴 텍스트들, 그리고 연구를 위해 수집한 컬렉션을 이후 볼로냐

그림 1. <울리세 알드로반디의 초상>, 『조류학』의 권두화에 배치된 초상, 1599.

1) Giovanni Fantuzzi, Memorie della vita di Ulisse Aldrovandi (Bologna 1774); 최병진, 「울리세 알드로반디(Ulisse Aldrovandi) 컬렉션의 원본과 자전(自傳): 컬렉터의 의도와 백과사전적 박물관에 끼친 문화적 영향」, 『외국학연구』37 (2016): 511-533.

시청에 기증했던 인문 학자였다.

그는 인체에 대한 해석을 토대로 현실을 해석했고, 그 결과를 통해 현실 이면의 기억들을 이어가며 역사에 대한 상상으로 나아갔다.

1492년 유럽에서 신대륙의 발견은 유럽 문화에 대한 새로운 변화를 만들어냈다. 잘 알려져 있는 것처럼 금과 은의 유입은 유럽의 경제적 체계를 변화시켰고, 동시에 이 시기에 새로운 동물과 식물들이 유입되었다. 일부 사례는 유럽인들에게 새로운 세계에 대한 관심을 높이고 흥미롭게 다뤄졌다. 이에 따라 유럽인들이 지닌 세계에 대한 생각도 변해가기 시작했다. 이 과정에서 알드로반디는 신대륙에서 들어온 정보에 관심을 가졌고, 이를 수집하며 자신이 이해한 부분을 토대로 저서를 집필했다.

당시 이탈리아에서는 수집 문화가 발전하고 있었다. 당시에는 일반적으로 수집 공간을 자연의 방, 인위적인 방, 호기심의 방 3가지로 구분했었다. 자연의 방(naturalia)은 자연의 수집품이 전시된 공간으로 이를 창조한 신에 대한 학문인 신학과 관련되어 있었다. 인위적인 방(arteficialia)은 인간이 만든 수집품을 통해서 인간의 역사를 이해하는 것을 그 목적으로 하고 있었고, 경우에 따라서 어느 쪽에도 배치하기 어려운 물건은 종종 호기심의 방(gabinetto di curiosita)에 놓였다. 이곳은 질문과 새로운 연구를 위한 공간으로 남아있었다.[2].

수집가이기도 했던 알드로반디는 학문적 관점에서 형성된 수집의 분류체계를 토대로 신대륙에서 발견되어 유래한 사물을 수집했으며 이를 다시 카탈로그처럼 시각적으로 기록하고 분류해나갔다.

이 과정에서 그는 다양한 학문 분야에서 방법론을 절충했다. 알드

---

2) Adalgisa Lugli, *Naturalia et Mirabilia. Il collezionismo enciclopedico nelle wunderkammer d'Europa* (Milano: Mazzotta, 1983) 참조.

로반디는 『자연론 *Discorso Naturale*』(1572)에서 아래와 같이 기술한 바 있다.

> (나는 어린 시절) 노력을 통해 과학에 필요하다고 생각하는 여러 원칙들을 배우고 이해했으며, 모든 학문의 원천이자 토대인 인문학을 연구했다. 그러나 이후 부모의 권고로 법에 대한 난해한 연구를 진행했다.[3)]

실제로 그는 젊은 시절 의학, 법학, 논리학, 수학, 철학 등 다양한 분야를 연구했고, 이후 당시 파도바 대학에서 활발하게 진행되었던 아리스토텔레스주의(Aristotelismo Padovano)에 대한 관심에서 동식물학, 곤충학, 화석에 대한 연구를 진행했다[4)]. 그는 적극적으로 대상을 시각적으로 관찰하고 묘사하는 과정이 새로운 지식을 생산한다는 점에서 매우 중요하다는 점을 충분히 이해했고, "다양한 동물과 식물을 이해하려면 그 대상을 관찰하고 그리는 것보다 더 좋은 방법은 없다"고 덧붙였다[5)]. 특히 그는 이 과정에서 오늘날 자연사로 알려져 있는 박물학에 중요한 역할을 담당했다.[6)]

그는 연구를 위해 사물들을 매우 세밀하게 효율적으로 분류했다. 예를 들어 1648년 사후에 출간된 『광물의 박물관 *Musaeum metallicum libros III distrbutum*』은 그가 다양한 관점을 결합해서

---

3) Sandra Tugnoli Pattaro, *Metodo e sistema delle scienze di Ulisse Aldrovandi* (Bologna, Clueb, 1980), 173-232.

4) Ulisse Aldrovandi, *De animalibus insectis libri septem* (Bononiae: 1602) 참조.

5) 앞의 글, 231.

6) 박물학은 박물관과 관련된 분야가 아니라 동식물에 대한 연구이며, 경험적 관측을 토대로 대상의 의미를 추적하는 것이었다. 이런 점은 이후 박물사(博物史) 혹은 자연사 연구로 나아간다.

연구 대상을 분류하고 있다는 사실을 잘 보여주는 사례이다[7].

그는 광물을 분류하는 과정에서 금속(De Metallis), 흙(De Terra), 석화유체(石化流體, De Succis Concretis), 암석(De lapidibus)을 분류했고 이는 당대의 연금술의 사유 구조를 반영한 것이다[8]. 이는 기존 분류체계를 도입한 것이었지만, 그의 새로운 점은 이 같은 분류체계를 경험적 관찰과 기록을 통해 확장하기 시작했다는 점이다. 예를 들어 그는 금속에서 구리를 구분하고, 이를 다시 '결정구조의 자연 구리(Aes nativum figurare pangoniae)'와 '코린트에서 유래한 강도 높은 구리(Aes Corynthium figuratum)'를 설명한다. 이는 관찰의 결과였다.

이를 위해서는 현실에서 관찰한 대상의 속성을 읽을 줄 알아야 한다. 그는 보이는 대상에서 보이지 않는 의미를 추론한 후, 사물의 질서를 구축해가며 세계의 지식을 확장했다.

그는 세계를 충분히 이해하기 위한 목적에서 여러 자료의 샘플을 수집하려고 했다. 결국 그는 동물과 곤충 샘플을 약 만 팔천 점 가량, 식물의 경우에도 약 칠천 점을 모아 연구를 위한 자연사 컬렉션을 만들었다.

특히 그는 볼로냐 대학의 의대에서 일하면서 동물의 해부학적 구조를 면밀하게 검토할 수 있었다. 하지만 1642년 사후에 출간되었던 『괴물의 역사 *Monstruorum Historia*』는 알드로반디의 연구가 단순히 관찰한 동물의 해부학적 구조만 다룬 것은 아니었다는 점을 알려

---

7) Ulyssis Aldrovandi, Musaeum metallicum libros III distributum, 1648: http://www.europeana.eu/portal/en/record/08711/item_215870.html (2019. 1. 21 검색)

8) 최병진, 「울리세 알드로반디(Ulisse Aldrovandi) 컬렉션의 원본과 자전(自傳): 컬렉터의 의도와 백과사전적 박물관에 끼친 문화적 영향」, 『외국학연구』 37 (2016): 511-533.

준다.

그는 자연사 연구가로서 당대의 동식물을 검토하고 확인했다. 하지만 그는 화석에 대한 흔적에도 관심을 가졌고, 마치 고고학자처럼 화석의 흔적에서 자신이 아는 동식물의 사례를 유추해냈다. 하지만 이 과정에서 그는 신화 혹은 역사에서 전해지는 동물이나 환상을 다루는 도상에 대해서도 관심을 가지기 시작했다.

예를 들어 그는『괴물의 역사』에서 하피(Harpy)(그림 2)에 대해서 설명한다. 이는 현실에서 관찰하거나 경험을 통해 검증할 수 없는 것이다. 하지만 그럼에도 그는 자신이 알고 있는 동물에 대한 해부학적 정보를 통해 이 같은 신화적 환상이 실제 있을 가능성을 검증하고자 했다.

그는 현실의 정보와 자신의 해석을 통해 신화적 도상의 현존 가능성을 검토하고 있었던 것이다.

그가 모았던 여러 가지 사례들은 오늘날 볼로냐의 팔라초 포치 박

그림 2. 울리세 알드로반디, <히피>,『괴물의 역사 *Monstruorum Historia*』 삽화의 일부, 1648.

물관(Museo di Palazzo Poggi)에 전시되어 있다. 흥미로운 점은 이곳에 있는 전시된 동물들 중에는 조작된 해부학적 구조를 드러내는 경우도 많다는 사실이다.

데이비드 마틴(David L. Martin)은 『근대성의 호기심의 관점들. 매력, 마법과 공포 *Curious Visions of Modernity. Enchantment, Magic, and the Scared*』라는 책을 통해서 이 같은 상황에 주목했다. 그는 당대의 컬렉션이 놓여있는 '경이로움의 방(gabinetto di meraviglia)'이 '자연의 거울(mirror of nature)'이라는 점을 강조하며, 자연의 사물을 비추는 공간이지 이곳이 자연을 담은 공간이 아니라는 사실을 설명한 바 있다[9]. 당대 수집 공간은 자연의 극장이었던 것이다.

이런 점에서 보면 알드로반디가 현실 속에서 자신이 연구한 동물의 구조를 분석하고 알게 된 것을 적용해서 과거로부터 전승되어왔던 환상에 살을 붙이고 사실처럼 변화시켰던 것은 사실 문화적 혼유(混喩, mixed metaphor)라고 보아야 할 것이다.

이런 점은 과학자라고 하더라도 검증되어 지식의 객관성을 얻기 이전의 가설이나 생각은 세계에 대한 직관적 은유에서 비롯된다는 사실을 보여준다.

알드로반디는 자신이 만들어낸 문화적 혼유에 대해서 현실로써 가능성이 높다고 생각했지만, 이에 대한 새로운 연구 가능성을 열어 놓을 필요가 있다고 생각했다.

그는 유언을 통해 연구를 위한 컬렉션과 이를 위해 구입한 서적, 그리고 자신의 연구하는 과정에서 생산된 텍스트를 볼로냐 시청에 기증했다. 그의 유언장에서는 매우 흥미로운 조건을 찾아올 수 있

---

9) David L. Martin, *Curious Visions of Modernity. Enchantment, Magic, and the Scared* (Ma: the MIT Press: 2011), 62-69.

다. 왜냐하면 자신이 기증한 모든 것들을 사용자의 관점이나 편의에 따라 필요하다면 다시 분리되어 재배치될 수 있다는 점을 유언장에 함께 기록했기 때문이다.

이런 점은 학자로서 그가 지닌 융통성과 겸손함을 보여준다. 그는 신세계에서 유래한 새로운 동물이 동물의 역사와 분류를 변화시킨 것처럼, 세계를 관찰하는 방식이 새로운 정보를 얻을 때마다 바뀔 수 있다는 사실을 잘 알고 있었다. 그는 세계에 대한 지식과 방법론이 늘 다시 구성될 수 있다고 생각했던 것이다.

5. 17-18세기 중반: 인간의 감정에서 본성에 대한 복합적인 문화 지평의 형성

17세기에 들어서면서 더욱 구체적으로 인간의 심리를 다루는 서적들이 활발하게 출간되기 시작했다. 이탈리아 의사였던 루도비코 세탈라(Ludovico Settala, 1550-1633)는 아리스토텔레스에 대한 관심이 많았고, 당시 유행했던 페스트에 대한 기록을 남겼다는 점에서 오늘날 유명해졌다.[1] 하지만 그는 정치와 인간 군상에 대한 관심이 많았고 이 과정에서 인간을 판단할 수 있는 기준으로서 인상학에 대한 문제를 다루며 1606년 『관점들 *De Naevis*』을 출간했다. 그는 이 책에서 인간의 성격을 이해하기 위해서 서로 다른 유형의 인간을 분류했다.[2]

파도바에서 법학을 공부했던 조반니 보니파치오(Giovanni Bonifacio)는 1616년 『신호의 기술 *L'arte dei Cenni*』(1616)에서 수사학을 토대로 인간의 몸짓이 만들어내는 심리적 거리를 분석했다. 인간의 행동은 때로는 빠르게 때로는 느리게, 그리고 소통을 위해 의미를 강조하기 위해서 멈추는 몸짓을 동반하며 이는 그 자체로 이를 바라보는 사람들의 심리를 변화시킬 수 있다고 보았다.[3]

1621년 로버트 버튼(Robert Burton, 1577-1640)은 『멜랑콜리의

---

1) R. Ferro, *Federico Borromeo ed Ericio Puteano. Cultura e letteratura a Milano agli inizi del Seicento* , Roma 2007 참조.

2) *De naevis*, Mediolani 1606; B. Corte, *Notizie istoriche intorno a medici scrittori milane-si* , Milano 1718, pp. 137-146; G. Cosmacini, *Il medico e il cardinale* , Milano 2009, *passim* .

3) Benedetto Croce, *Il "linguaggio dei gesti"*, in *La Critica*, XXIX (1931), pp. 224 s., e in *Varietà di storia letteraria e civile*, s. 1, Bari 1935, pp. 273-275B. Croce, *Il "linguaggio dei gesti"*, in *La Critica*, XXIX (1931), pp. 224 s., e in *Varietà di storia letteraria e civile*, s. 1, Bari 1935, pp. 273-275

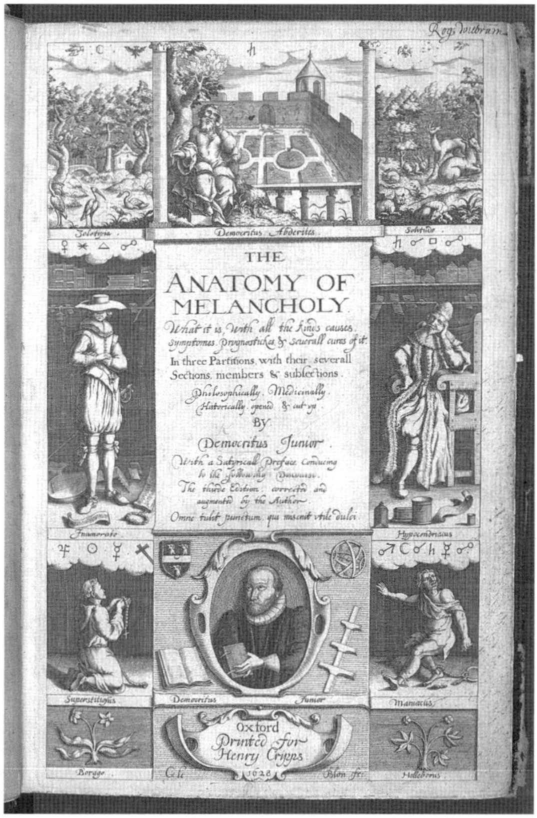

그림 1. 로버트 버튼, 『멜랑콜리의 해부학』의 표지, 1628.

해부학 *Anatomy of Melancoly*』(그림 1)으로 유명해졌다. 그는 이 책에서 의학 논고의 형식을 빌려 문학 작가들에게 인간을 이해할 수 있는 기준을 설명했다.[4]

회화 분야에서는 프랑스 왕립 아카데미를 설립함으로써 유명해졌던 샤를 르 브랭(Charles Le Brun, 1619-1690)이 캐리커처를 다루며 인간의 심리를 연구했다. 그는 41개의 얼굴과 이에 대한 분석을

4) http://www.gutenberg.org/files/10800/10800-h/10800-h.htm (2019년 1월 2일 검색)

다루고 있는 『감정들을 지닌 인물 형상들 *Le figure delle passioni*』의 서설에서 "우리가 지금 다루려는 멜랑콜리는 인간의 성향과 습관이 관련되어 있다."고 설명했고 성향은 습관으로, 그리고 습관은 그 사람의 운명으로 인체에 기록되어있다고 보았다.[5]

이는 헤라클리토스(*Ἡράκλειτος*, 기원전 6세기-5세기 경)이 언급했다고 전해지는 오랜 격언인 "그 사람의 성격은 그의 운명이다.(Il carattere di un uomo è il suo destino; *ἦθος ἀνθρώπῳ δαίμων*)"라는 오랜 격언을 떠오르게 만들어준다[6].

의학, 법학, 문학, 미술 등에서 다뤄졌던 인간의 몸과 운명에 대한 논의들은 몸에 대한 관심이 전 영역에서 다뤄지고 있다는 사실을 보여준다. 그리고 철학 분야의 논의에서도 몸에 대한 관심을 찾아볼 수 있다.

1649년 데카르트(René Descartes, 1596-1650)의 마지막 작품이었던 『정념론 *Les passions de l'âme*』은 정신과 육체를 분리하고 두 부분의 관계를 경이, 애정, 증오, 욕망, 비애와 같은 정념(情念)을 통해서 설명했다. 그는 이 과정에서 외부의 물질적 자극과 반응에 대한 수동성을 자유의지와 이성으로 통제할 수 있어야 한다고 설명한다.[7]

또한 수학자인 동시에 철학과 신학을 연구한 파스칼(Blaise Pascal, 1623-1662)은 『생각 *Pensées*』(1670)을 통해 "인간은 생

5) Charles Le Brun, *Le figure delle passioni* , Milano, Raffaello Cortina Editore, 1992 참조.
6) Dorian Gieseler Greenbaum, *The Daimon in Hellenistic Astrology: Origins and Influence* (Leiden/Boston: Brill, 2016), 1.
7) J.-R. Armogathe et G. Belgioioso, (eds.), Les passions de l'ame par René Des Cartes, Paris, chez Iean Guinard, 1650, rist. anast.: Lecce, Conte Editore, 1996 참조.

각하는 갈대다."와 같은 유명한 경구를 만들어냈다. 그가 인간이 내면에 있는 것에 대해 잘 알지 못한다고 이야기한 점을 고려해보았을 때, 그는 프로이트의 본격적인 논의에 선행해서 인간의 무의식에 대한 발견으로 나아갔다고 생각해볼 수 있다.[8] 이들과 같은 시대를 살았고 오늘날 경험론을 대표하는 철학자로 평가를 받고 있는 존 로크(John Locke, 1632-1704)는 자신의 철학 논고의 일부를 인간의 심리를 다루는 데 사용했다. 특히 그는 『인간 지성에 대한 논고 *An Essay Concerning Human Understanding*』(1689)에서 인간은 그 정신이 '백지 상태(Tabula rasa)'에서 태어나 살아가며 무엇을 쓰는지에 따라 달라진다고 보았으며, 이를 통해 인간의 자아를 설명하려고 했다.

17세기 인간의 감정에 대한 논의는 수많은 분야에서 동시 다발적으로 일어났다. 이는 서로 다른 분야의 상호 연관성을 보여주는 흥미로운 논의 중 하나였다. 그리고 몸을 관찰하고 인간의 감정을 유추하며, 사회적 의미와 이를 작동하게 하는 원리에 다가가는 과정은 결국 인간의 본성에 대한 심도 깊은 논의로 발전했다.

이 같은 논의가 심화되는 과정 속에서 여러 미술가들은 인간의 심리를 캐리커처를 통해 표현해나갔고, 바로크 시대의 오페라와 극장의 등장 속에서 인간의 심리를 반영한 캐릭터와 사회적 교훈이 연결되기 시작했다. 카라치와 카라바조의 영향이 모두 보이는 바로크 시대 이탈리아를 대표하는 화가인 궤르치노(Guercino, 1591-1666)는 인간에 대한 이해를 바탕으로 종교화의 캐릭터를 효과적으로 구성하는 작품들을 제작했고(그림 2)[9], 다른 한편으로 자크 칼로

8) *Pensieri*, trad. Collana Piccola Biblioteca Filosofica, Bari, Laterza, 1941 참조.
9) Denis Mahon, "Seicento at Burlington House . Some Addenda and Corrigenda. Drawings of Guercino," *The Burlington Magazine*, XCIII

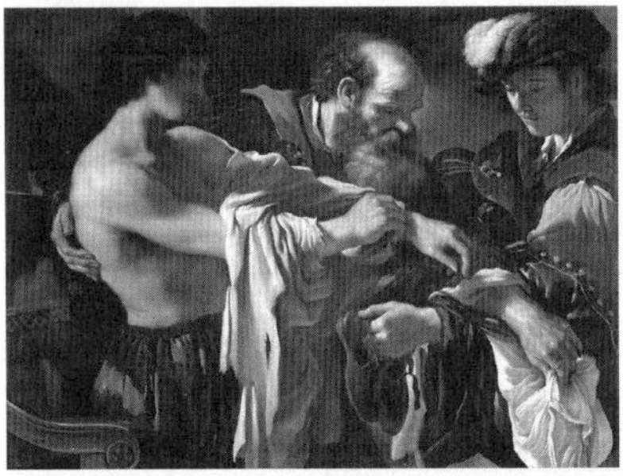

그림 2. 궤르치노, <탕자의 귀환>, 1619, 빈미술사박물관.

그림 3. 자크칼로, <뚱뚱한 드워프>, 1616, 슈타델미술관.

(Jacques Callot, 1592-1635)와 같은 바로크 시대의 판화가는 법정의 모습에서 술주정꾼에 이르기까지 다양한 인간 군상을 희화적으로 표현하며 인기를 얻었다(그림 3).[10]

위에서 살펴본 것과 같은 일부 사례는 인간의 심리를 토대로 사회적 맥락과 공감을 설득력 있게 제시함으로써 이를 보는 관람자나 독자들에게 교훈을 주기 위해 노력했다는 사실을 알려준다. 회화 같은 매체에서 인간의 몸과 심리의 관계를 심층적으로 다루지 못한다면 이 같은 표현은 성공할 수 없었을 것이다.

결국 이 같은 문제는 18세기 철학의 대주제처럼 제시되었다. 라이프니츠(Gottfried Wilhelm von Leibniz, 1646-1716)은 1705년 『인간오성에 관한 새로운 시론 *Nouveaux essais sur l'entendement humain*』을 통해 "우리가 깨닫지 못하는 인간의 영혼"에 대해 논의하며 무의식에 대한 개념을 발전시켰다[11]. 그는 이 책을 통해서 1689년 로크의 『인간 지성에 대한 논고』를 세밀하게 챕터별로 반박

(1951): 56-59; G. Raimondi, "*Idea del Guercino*," *Arte ant . e mod*, II (1959): 298-309.

10) A Hyatt Mayor, "Prints and People," *Metropolitan Museum of Art/Princeton*, 1971, nos 455–460.

11) 윤선구, 「라이프니츠의 로크 비판에 관한 연구」, 『철학』, 73 (2002): 101-126.

하고 있다.

인간의 감정과 본성, 그 이면의 과학적 원리에 대한 질문과 대답이 지속적으로 다뤄지면서 인간의 정신을 다루는 두 가지 접근 방식도 등장했다.

신학을 공부하다가 계몽주의 시대를 대표하는 유물론자로 변했던 라메트리(Julien Offray de La Mettrie, 1709-1751)는 오늘날 인지 과학의 토대를 만든 인물로 기억되고 있다. 그는 1745년 『영혼의 자연사(自然史) (Histoire naturelle de l'âme)』를 출간하면서 박해를 받으면서도 레이덴으로 이동해서 자신의 관점을 주장했다. 이 책에서 그는 데카르드의 동물기계론과 같은 생각을 적용하며, 모든 정신 작용의 근원인 감각은 물질적 기능일 뿐이며 뇌에 영향을 주는 물질 작용으로 인해서 의식의 여러 현상이 만들어진다고 주장했다. 따라서 그는 몸에 대한 물리적 작용과 심리가 연관된다고 보았다. 그리고 오늘날 인간의 정신적 문제를 의학품을 통해 해결할 수 있다는 생각의 토대를 제공했다.[12)]

그와 같은 시기를 살았던 프랑스의 콩디악(Étienne Bonnot de Condillac, 1714-1780)은 1746년 『인간 지식에 대한 기원론 *Essai sur l'origine des connaissances humanies*』을 통해 감각은 다분히 주관적인 것이며 외부 현상과 독립적이라고 주장했다.[13)] 이는 정신적 문제에 대한 사회학적 심리학적 접근 방식을 만들어낼 수 있는 토대를 제공했다.

---

12) Ernst Cassirer, *La filosofia dell'Illuminismo* (Firenze: La Nuova Italia, 1974) 참조.

13) Donald Merlin, *A mind so rare: the evolution of human consciousness* (New York: Norton, 2002) 참조.

6. 18세기 중반 이후 인간에 대한 시각적 연구와 유럽의 융복학적 상호 관계들

17세기부터 18세기 중반까지 발전했던 다양한 사례들이 인간의 감정, 속성, 본성에 대한 여러 분야의 복합적 논의로 이어진다는 점은 당대의 활발한 상호 연관성에 대한 관심을 불러일으켰다. 특히 여러 분야의 논의가 상호 분리된 영역에서만 논의된 것이 아니라 다양한 관점에서 생산된 논의들은 다른 분야에도 영향을 끼치며 끊임없이 인간의 몸을 중심으로 새로운 문화를 형성해나가기 시작했다.

네덜란드 출신의 해부학자였던 페트루스 캄퍼(Petrus Camper, 1722-1789)는 지리적 발견에서 유입되는 타자의 몸과 인상에 대해서 관심을 가졌다. 그는 이 과정에서 인종에 따라 서로 안면각을 지니고 있다고 설명하고, 인간을 유형적으로 분류하려고 시도했다.[1]

캄퍼는 1774년 암스테르담에서 두 번의 컨퍼런스를 열었다. 라바터(Johann Kaspar Lavater, 1741-1801)는 이를 통해 캄퍼의 논의를 충분히 인지하면서도 인체의 비례가 보여주는 유사성에 의해 만들어진 인종적 보편성보다 개별적 인간의 특성과 성격에 집중했다. 그는 1755년부터 1778년까지 『인상학론 *Physiognimische fragmente*』을 집필했다.[2] 그는 인간에 대한 아포리즘처럼 표정과 감정에 대해 기술했고, 이는 다시 괴테(Johann Wolfgang von Goethe, 1749-

1) [역자주] 안면각은 눈썹 사이와 코끝에서 가장 낮은 부위를 잇는 선과 코끝 가장 낮은 부위에서 귓구멍을 이은 선이 이루는 각도다; Thomson, Ann. *Issues at Stake in Eighteenth-century Racial Classification,* Cromohs, 8 (2003): 1–20.

2) J. Arianne Baggerman; Rudolf M. Dekker; Michael James Mascuch (22 June 2011). Controlling Time and Shaping the Self: Developments in Autobiographical Writing Since the Sixteenth Century. BRILL. p. 250.

그림 1. 존 헨리 퓌슬리, <악몽>, 1782, 디트로이트 미술관.

1832)와 같은 대문호나 라바터와 동향의 화가이자 친구였던 퓌슬리(Henri Fuseli, 1741-1825)에게 영향을 끼쳤다.

1782년 런던의 로얄 아카데미(Royal Academy of London)에서 처음 전시된 <악몽>(그림 1)은 큰 성공을 거두었다.[3] 그 이면에는 다시 스위스나 독인의 숲에서 펼쳐지는 민담에서나 만날법한 어두운 말과 원숭이와 대비되는 여인의 모습이 대비된다. 이 작품은 종종 그가 사랑했던 여인과 헤어진 이후 백일몽(waking dream) 같은 상태를 표현했다고 해석되기도 한다.

18세기 말, 인간의 표현, 감정, 본성에 대한 논의는 결국 모든 예술

3) John Knowles, The Life and Writings of Henry Fuseli, Vol. 1, H. Colburn and R. Bentley, 1831, pp. 64–65. URL consultato il 21 ottobre 2007 참조.

을 관통하는 주제가 되기 시작했고, 이후 낭만주의(Romanticism)의 등장에도 기여했다. 인간의 광기, 이성적이지 못한 다양한 감정과 감정의 심연에 대한 이야기는 문학 분야에서도 흥미로운 주제로 발전했다.

노발리스(Novalis, 1772-1801)는 시를 통해 우리 안에 놓인 영혼의 심연으로서의 우주를 다루었으며, 슐레겔(Karl Wilhelm Friedrich von Schlegel, 1814-1829)은 영혼의 깊이에 대해서 이야기했다.[4]

아름답게, 그려진 천 개의 그림에서
나는 그대를 보네, 나의 마리아여.
하지만 그 어느 그림 속에서도
내 영혼에 비친 그대 볼 길 없으니

내가 아는 건 너를 본 뒤에
꿈결처럼 흐르는 세상물결이니
말 못할 행복한 천국이
내 영혼 깊이 깃들었음을 아노니

- 노발리스, <마리아의 노래>[5]

---

4) Leonardo Vittorio Arena, *La filosofia di Novalis*, Milano: Franco Angeli, 1987; Behler, Ernst. *German Romantic Literary Theory* (Cambridge: Cambridge University Press, 1993) 참조; Augusta Manie Wilson, *The principle of the ego in philosophy with special reference to its influence upon Schlegel's doctrine of "ironie"*, Thesis (Ph. D.), New York university, 1908.

5) Marienlied // Ich sehe dich in tausend Bildern, / Maria, lieblich ausgedrückt, / Doch keins von allen kann dich schildern, / Wie meine Seele dich erblickt. // Ich weiss nur, dass der Welt Getümmel / Seitdem

또한 시인이던 장 폴 리히터(Johann Paul Friedrich Richter, 1763-1825)는 무의식은 정말 우리 정신에서 매우 넓은 영역을 지니고 있으며, 과히 내면의 아프리카라 할 수 있다고 비유하며 무의식의 중요성을 설명하기도 했다.[6]

당대 대부분의 학문 분야에서 활발하게 논의되었던 인간에 대한 관심은 18세기 중반 이후 미술 분야의 시각적 다양성으로 확장되었을 뿐만 아니라 유럽 전역에서 논의되고 다뤄지던 다양한 경향들이 절충되고 있었다.

예를 들어 이 시기에 이탈리아 베르가모 출신의 프라 갈가리오(Fra Galgario, 1655-1743)는 베네치아에서 이곳 출신의 티치아노, 베로네제와 같은 화가들과 폴란드 출신의 살로몬 아들러(Salomon Adler, 1630-1709)의 초상화를 접하며 다양한 층위의 사회적 인물들과 여러 장소의 의상을 활용해서 인간의 심리를 탐색하는 작품들을 제작했다(그림 2).[7]

그림 2. 프라 갈가리오, <사과를 들고 있는 젊은이>, 1732

또한 1717년 프랑스의 화가 장 안투안 와토(Jean-Antoine Watteau, 1684-1721)는 베네치아의 코메디아 델 아르테(Commedia

---

mir wie ein Traum verweht, / Und ein unnennbar süsser Himmel / Mir ewig im Gemüte steht

6) Erasmo Silvio Storace, *Introduzione all'estetica di Jean Paul Richter*, (Milano, Albo Versorio, 2008) 참조.

7) Fra' Galgario. *Le seduzioni del ritratto nel '700 europeo* (Milano, 2003) 참조.

dell'arte)의 영향을 받아 당시 유행하던 연극 무대의 간막극을 위한 <피에로 *Pierrot*>(그림 3)를 그리고 이 작품을 통해 몽상적인 인물의 모습을 묘사하며 무대 속 인물의 심리에 대한 탐색을 진행하기도 했다.[8]

또한 영국에서는 윌리엄 호가드(William Hogarth, 1697-1764)가 1743년 «결혼 풍속도 *Marriage à-la-mode*»의 연작에서 상류층의 인물이 지닌 인간의 심리적 상황들을 아

그림 3. 앙투안 와토, <피에로>, 1719, 루브르박물관.

그림 4. 윌리엄 호가드, <캐릭터와 캐리커처>, 1743, 대영박물관.

8) Mary D. Sheriff, ed., *Antoine Watteau: Perspectives on the Artist and the Culture of His Time* (Newark: University of Delaware, 2006) 참조.

이러니하게 다루고 있었고, <인간의 특성과 캐리커처 *Characters, Caricaturas*>(1743)과 같은 판화는 캐리커처(그림 4)를 하나의 장르로 다루며 상업성을 부여했다.[9]

또한 베네치아에서 피에트로 롱기(Pietro Longhi, 1701-1785)의 경우는 베네치아의 영화(榮華)가 저물어가는 가운데 자신의 <자화상 *Autoritratto*>(그림 5)처럼 인물의 불안한 심리를 잘 표현하는 작품들을 남겼다.

그림 5. 피에트로 롱기, <자화상>, 1759, 카 렌초니코.

이런 상황들은 자신의 감정을 돌아보고 사회적 의미를 담아 표현했던 샤르댕(Jean-Baptiste-Siméon Chardin, 1699-1779)의 세밀한 표현에서도 만날 수 있다. 뿐만 아니라 메써슈미트(Franz Xavier Messerschmidt, 1736-1783)의 사례처럼 자신의 정서적 문제를 치료하고 이를 작업으로 표현하던 사례(그림 6)들도 만나볼 수 있

9) Deidre Lynch, *The Economy of Character: Novels, Market Culture and the Business of Inner Meaning* (University of Chicago Press, 1998) 참조.

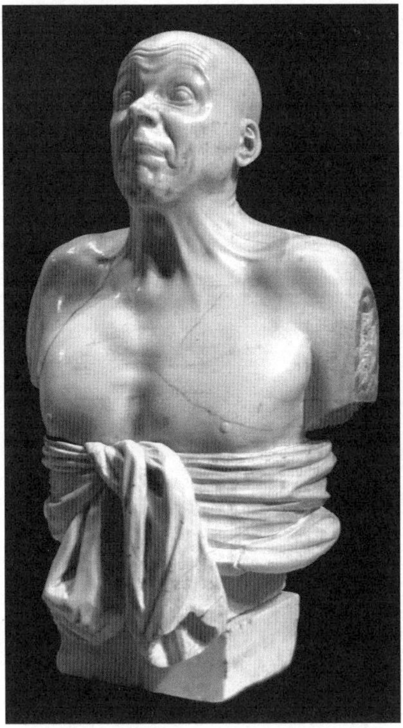

그림 6. 프란츠 사베르 메써슈미트, <특징있는 얼굴>, 1770, 독일 뷔템베르크 도립 박물관

다.[10]

그리고 이 같은 인간에 대한 심층적 이해는 프랑스 혁명의 광기를 다루었던 스페인의 고야(Francisco Goya, 1746-1828)의 작품들처럼 역사와 사회에 대한 논의로 이어지기도 했다. 그가 남긴 <1808년 5월 3일 *The Third of May 1808*>(그림 7)은 마치 그가 역사적 사건에 대한 증언을 다루는 듯 보이지만, 하나의 사건이라고 보기에 이 안에 있는 인물들의 표정과 몸짓은 모두 다르고 그가 만들어낸 빛의 처리도 매우 인위적이어서 그가 관찰했던 사건의 재현이 아니라 이

10) 김숙영, 「얼굴의 비밀, 프란츠 사버 메써슈미트의 <캐릭터 두상> 연구」, 『서양미술사학회』, 36 (2012): 33-59.

그림 7. 프란시스 고야, <1808년 5월 3일>, 1808, 프라도미술관.

에 대한 생각을 표현했다고 볼 수 있다.[11]

그런 점에서 보면 그는 인간의 심리를 충분히 이해하고, 사회 속에서 일어나는 사건에 대한 자신의 감정과 특정 관점을 선택적으로 표현해서 자신의 주관을 알리려고 했다. 즉 화가는 자기 스스로 주문자에게서 요청받아 그리는 그림이 아니라 독립적인 이야기의 주체로써 새로운 사회적 역할을 스스로에게 부여했던 것처럼 보인다.

몸과 인간의 정신에 대한 관심과 이해는 결과적으로 인간의 본성에 대한 논의로 이어지고 있으며, 이는 다시 자신과 사회에 대한 관점을 표출하며 미술 분야에도 다양성을 불어넣고 사회를 바꾸기 위한 수단으로써 미술에 대한 역할을 제시하게 된 것이다.

---

11) Fred Licht, *Goya: The Origins of the Modern Temper in Art* (Universe Books, 1979), 121.

7. 19세기 인상학의 유산과 혁신의 조건

인간의 내부에 대한 물리적 구조와 기능에 대한 연구는 앞서 언급한 인간을 관찰하고, 감정을 다루며 인간의 본성으로 나아갔던 몸과 사회 혹은 몸과 세계에 대한 인식의 연장선에서 만들어낸 문화적 유산과 구분되지만, 이 같은 유산은 과학 분야에 새로운 가설과 쟁점들을 생산하며 다시 통합되는 과정들을 반복한다.

19세기 초 과학자들은 뇌의 기능에 대한 연구를 시작했고, 새로운 가설과 쟁점들에 과학적으로 대답하려고 노력했다. 프랑스의 해부학자였던 프란츠 갈(Franz Joseph Gall, 1758-1828)은 골상학의 문제를 다루며 인간의 심리적 특성이 뇌의 표면에 배위(配位)와 두개골의 형상에서 인간의 심리적 특징을 유추할 수 있다(그림 1)고 설명했다.[1]

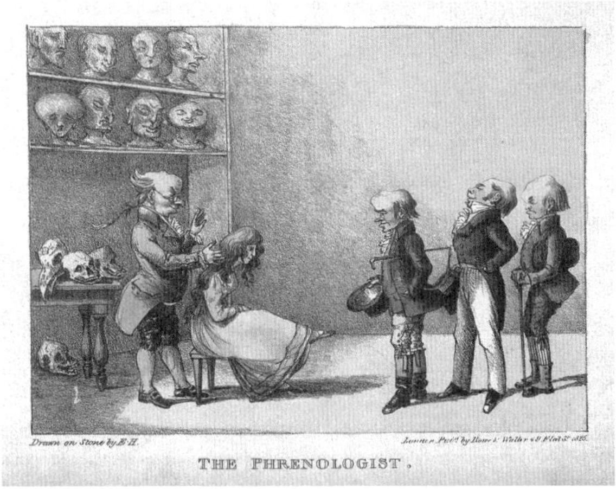

그림 1. <젊은 여성의 두상을 분석하는 프란츠 조세프 갈>의 석판화, 1825.

1) Jerry A. Fodor, *Modularity of Mind: An Essay on Faculty Psychology* (Cambridge, Massachusetts: MIT Press, 1983) 참조.

또한 프랑스의 에스퀴롤(Jean-Étienne Dominique Esquirol, 1772-1840), 피넬(Philippe Pinel, 1745-1826)이나 조르제(Étienne-Jean Georget, 1795–1828)와 같은 의사들은 정신 의학(psychiatry)으로 인간에 대한 이해를 위한 연구를 발전시켜나갔다.[2)]

이 같은 상황 속에서 프랑스의 대문호 발자크(Honoré de Balzac, 1799-1850)는 『인상학론 *Physiognomische fragmente*』(1777)의 저자였던 라바터를 과학자라고 언급하며 감정에 대한 과학이 문학 속에서 어떻게 묘사될 수 있는 지 고민했다(그림 2).

프랑스의 의학과 문학, 미술이 연관되는 상황 속에서 영국의 경우 과학 분야에서 새로운 문제 제기가 이뤄졌다. 과학사에서 진화라는

그림 2.『인상학론 *Physiognomische fragmente*』(1777)의 삽화 일부

2) Erwin H. Ackerknecht, *A Short History of Psychiatry (New York: Hafner Publishing Company,* 1968) 참조.

문제를 통해 중요한 쟁점을 만들어냈던 찰스 다윈(Charles Darwin, 1809-1882)은 1872년 『인간과 동물들의 감정에 대한 표현들 *The Expression of the Emotions in Man and Animals*』을 통해 인류학적 관심사를 투영하며 인상학과 생물의 진화에 대해 고민했고, 이 책이 출간된 지 4년 후에 그의 열렬한 추종하였던 만테가차(Paolo Mantegazza, 1831-1910)는 신경의학과 인류학적 변화를 추적하며 『고통의 표현에 대한 자료집 *Atlante della espressione del dolore*』(1876)을 출판했다.[3]

과학적 연구와 이에 대한 인문학적 사유는 이런 관점에서 본다면 새로운 가설과 인간의 역사에 대한 과학적 접근으로 이어질 수 있는 문화적 토양이었다.

다른 한편에서 이 같은 문제는 사회적 문제를 해결하고 분석하기 위한 새로운 접근 방식도 만들어냈다. 1864년 체사레 롬보르소(Cesare Lomborso, 1835-1909)는 『천재와 광기 *Genio e Follia*』와 1876년 출간된 『범죄자 *L'uomo delinquente*』를 통해 광기와 천재, 야만과 범죄가 상호 유사한 신경계적 특징을 지니고 있다고 주장하며 범죄심리학의 새로운 서막을 알렸다.[4]

이 같은 쟁점들을 다루던 제도적 공간인 정신병동의 등장은 인간의 문제를 다루는 의학적 연구 공간이자 사회적 통제 공간이었지만, 테오도르 제리코(Theodore Gericault, 1791-1824)는 이를 관찰하고 사회적 문제를 고발하기 위해서 <메두사 호의 침몰 *The Raft*

---

3) Giovanni Landucci, *L'occhio e la mente. Scienza e filosofia nell'Italia del secondo Ottocento* (Firenze: Leo S. Olschki, 1987), 282-283.

4) Cesare Lomborso, *Genio e follia*, 3a ed. ampliata, con 4 Appendici (Milano: Hoepli, 1877); *L'uomo delinquente* (Milano: Hoepli, 1876); Silvano Montaldo, Paolo Tappero (a cura di), *Il museo di Antropologia criminale Cesare Lombroso* (Torino: Utet, 2009) 참조.

그림 3. 테오도르 제리코, <메두사 호의 침몰>, 1819, 루브르박물관.

of Medusa>(1819)을 제작하기 위해 이곳을 방문하고 당시 프랑스의 정신의학의 선구자로 평가받고 있었던 조르제(Étienne-Jean Georget, 1795–1828)의 도움을 받아 정신질환자에 대한 드로잉과 관찰을 기록한 후 <메두사 호의 침몰>에 표현된 인물 군상을 만들어냈다(그림 3).[5]

새로운 세기가 시작하면서 분기된 전문분야의 발전 속에서 많은 의과학자들이 신경학, 정신의학, 심리학에 대한 연구를 다루기 시작했다. 모렐(Morel)은 "뇌전증"을 연구했고 프랑스의 신경 병리학자였던 샤르코(Charcot)는 히스테리와 최면을 연구했으며, 1900년에 프로이드(Sigmund Freud)는 『꿈의 해석 *Die Traumdeutung*』을 출간해서 정신분석학을 출범시켰다.

어쩌면 독자들은 오늘날 전문성에 초점을 맞춰 사회적 유용성을

5) Darcy Grimaldo Grigsby, *Extremities: Painting Empire in Post-revolutionary France* (New Haven: Yale University Press, 2002), 212.

기준으로 질문과 답변, 이에 대한 응용을 추구해왔던 20세기의 문화 속에서 인간을 다루고 연구하는 수많은 분야들은 마치 각각의 독립적 담론이 만들어지는 서로 다른 분야의 이야기로 다뤄져왔다고 생각할 수도 있을 것이다.

하지만 이 같은 지평 속에서 고민해야 하는 것은 이들이 같은 사회적 맥락 속에서 살아가며 상호 다른 분야의 변화를 인지하고 생각했다는 사실에 주목할 필요가 있다. 인문학, 사회학, 과학은 서로 다른 분야였지만 이들이 각 분야의 혁신과 이야기를 만들어냈을 때, 동일한 현실을 살아가며 접했던 이야기들은 늘 상호 연관성을 지니고 경우에 따라 상호 의존적이라고 말할 수 있을 정도로 열린 태도를 지니고 있었다는 점을 고려해야 한다. 지금도 수많은 분야의 전문가들은 인간의 감정, 행동, 이면의 원리에 대해 고민하고 있고 자신의 분야에서 새로운 질문에 대해 탐색하고 있다.

8. 건축과 전시에서 드러나는 응시와 권력: 판옵티콘

유럽의 수집문화가 발전하기 시작했던 것은 르네상스 시대의 인문학과 이데올로기적 성격을 띤 매체로서 미술의 사회적 기능에 대한 인식이 제고되었기 때문이다. 특히 이 과정에서 수집품이 놓일 수 있는 조건은 사람들이 많은 장소를 점유했던 여러 기념 조형물의 조건과 동일했다.[1] 사람이 많이 모일 수 있는 장소에서 자신의 수집품은 사회적으로 의미를 지닐 수 있게 되기 때문이다.

중세에 등장했던 갤러리나 성보 박물관은 이 같은 성격을 매우 명확하게 보여주는 사례들이었다. 중세 순례의 문화가 발전하는 과정 속에서 중요한 역할을 담당했던 수도원들은 병원의 어원에서 살펴보았던 것처럼 외지인들에게 숙식을 제공했지만, 이 과정에서 수도원의 설립자들과 같은 성인의 유골이나 성물들을 보여주며 이후 성지 순례의 중요한 지점들로 변화되기 시작했다. 이 과정에서 종교에 대한 영성과 명상을 위해 외진 공간을 찾았던 수도원은 점차 사람들로 붐비는 공간으로 변해갔으며, 성 베르나르두스가 검소한 교회를 만들라고 주장한 것과 달리 순례자들에게 화려한 볼거리를 제공하는 공간으로 변화되기 시작했다.[2] 이 과정에서 끊임없이 이 공간을 찾아오는 사람들에게 대기의 장소로 사용할 수 있도록 넓은 중정이 만들어졌으며, 중정에서 수도원의 입구 편에는 오늘날 발코니의 역할과 동일한 로지아가 사람들에게 비종교적 메시지들을 전달하는 역할을 담당하기도 했다. 그리고 이 안에서 사람들은 중성에서 중정

1) 기념조형물로 번역되고 있는 모뉴먼트(monument)는 “그곳에 남아 이야기를 전달한다.”라는 의미를 지니고 있다.

2) Maria Richetti Tosti-Croce, "Architettura monastica", *Dall'eremo al cenobio. La civiltà monastica in Italia dalle origini all'età di Dante* («Antica madre», 10), G. Pugliese Carratelli, ed. (Milano, 1987), 486-575.

그림 1. 파비아 시토회의 회랑의 전경

을 만들어내고 있는 회랑을 따라 수도원의 성물을 방문하고 다시 새로운 순례를 위해 출발한다(그림 1).

사람이 많이 모이고 대기 시간이 긴 장소에는 전달해야 하는 교육적인 메시지가 배치된다. 이에 따라 회랑은 점차 순례자들이 배워야 하는 성서의 이야기를 다루고 있는 회화 작품들과 조각 작품들이 배치되고 "정원과 마주하는 공간"이라는 의미를 지니고 있었던 로지아(Loggia)는 곧 시각적 이야기의 공간으로 변화되기 시작했다. 그리고 이는 이후 프랑스의 퐁텐블로에서 로지아라는 단어를 갤러리로 번역하는 과정에서 역사적 미술관의 탄생을 보여준다.[3]

하지만 중세 수도원과 달리 주요 도시에서 왕실과 결합된 대성당

3) Wolfram Prinz, *Galleria. Storia e tipologia di uno spazio architettonico* (Modena: Edizioni Panini, 1988) 참조.

들에서도 수집 공간들이 만들어지기 시작했다. 중세 십자군 운동이 진행되던 시기에 섭정의 역할을 맡았던 쉬제 주교는 교회는 매우 화려한 공간이어야 한다고 주장했다. 이런 점이 성서를 직접 설명하지는 않지만 성서에 대해 다가가는 데 신자들에게 도움이 된다고 생각했기 때문이다. 이 과정에서 교회는 끊임없는 기증과 도시민들, 왕실로부터 재원을 지원받았으며 중요한 역사적 가치가 있는 사물들이나 경제적 가치가 높고 화려한 사물들은 있는 그대로 혹은 제의적 도구로 리모델링되어 전시되었고 이런 상황들에서 성보 박물관이 등장하게 되었다.

흥미로운 점은 수집의 문화가 발전하는 과정에서 사람이 많이 모이는 공간에 만들어진 소통 공간들은 수집품뿐만 아니라 권력자의 존재를 강조할 수 있는 시각적 관계를 만들어낸다는 점이며 이는 개인과 사회 구성원들의 응시의 관계를 활용하고 있다.

예를 들어 아헨에 있는 팔라티나 예배당(그림 2)이나 피렌체에 있는 바자리의 복도와 같은 사례는 이 같은 성격을 잘 드러내준다.

신성 로마제국의 아헨(Aachen)에 위치한 팔라티나 예배당은 800년 경에 완공되어 카를 대제의 대관식이 진행되었던 중요한 장소였으며 도시의 대성당으로서 왕실의 후원을 받았다.[4] 특히 카를 대제의 원정 속에서 가져왔던 사물들은 원래 그 작품이 제작되었을 때의 원본적 의미를 넘어서 그리스에서 가져온 기둥과 이탈리아산 대리석, 청동제 창문, 돔에 있는 가장 큰 모자이크 등은 그 자체로 권력자의 삶을 드러내는 상징적인 의미를 부여받으며 사람들에게 메시지를 구성했다.[5]

---

4) Howard Saalan, *Medieval architecture: European architecture, 600-1200* (Paperback, 1965), 11, 20.

5) Anonimo sassone, *Le gesta dell'imperatore Carlo Magno* (Milano: Jaca

그림 2. 17세기 아헨의 예배당의 외부 풍경

또한 북유럽의 중요한 교회로서 이후 역사 속에서 지속적으로 컬렉션을 확장해나가며 유럽의 성보 박물관을 대표하는 장소 중 하나가 되었고 오늘날 보석을 아로새긴 금제 로타의 십자가(990), 진주를 수놓은 짙은 청색의 벨벳 제의, 은과 금으로 만든 샤를마뉴 대제의 성골함 흉상, 샤를마뉴 대제의 유해, 페르세포네 납치 내용을 양각한 대리석 관과 같은 작품들이 보관되어 있다.

그러나 이곳은 성보 박물관의 위치는 왕의 권좌가 있었던 장소이며, 이곳은 좁은 계단으로 2층으로 올라간다. 이곳에서는 교회의 입구와 공간들을 모두 잘 관찰할 수 있지만 미사가 이뤄지는 종교적 공간에서는 내부기 잘 들여다 보이지 않는다. 따라시 아래에 위치한 사회 구성원들은 그 안에 권력자가 있거나 없거나 상관없이 권력자의 시선을 상상하고 제약을 받는다(그림 3).

이는 푸코가 설명했던 판옵티콘의 개념이며, 이 공간은 이 같은 사회적 응시의 관계가 잘 반영되어 있다. 또한 동시에 2층에 위치했다는 점에서 사물들을 보호하기에 유용하면서 습기에서 벗어날 수 있도록 만들어준다. 따라서 이곳은 성보 혹은 성물을 보관하기에 매우 용이한 공간이다.

이 같은 상황들은 후대에 바자리가 토스카나 공국의 의미를 고려해서 메디치 가문의 주문을 받아 외부의 로지아, 시청, 우피치, 바자리의 복도, 피티 궁으로 이어졌던 수집 공간과 사회적 공간의 관계를 통해서 확인할 수 있다.[6]

각각의 공간은 사회적 구성원에 따라 다른 메시지를 전달받을 수 있는 공간이었다. 로지아(Loggia)는 시뇨리아 광장(Piazza

Book, 1988) 참조.

6) 최병진, 「메디치 컬렉션의 자전(autobiography)과 계몽주의 시대의 공공성 - 우피치 미술관을 중심으로」, 『서양미술사학회 논문집』, 42 (2015): 171-197.

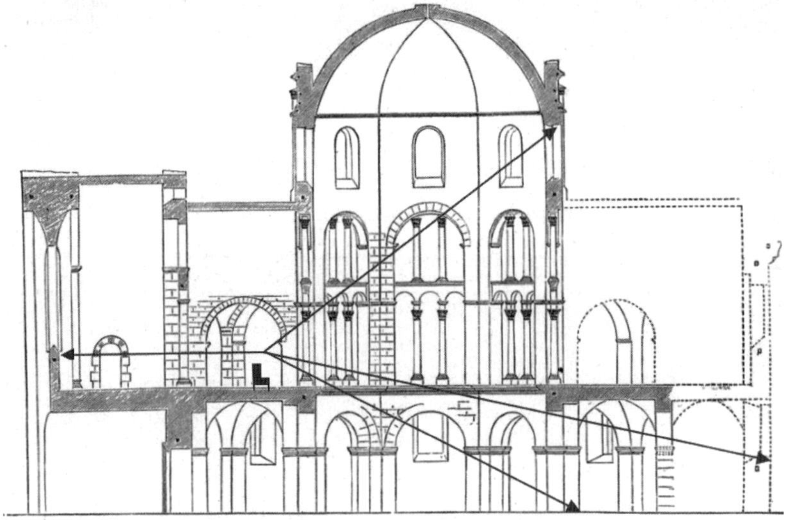

그림 3. 아헨의 예배당, 왕의 권좌와 응시의 경계

Signoria)을 접하고 있으며 이곳에는 메디치 가문의 승리를 설명하는 장소였다.[7] 아래 공간에는 승리를 설명하는 조각 작품들을 배치하고 윗부분에는 메디치 가문의 문장을 배치하고 있다. 반면 시청과 우피치는 사회적 상류층을, 그리고 우피치 내부의 트리부나와 같은 접견실을 사회 최상류층과 외교관들을 접견했던 공간이었다. 또한 메디치 가문의 거주 공간이던 피티 궁의 경우에도 메디치 가문과 관련된 인물들과 학자들을 위한 접견실과 컬렉션이 배치되어 있었다. 이 같은 작업은 메디치 가문이 피렌체를 위해 예술을 후원하고 기여한다는 점을 강조하며 사람들에게 권력을 과시했다.

하지만 이 같은 수집 공간 중 바자리의 복도(그림 4)는 주목할 필요가 있다.

---

7) '로지아(loggia)'는 중세 말 이탈리아에서 발코니 혹은 중정을 바라보는 장소를 의미하며, 이곳은 권력자가 연설하는 장소이기도 했다. 이후 프랑스에서 이 단어를 갤러리라는 용어로 번역한 바 있다.

그림 4. 바자리의 복도의 전경

바자리의 복도는 오늘날 우피치 미술관에서 출발해서 베키오다리를 거쳐, 다리 끝에 있는 마넬리 가문의 부서진 탑(Torre di Manelli)을 뚫고 지나가며, 이후 산타 펠리치타 교회(Chiesa di Santa Felicità) 뒷부분에 있는 2층 공간을 통과해서 피티 궁으로 이어진다.

이 같은 상황들은 그 자체로 메디치 가문이 지닌 힘을 피렌체의 시민들에게 전달하고 있다. 교회에서나 거리에서 바자리의 복도를 지나다니는 권력자는 시민을 언제든지 바라볼 수 있지만, 시민들은 그 공간 속에 있는 권력자를 확인할 수 없다(그림 5-6). 따라서 시민들은 도시를 관통하고 있는 건물을 보며, 보이지 않는 권력자를 의식하고 심리적으로 그의 권위를 강화시켜나간다.[8]

8) 미셸 푸코는 벤담의 파놉티콘에 대한 설명을 통해서 공간 속의 응시 속의 구성원들의 관계를 심리적으로 관찰했다. Anne Brunon-Ernst, ed. *Beyond Foucalut: New Perspectives on Bentham's Panonticon* (London: Routledge, 2012), 186.

그림 5-6. 마넬리의 탑과 바자리의 복도에서 바라본 산타 펠리치타 교회의 제단 전경

이 같은 장소를 점유하고 있는 사회적 메시지의 공간은 역사 자체가 되었다. 이는 한 시대의 사회적 관계들을 드러내주고 있을 뿐만 아니라 그 안에 있는 미술품의 이야기들은 특정 정치적 상황이나 사회적 맥락을 부연 설명해 주기 때문이다. 그리고 이런 상황들은 이 공간을 역사로 변화시키며 문화유산의 개념의 탄생으로 이어진다.[9]

그러나 이 같은 상황의 이면에는 사회적 관계와 공간의 점유를 둘러싼 응시의 놀이가 놓여있고, 이는 사회 심리적 거리들의 조절이 한 사회의 구조를 어떻게 뒷받침하는 지 매우 흥미롭게 보여주고 있다.

9) 역사학자였던 버리는 이데올로기적 사유가 사회적으로 힘을 지니면, 역사의 일부로 다양한 현상을 만들어낸다는 점에서 역사의 상대성을 강조한 바 있다. John Bagnel Bury, *The Idea of Progress: An Inquiry into Its Origin and Growth* (Macmillan, 1920) 참조.

9. 삶과 종교적 메타포: 거울과 바니타스

프랑스의 인류학자였던 앙드레 르루아 구랑(Andre Leroi-Gourhan)은 『인간과 물질 *L'homme et la matière*』이라는 책을 통해서 삶에서 다뤄지는 모든 도구들은 인체가 다룰 수 있는 범위를 확장하기 위해서 고안되었다고 설명했다.[1)]

이 같은 도구 중에서 다빈치가 영혼의 창이라고 불렀던 눈의 역할을 확장하는 것 중 하나가 거울이다. 이는 미술의 역사에서 화가들이 보이지 않는 것을 표현하려는 목적으로 활용했으며, 주로 '바니타스(Vanitas)' 도상에서 인간의 유한성을 설명하는 과정에서 해골과 함께 많이 묘사되곤 했다(그림 1).[2)]

그림 1. 러시아 정교의 "골고타의 십자가" 도상의 유형과 약자들

해골은 미술 작품에 많이 등장했던 도상이다. 예를 들어 "십자가에 못 박힌 그리스도"의 도상처럼 골고타의 십자가 아래에 묻혀있는 아담의 뼈를 상징하고, 원죄를 환기하는 것처럼 그림의 일부에 등장하는 경우도 있다. 또한 바로크 시대 화가들이 즐겨 그렸던 바니타스 정물(Natura Morta)처럼 독립적인 의미를 만들어내기도 한다.

특히 해골은 중세 말 교회에서는 "영혼 아래의 질료(sub specie

1) Andre Leroi-Gourhan, *L'homme et la matière. Évolution et techniques*, I (Parigi: Albin Michel, 1943).

2) 이 같은 바니타스라는 주제는 고대 전도서에 등장하는 표현으로 "모든 것은 헛되니 헛되고 헛되도다 (Vanitas vanitatum et omina vanitas)"라는 구절에서 유래하며 이는 종종 허영에 차서 거울을 보는 여성의 모습으로 다뤄지곤 했다.

그림 2. 마사초, <삼위일체 Trinita>, 1425-27, 피렌체, 산타마리아 노벨라. 바실리카.

그림 3. 시몬 루티추이스, <골상이 있는 바니타스 n.2>, 1645, 그단스크국립박물관.

aeternitatis)"를 언급한 이래로 사용 빈도가 늘어난 도상이었다. 해골은 당시 부활을 꿈꾸던 신자들에게 죽음의 상징으로 지상의 부(富)를 경계하는 역할을 했다(그림 2 하단 부분).[3]

거울의 경우에도 '해골'을 다루는 도상만큼이나 수많은 작품에서 그 사례를 관찰해볼 수 있다. 사실 미술사에서 해골이나 거울처럼 상징적인 의미를 지니고 그렇게 많이 반복된 도상은 많지 않았을 것이다. 역사에서 거울은 '허영' 혹은 '교만'을 의미했고 눈과 응시, 보는 것과 이해하는 것, 외부와 내부의 대립 등을 적절하게 드러내는 장치로 활용되어 왔다(그림 3).

그래서 거울은 그림의 공간을 확장시켜주고, 공간에 배치된 인물들에게는 보이지 않는 정보를 그림을 보는 관람자에게 전달해주는 역할

---

3) Piero Di Vona, *La conoscenza «sub specie aeternitatis» nell'opera di Spinoza'*, (Napoli: Loffredo Editore, 1995). "영혼 아래의 질료"라는 경구는 스피노자(Baruch Spinoza, 1632-1677)가 인용해서 유명해졌지만 스콜라 철학자들이 사용하던 경구 중 하나였다.

을 한다. 이런 맥락으로 인해서 거울은 15세기부터 17세기까지 바니타스의 상징으로 해골과 결합되어 여러 가지 이야기를 만들어냈다.

바니타스의 도상이 등장하고 발전했던 것은 성서의 이야기와 동시대의 현실적 삶의 태도에 관심을 가졌던 르네상스 시대였다. 이 시기 프랑스 신학자이자 철학자였던 피에르 샤론(Pierre Charron, 1541-1603)은 허영(vanitas)을 인간의 특징을 구성하는 본성 중 하나로 보았다. 그는 허영을 인간 내면의 문제로 보았고, 죽은 이후의 명예처럼 인간이 존재하지 않는 시간 속에 인간은 사라지더라도 허영의 문제는 지속될 것이라고 설명하며 허영의 본질을 매우 명료하게 기술했다.[4)]

같은 시기에 회화 분야에서 허영에 대한 문제는 당시 사람들의 삶의 태도와 종교적, 사회적 규범을 둘러싼 교훈을 전달하기 위해서 다양한 방식으로 다뤄지기 시작 했다.

이 같은 사례를 만들어냈고, 오늘날 잘 알려진 인물 중 하나는 히에로니무스 보스(Hieronymus Bosch, 1450-1516)였다. 그는 이탈리아에서 르네상스 시대 인문주의가 발전하던 것과 같은 시대였던 15세기 네덜란드의 화가였다. 그는 자신이 그려나갔던 시각적 환영(幻影) 속에 종교와 윤리적 규범에서 벗어난 인간의 분쟁들을 그리며, 그 안에서 관찰할 수 있는 광기와 악덕, 죄가 표현되어 있는 지옥의 풍경을 펼쳐서 보여주곤 한다.

특히 1480년부터 1490년까지 작업했던 것으로 추정되고 있으며 마드리드 프라도 국립미술관에서 소장하고 있는 세 폭 제단화인 «

4) Jill Kraye, "Moral Philosophy," In eds. Charles B. Schmitt & Quentin Skinner, *The Cambridge History of Renaissance Philosophy* (Cambridge: Cambridge University Press, 1990), 315; Maryanne Cline Horowitz, "Natural Law as the Foundation for an Autonomous Ethic: Pierre Charron's De la Sagesse," *Studies in the Renaissance* 21(1974): 204–227.

그림 4. 히에로니무스 보스, <세속적인 쾌락의 정원>, 1500-1505년 경, 프라도 미술관.

세속적인 쾌락의 정원 *The Garden of Earthly Delights*»(그림 4)은 수많은 상징으로 구성되어 있고, 이는 아직도 미술사가에게 이를 둘러싼 논쟁을 불러일으키고 있다.[5]

세 폭으로 구성된 제단회의 왼쪽에는 아담과 이브가 묘사되어 있는 <지상의 천국 *Joining of Adam and Eve*>이, 중앙에는 인간의 세속적 탐욕을 다루는 <쾌락의 정원 *Garden of Delights*>이, 그리고 마지막으로 오른쪽에 배치된 패널 화에는 인간의 죄를 단죄하는 <지옥 *Hell*>이 배치되어 있다.

<지옥>에는 벌을 받는 인간들을 괴롭히는 여러 종유의 동물이나 곤충들이 등장한다. 왼편 아래 부분에는 고대 쾌활하고 장난기 많은 곤충으로 종종 등장했던 메뚜기가 인간을 삼키고 있다. 그 아래 쪽 부분에는 여성이 기대 앉아있는데, 그녀의 모습은 마치 천국 부분에 등장하는 이브와 유사한 점도 보인다(그림 5-6). 이는 원죄로 인해 추방되었던 창세의 이야기를 환기한다.

---

5) Laurinda S. Dixon, "Bosch's Garden of Delights: Remnants of a 'Fossil' Science," Art Bulletin, LXIII(1981): 96–113.

그림 5-6. 히에로니무스 보스, <음악의 지옥>, 쾌락의 정원 세폭 제단회 오른쪽 세부.

한편 그녀의 가슴에는 두꺼비가 앉아있고, 뒤편에는 토끼와 도마뱀의 발이 결합된 검은 동물이 모습을 드러낸다. 다른 한편에는 엎드린 것처럼 보이기 때문에 다리 끝이 갈라져있는 나무 가지를 지니고 있지만 엉덩이에 볼록 거울과 얼굴이 있는 이상한 악마의 모습이 보인다. 아나도 나무 가지는 고대 악마와 연관성이 있는 호두나무의 도상과 결합되어 있는 것으로 추정해볼 수 있다. 그리고 볼록거울안의 이상한 얼굴은 아마도 프랑스 격언인 "거울은 진정 악마의 엉덩이이다(Le miroir est le vray cul du Diable)"에서 유래한 것으로 보인다(그림 6).[6]

힘을 가진 악마의 거울처럼 16세기에 거울은 마술적이거나 초자연적인 의미를 지니고 있었다. 당시 사람들은 거울이 과거와 현재를

6) Arnaud Maillet *Le miroir noir, Enquête sur el côté obscur du reflet,* (Paris: Kargo&l'eclat, 2005), 52.

보여주고 멀리 있는 이야기를 전해주는 도구라고 여겼고, 인간의 눈이 보지 못하는 것들을 보여준다고 생각했다. 그리고 이 같은 생각들은 오늘날 『백설 공주』에서 등장하는 왕비가 거울과 이야기를 나누는 사례처럼 오랫동안 전승될 만큼 인상적이었다.[7]

보스가 다룬 거울과 관련된 다른 사례는 <7개의 죄악 *The Seven Deadly Sins and the Four Last Things*>(그림 7)에서도 확인할 수 있다[8]. 이 작품은 중앙에 배치되어 있는 그리스도의 원을 중심으로 수레바퀴처럼 7개의 이야기가 감싸고 있어서 멀리서 보면 마치 눈동자 같은 느낌을 만들어낸다. 그리고 다시 이 이야기의 주변에 4개의 원 안에 또 다른 이야기가 배치되어 있다.

그림 7. 히에로니무스 보쉬, <7가지 죄악과 사말(四末)>, 1475-1480년 경, 프라도 미술관.[9]

7) Giambattista Basile, *Il cunto de li cunti* (Torino: Einaudi, 2002) 참조.

8) Matthijs Ilsink & Jos Koldeweij, *Hieronymus Bosch: Painter and Draughtsman – Catalogue raisonné* (Yale University Press, 2016). p. 504.

9) "사말"은 "임종, 최후의 심판, 천당, 지옥"을 의미하며 이 작품의 네 귀퉁이에

이 안에서 거울은 '교만'을 다루는 부분에 배치되어 있다. 이곳에서 악마는 거울을 받치고 있으며 여성이 좋아할 만한 것을 비춰주고 있다. 그리고 악마는 여성의 의상을 쓰고 죄인을 벌주고 있다. 이는 여성이 악마와 속성을 공유하고 있다는 점을 환기하는 것처럼 보인다. 교만은 "위에 있는"이라는 의미를 지닌 라틴어 '수페르부스(superbus)'에서 유래하며 이 때문에 가장 첫 번째 악덕으로 제시되곤 한다.[10]

<7개의 죄악>의 귀퉁이 중 지옥에 대한 묘사를 보면 악마가 거울을 들고 누드로 있는 여성 죄인에게 제시하고 있다. 그리고 몸에는 두꺼비가 앉아 있으며 주변에 혼란에 빠진 죄인들이 교만에 대한 단죄를 받고 있는 장면들이 펼쳐져 있다(그림 8-9).

그러나 이 같은 부정적인 의미를 지닌 거울이 플랑드르 지방에서만 유행했던 것은 아니었다. 예를 들어 피렌체의 도메니코 회 수도사였던 지롤라모 사보나롤라(Girolamo Savonarola)의 추종자들

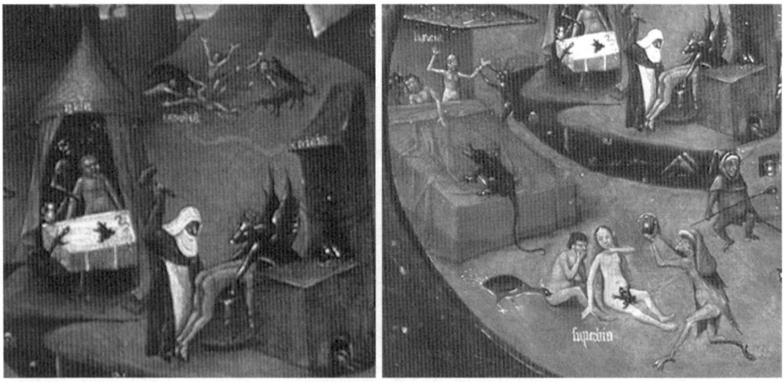

그림 8-9. 히에로니무스 보쉬, <7가지 죄악과 사말(四末)> 중 "지옥" 부분의 일부, 1475-1480년 경, 프라도 미술관.

배치되어 있다.

10) István Pieter Bejczy, *Virtue ethics in the Middle Ages, commentaries on Aristotle's Nicomachean Ethics,* 1200-1500 (Leiden: Brill, 2008), 326.

은 피렌체에서 일어났던 유명한 사건인 "허영의 화형식(Logo della Vanita)"에 거울들을 가져왔다.[11]

이후 거울은 여러 작품에서 허영의 상징으로 시간의 흐름이 지닌 무상함을 표현하는 모래시계나, 죽음을 의미하는 두개골이 함께 배치되어 인간의 삶의 유한성과 인간이 보지 못한 이야기를 드러낸다.

뒤러로부터 미술을 배웠던 한스 발둥 그린(Hans Baldung Grien, 1485-1545)은 <여성의 세 시기와 죽음 *Three Ages of the Woman and the Death*>(1510)에서 거울을 다루고 있다(그림 10).[12]

그림 10. 한스 발둥, <여인의 세 시기와 죽음>, 1510, 빈미술사박물관.

오른편에는 부패한 인물이 시간의 흐름을 보여주는 모래시계를 들고 있고, 이미 반 정도 흘러내린 모래 위로 다른 반이 이제 막 흘러내리려고 하고 있다. 반면 여자 아이는 젊은 여인에게 비치는 천을 감싸고 있고 노인이 된 여인의 주름진 육체의 가죽은 부패한 오른쪽의 인물과 같은 색을 지니고 있다. 반면 젊은 여인은 빛나는 피부를 가지고 있으며 자신의 주변에서 일어나는 모든 일들을 무심하게 보내고 있는 것처럼 묘사되어 있을 뿐만 아니라 거울에만 집중한다.

---

11) 허영의 화형식은 1497년 2월 7일 피렌체에서 사보나롤라가 이교적 특성을 부여하고 판단했던 고전 예술품과 사치품을 태웠던 역사적 사건을 지시하는 표현이다. Rab Hatfield, "Botticelli's Mystic Nativity, Savonarola and the Millennium," *Journal of the Warburg and Courtauld Institutes*, 58(1995): 88–114.

12) Pierroberto Scaramella, Alberto Tenenti, *Humana fragilitas: the themes of death in Europe from the 13th century to the 18th century* (Bergamo: Ferrari Editrice: 2002), 168-169.

그녀에게는 현재의 즐거움만 보이는 것처럼 보이며 죽음은 그녀에게 시간에 대한 현명함을 가르쳐주려고 하는 것처럼 보인다. 하지만 노인은 그 앞에서 마치 지나가면서 잃었던 것들을 보는 것처럼 모래시계를 다시 응시한다. 노인이 된 여자와 부패한 인물의 대비는 서로 다른 것을 드러낸다.

르네상스 시대의 그림들이 맥락을 통해서 거울의 의미를 쉽게 드러내고 있었다면 특정한 사회 상류층을 중심으로 상징에서 알레고리로 이어지는 복합적이러 난이도가 있는 시각적 기록들이 등장하기 시작했다. 이 같은 상황에서 바니타스 정물이 등장하게 되었다.

특히 삼십년전쟁(Thirty Years' War, 1618-1648)과 독일 지역에 전쟁 기간 중에 유행했던 페스트는 이 같은 정물에 더 관심을 가지게 되는 계기가 되었던 것으로 보인다.[13] 정치적 재난과 경제적 결핍 속에서 당대 퍼져나간 음울한 감정은 이상과 현실의 괴리를 명료하게 드러냈으며 정물화에 담긴 허무는 권력과 부에 대한 경고로 발전했다.

이 같은 그림에서 메멘토 모리를 의미하는 해골, 꺼진 촛불과 멈춰진 악기, 흐름을 되돌릴 수 없는 모래시계, 삶과 재화의 불확실성을 드러내는 비누 그릇은 가장 많이 등장하는 요소들이다. 또한 짧은 삶의 허무함을 강조하는 과정에서 낙화(落花)와 벌레 먹은 과일은 시들어갈 수밖에 없는 인생에 대한 단상이다(그림 11). 또한 거울과 볼록거울처럼 비치는 원구는 삶의 다른 관점을 보여주기 위해서 반복적으로 등장한다.

그러나 이 같은 소재들이 중앙유럽이나 북유럽에서만 다뤄졌던 것은 아니며, 이는 종종 이탈리아의 카라바조(Caravaggio Michelangelo Merisi, 1571-1610)의 <마르타와 마리아 막달레

13) David Kunzle, *From Criminal to Courtier: The Soldier in Netherlandish Art 1550-1672* (Leiden: Brill, 2002), 391.

그림 11. 하르멘 스텐베이크, <바니타스>, 1640년 경, 라켄할 시립박물관.

나 *Marta e Maria Maddalena*>(1598)이나 아르테미시아 젠틸레스키(Artemisia Gentileschi, 1593-1654)의 <막달레나의 회개 *Conversione della Maddalena*>(1616), 그리고 조르주 데 라 투르(Georges de La Tour, 1593-1652)의 <회개하는 막달레나 *The Penitent Magdalen*>(그림 12)와 같은 종교적 작품에서도 등장한다.

프랑스의 화가였던 조르주 데 라 투르는 라보크 시대 카라바조의 유파에 속하는 화가였다. 이곳에서 그는 반쯤 어두운 방에 있는 마리아 막달레나를 묘사하고 있다. 그녀는 거울을 보기 위해 낮은 가구들에 앉아있고, 그녀의 얼굴은 잘 드러나지 않는다. 그녀의 긴 머리카락은 흘러내려 있으며 그녀의 손은 다리 위에 놓여있는 두개골 위에 교차되어 있다. 그녀의 얼굴은 거울을 바라보고 있으며 이곳에서 이제 초의 높이는 삶의 짧음을 그리고 긴 촛물의 길이는 이 상황을 드러내는 진실과 삶의 무상함에 대한 환영을 대비하는 것처럼 보인다. 이런 점에서 이곳에 놓여있는 거울은 양면성을 지닌다.[14]

14) Diana T. Meyers, *Gender in the Mirror: Cultural Imagery and Women's Agency* (Oxford: Oxford University Press, 2002), 112.

그림 12. 조르주 데 라 투르, <회개하는 막달레나>, 메트로폴리탄미술관, 1640.

한편 어둠 속에 가려진 사물들로 인해서 특정한 상황에 집중하고 있는 이 장면은 시간이 멈춘 것 같은 인상을 드러내며 이를 통해 다시 부활과 내부의 평화에 대한 이야기도 설명해준다.

인체의 연장선에서 만들어진 도구로서 거울은 보이지 않는 부분들을 보여주는 문화적 의미를 지니고 있었고, 인간을 보는 관점을 구성하고 죽음과 병치되어 있는 해골은 점차 종교적, 윤리적 규범의 문제를 강조하기 위해서 시대에 따라 서로 다른 부분들을 강조하며 역사적으로 문화적 의미를 확장하고 있다.

10. 축제 속 페르소나: 베네치아의 사육제와 코메디아 델 아르테

부활절에 베네치아의 광장은 수많은 가면들로 채워진다. 그리고 이 같은 가면은 그 기원을 구성했던 과거 '코메디아 델 아르테'(Commedia dell'Arte)에 대한 연극 장르에 대한 궁금증을 유발한다. 이는 당대 사회 계급의 문제를 풍자적으로 표현했던 일종의 즉흥적인 희극이었다. 이 안의 인물들은 어떤 특성을 지니고 있고, 어떻게 표현되며, 더 나아가 이런 점들은 사회에 어떤 유용성을 지니고 있을까?

오늘날 카 레초니코(Ca' Renzzonico)에서 소장하고 있는 피에트로 롱기(Pietro Longhi, 1701-1785)의 <향수를 판매하는 여자 *La venditrice di essenze*>(그림 1)에 묘사된 인물들의 가면은 자신에 대한 정보를 감추며 동시에 희고 어두운 가면에 따라 다른 인상을 불러일으킨다. 또한 같은 시기에 조반니 도메니코 티에폴로(Giovanni

그림 1. 피에트로 롱기, <향수 판매원>, 1756년경, 카 레초니코.

Domenico Tiepolo, 1727-1804)의 <카니발-미뉴에트 *Carnevale-minuetto*>(그림 2)는 마치 다빈치의 캐리커처처럼 수많은 종류의 인간 군상과 본성이 가면과 뒤섞여 있는 것처럼 보인다. 이런 점에서 보면 베네치아 사육제의 가면과 유럽에서 발전했던 인상학적 전통은 상호 연관되어 있다고 볼 수 있다.

그림 2. 잔도메니코 티에폴로, <사육제 풍경 혹은 미뉴엣>, 1754-55년 경, 루브르 박물관.

그러나 이런 가면을 쓴 축제는 더 나아가 다른 의미를 지니고 있다. 코메디아 델 아르테는 극단의 짧은 공연으로 16세기 중엽에서 17세기 중엽까지 유럽 전역에서 발전했다.

이를 드러내주는 가장 오래된 기록은 1545년 파도바의 유랑 극단의 세르 마피오 자니니(ser Maphio Zanini)라는 알려지지 않은 인물이 극단 구성원이 지녀야 하는 의무 사항에 대한 계약서를 구성한 후 공증했던 문서이다[1]. 하지만 계약서에서 사용된 '아르테'라는 용어는 오늘날의 예술을 의미하는 것이 아니었다. 이는 당시 '장인(artigiano)'이라는 의미를 가지고 있었으며 따라서 코메디아 델 아

1) J R Mulryne & Margaret Shrewring, *Theatre of the English and Italian Renaissance* (New York: Palgrave Macmillan, 1991), 16.

르테는 직접적, 경제적 가치를 추구하는 직인의 짧은 즉흥극이었다고 할 수 있다.

이들은 주로 야외에서, 혹은 병원이나 세관 같은 다른 사회적 기능을 지닌 건물 내부에서 공연했지만, 이런 직업 자체가 의미를 지니게 되었던 것은 세익스피어(William Shakespeare, 1564-1616), 몰리에르(Molière, 1622-1673)처럼 바로크 시대의 극작가가 집필하고 공연했던 비극이나 정극(靜劇)이 탄생한 이후였다.

로마의 오페라의 탄생에서 관찰할 수 있는 것처럼 바로크 시대의 연극이나 공연은 인간에 대한 거대 서사와 환상적인 상상력이 결합되어 권력자들의 교훈을 전달했다. 종종 '과상' 되었다고 평가받고 있는 바로크는 "찌그러진 진주"라는 점에서 진주가 아닌 것이 아니라 다른 방식으로 이야기를 포장한다는 의미를 지니고 있다.

그리고 이 같은 연극이 불러일으키는 감정에 대해서 파스칼은 연극이 지닌 위험성을 지적하기도 했다.

> 모든 대단한 즐거움은 기독교인의 삶에서 위험하지만, 세계에서 고안한 것 중에서 연극이 만들어낸 것 보다 더 놀라운 것은 없다. 이는 너무나 현실적이고 인간의 감정을 잘 재현하고 있으며, 심장의 박동을 증가시키고 감동을 준다."[2]

그러나 바로크 시대에 로마의 '대희년'(Giubileo)과 '성년의 해'의 행사들과 순례자들이 가져다준 경제적 재화, 그리고 도시 전체를 무대로 만들어냈던 화려한 볼거리와 이들을 위한 오페라 공연은 많은 것들을 변화시켰다.

특히 로마의 유수한 가문들의 경쟁과 과시적 재현은 유럽 절대왕

2) Blaise Pascal, *Pensieri,* tr. Marco Magni, *OEuvres Completes* (Paris: Bibliotheque de la Pleiade, 1954), 28.

정 시기 연극이 지닌 힘을 통해 사회에 교훈을 주고 권력을 공고하게 만들기 위한 유럽 왕실들의 이해관계와도 잘 맞았다.

이탈리아의 아리오스토(Ludovico Ariosto, 1474-1533)뿐만 아니라 영국의 세익스피어나 스페인의 칼데론(Pedro Calderón de la Barca, 1600-1681) 같은 극작가들은 절대 왕정의 성장 속에서 연극의 가치를 잘 알았으며 거대한, 그리고 매우 긴 극본을 기술했다.

특히 스페인의 3대 비극 작가 중 한 사람인 칼데론은 1633년에 썼던 『세계의 대(大)연극 *El gran teatro del mundo*』에서 세계를 7가지 종류의 인물로 구성된 한편의 연극(theatrum mundi)으로 설명하며 부자, 왕, 농부, 거지, 아름다운 사람, 법관, 아직 태어나지 않은 아이들을 언급하면서 요람에서 무덤까지 이들은 각각 세계의 연극에 참여하며 창조주의 의지를 통해 상벌을 받는다고 설명했다. 특히 이 과정에서 은유와 알레고리로 가득 채워진 세계의 연극을 만들어내는 창조주의 문학적 상상력은 마치 뛰어난 건축가, 화가, 혹은 조각가의 알레고리와 같다고 비교했다.[3]

바로크 시대의 이 같은 연극의 개념을 고려한다면 우리는 세계 속을 탐험하는 연극배우인 셈이다. 하지만 바로크 시대의 연극이 지니고 있는 이데올로기적 성격과 교훈적 의미는 오늘날과 다른 엄청난 규모의 종합 예술을 만들어냈다.

초기 극장이 탄생했던 파르마의 사례의 경우에는 이 같은 교훈적 연극은 축제와 연관되어 있었으며, 당시 메디치 가문과 파르네제 가문의 결혼을 축하하기 위해서 약 14일 간 공연이 이어졌을 정도였다.[4] 그러나 남아있는 세익스피어의 햄릿의 가장 중요한 부분의 대

3) Ruiz-Ramón, *Francisco Calderón y la tragedia* (Madrid: Alhambra, 1984). 참조.

4) 최병진, 「기호에서 드로잉으로: 바로크 삶의 재현 – 가시성의 기준과 재연된

사를 들여다 보는 것만으로 이를 이해하는 것은 충분하다.

> 사느냐 죽느냐 그것이 문제로다. 잔인한 운명의 돌팔매와 화살을 마음속으로 차는 것이 더 고상할까? 아니면 고난의 물결에 맞서 무기를 들고 나가 싸워 이를 물리쳐야 하는가? 죽는 것은 잠자는 것. 오직 그뿐, 만일 잠자는 것으로 육체가 상속 받은 마음의 고통과 육체의 피치 못할 괴로움을 끝낼 수만 있다면, 그것이야말로 진심으로 바라는 극이다. 죽음은 잠드는 것. 잠들면 꿈을 꾸겠지? 하지만 그건 곤란하다. 죽음이란 잠으로 해서 육체의 굴레를 벗어난다면 어떤 꿈들이 찾아오게 될 것인지 그것이 문제일 것이다. 이것이 우리를 주저하게 만들고, 그것 때문에 이 무참한 인생을 끝까지 살아가게 마련이다. 그렇지 않다면 그 누가 이 시간의 채찍과 비웃음과 권력자의 횡포와 세도가의 멸시와 변함없는 사랑의 쓰라림과 끝없는 소송 상태로 관리들의 오만함과 참을성 있는 유력자가 천한 자로부터 받는 모욕을 한 자루 단검으로 모두 해방시킬 수 있다면 그 누가 참을 수 있겠는가? 이 무거운 짐을 지고 지루한 인생고에 신음하며 땀을 내려 하겠는가? 사후의 무엇인가에 대한 두려움이 아니라면 나그네 한번 가서 돌아온 일 없는 미지의 나라가 의지를 흐르게 하고, 그 미지의 나라로 날아가기보다 오히려 겪어야 할 저 환란을 참게하지 않는다면...

이 같은 긴 독백은 결정 장애를 지칭하는 햄릿 증후군(Hamlet Syndrome)만큼이나 끝나지 않는다.[5] 그리고 이는 주인공의 행동을 통해 보는 사람에게 흥미를 제공하지 않는다. 이는 오히려 보는 사람에게 주인공인 처한 상황 속에서 받은 질문에 대한 수많은 쟁점들을 세밀하게 전달한다. 따라서 이는 당시 인간에 대한 사회적 생각

기호들」, 『이탈리아어문학』, 43(2014): 421-445.

5) Jeffrey R. Wilson, Henry F Fradella, "The Hamlet Syndrome," *Law, Culture and the Humanities* (2016): 1-21.

을 전달한다는 흥미로운 내용이 담겨있지만 다른 관점에서는 교훈적이고 교과서적인 답변들의 나열처럼 보인다. 처음에 이 같은 연극은 매우 흥미로웠을 것이다. 하지만 점차 더 나아가 긴 시간동안 진행되어야 하는 연극은 반드시 중간에 휴식 시간을 요청하고, 이 공간에 코메디아 델 아르테의 유희적이고 가벼운 간막극이 개입하게 된다.[6]

사실 바로크의 연극이 정극이라면 짧은 시간 동안 진행되어야 하는 간막극은 오히려 짧게 분위기를 환기할 수 있어야 했고, 가벼움을 지니고 있어야 했다. 실제로 코메디아 델 아르테는 '카노바치(canovacci)'로 알려진 즉흥극으로 채워졌다.[7] 공중과 대화하고 농담하고 춤추며 노래하며 짧은 시간을 아끼기 위해서 인물들은 모두 마스크를 쓰고 공연을 했다.

이 가면들은 마치 칼데론이 언급한 세계의 연극에 참여하는 여러 사회 계급의 구성원을 캐릭터화했던 것으로 보인다.[8]

당대 코메디아 델 아르테의 전형을 보면 일반적으로 하층 계급에 속한 두 사람의 젊은 배역과 상류층에 속한 두 사람의 나이든 인물, 중장년에 해당하는 상류층의 인물, 매력적인 여인과 연인들이 등장한다. 종종 아르레키노(Arlecchino)는 교활한 인 혹은 장난스러운 바보 같이 묘사된 인물로 나뉘어 등장하며, 상류층에 해당하는 나이든 인물로는 판탈로네(Pantalone)처럼 의심이 많으며 자랑을 좋

6) Roberto Tessari, *Commedia dell'Arte: la maschera e l'ombra* (Milano: Mursia, 1989), 31-47.

7) Anton Giulio Bragaglia, ed. *Commedia dell'arte: canovacci della gloriosa commedia dell'arte italiana raccolti e presentati da Anton Giulio Bragaglia* (Torino: Il Dramma-SET, 1943). 참조.

8) James H. Johnson, *Venice Incognito: Masks in the Serene Republic* (California: University of California Press, 2011), 47-53.

아하는 구두쇠, 바란초네(Baranzone)와 같은 학식이 많고 현학적인 법학자이지만 배가 나온 인물, 그리고 카피타노(Capitano)와 같은 허풍장이이면서 부를 축적한 장년층의 인물, 그리고 두 사람의 연인이 등장하며, 경우에 따라 콜롬비나(Colombina)와 같이 시녀이며 교태를 일삼는 여인이 등장해서 아를레키노와 연인관계를 구성하는 경우도 있다. 이들은 연인을 중심으로 계급간의 경계를 넘나들며 해학적인 장면들을 즉흥적으로 만들어냈고, 오늘날 이 같은 장면들은 바로크의 정극에 비해서 교훈적이거나 사회적 관계를 보여주는 것은 아니었다.[9]

1621년 철학자이자 신학자였던 프란체스코 마리아 델 모나코(Francesco Maria del Monaco, 1593-1651)는 이를 두고 코메디아 델 아르테의 배우들이 말을 조합해서 미화된 느낌을 전달해주지만, 외설적이고 파렴치한 몸짓, 절제되지 않는 춤과 무용을 추곤했다고 설명한 바 있다.[10]

이 같은 당대 신학자나 지식인들의 관점에도 불구하고 코메디아 델 아르테와 같은 공연들은 제도적으로 허용되었다. 이를 이해하려면 유럽 근대에 일어났던 여러 가지 축제의 성격을 분석해야 할 필요가 있다. 주로 종교적 축일들에 진행된 여러 축제들은 많은 부분 참여자의 긴장을 풀어주기 위한 것이었다.

이탈리아 중부 지방인 토스카나의 아름다운 풍경을 지니고 있는 시에나(Siena)의 유명한 팔리오 경기(Pallio)는 도시의 주요 광장에서 시에나의 지역 구분과 각각 해당하는 성인들의 상징을 깃발과 의

9) Siro Ferrone, *La Commedia dell'Arte. Attrici e attori italiani in Europa (XVI-XVIII secolo)* (Torino, Einaudi, 2014) 참조.

10) F. M. Del Monaco, *In actores et spectatores comoediarum nostri temporis paraenesis(1621)*, trad.it. Ferdinando Traviani, *La Commedia dell'Arte e la societa barocca, I: La fascinazione del teatro* (Roma: Bulzoni, 1969), 210.

상으로 구성한 후 기마시합을 진행하며 보는 사람들의 응원전을 구성하고 있고[11], 또 다른 중부지방인 굽비오(Gubbio)에서 펼쳐졌던 체리 축제(Festa dei Ceri)는 4개로 구분된 무거운 도시의 성인상이 있는 기둥을 여러 사람들이 나뉘어서 들고 도시 전체를 지나 도시의 배경에 놓여있는 수도원에 먼저 도착하면 이기는 시합이었다(그림 3).[12]

그림 3. "체리 축제", 굽비오, 2000.

하루 종일 진행되는 이 축제는 많은 사람들이 신체적으로 힘들게 참여하지만, 시합을 마치게 되면 모두가 뒤섞여 술과 음식을 먹으면서 즐기는 축제였다. 축제의 주요한 기능이 사회적 긴장감을 풀어주고 사회적 관계를 개선하는 과정과 결합되어 있다는 점을 드러내준다.

위와 같은 연장선에서 베네치아에서 일어났던 사육제에 대한 관점도 이해할 수 있다. 사육제 축제는 "천사의 하강식(discesa dell'angelo)"이라고 부르는 사건, 즉 이 축제가 신의 섭리에 따라 일시적으로 허용되었다는 점을 알려주는 행사에서 시작된다(그림 4).[13]

베네치아의 산 마르코 광장의 교회 탑에서 줄을 타고 날개를 단 천사가 하강하면 축제의 놀이는 시작된다. 이후 서로 다른 계급의 가

11) Wolfgang Drechsler, "The Contrade, the Palio and the Ben Comune: Lessons from Siena," *Trames* 10-2((2006): 99-125.

12) Piero Luigi Menichetti. *Ceri di Gubbio dal XII secolo* (Città di Castello: Rubini & Petruzzi, 1980) 참조.

13) Gilles Bertrand, *Histoire du carnaval de Venise, XIe-XXIe siècle* (Paris: Pygmalion, 2013), 37-94.

그림 4. 천사의 하강식, 베네치아 사육제, 2012.

면과 의상을 입은 인물은 정해진 시간 동안 교회와 시청을 제외한 허용된 도시 공간 속에서 자신의 입고 있는 가면과 의상에 따라 행동할 수 있는 권리를 부여받았고, 이 경우에는 어떤 종류의 농담이나 즐거움도 허용된다.

따라서 각 사회 구성원이 자신의 사회계급이 아니라 서로 다른 계급을 연기하고 이 과정에서 다른 계급의 입장을 스스로 구성해볼 수 있었기에 부활절 축제는 즐거운 행사인 동시에 교훈적이었다고 볼 수 있다. 이는 즐거움 속에 사회 계급의 역할을 이해하는 과정이었고 이 역시 사회적 긴장감을 해소하는 데 도움을 준다.

따라서 유럽의 축제는 오늘날 올림픽이나 월드컵과 같은 스포츠를 통해서 사회적 관계를 개선하고 즐거움을 경험하며 고된 삶에 활력을 불어넣는 것과 유사한 점을 지니고 있었던 것이다.

한편으로 코메디아 델 아르테는 종종 유럽 궁정문화에서도 바로크 정극 사이에 놓일 수 있는 간막극의 형태로도 운영되었다. 짧은 시간 이들이 쓰고 있는 가면들과 의상들은 역할을 직관적으로 이해할 수 있도록 도와주며 감상의 시간을 단축해주었고, 이들의 즉흥성은 주로 이야기에 초점이 맞춰지기 보다는 분위기에 맞는 급조되고 희화된 대사들과 몸짓을 통해서 즐거움에 호소했다. 이 과정에서 이들의 몸짓은 더 나아가 오늘날 슬랩스틱 코미디의 기원을 구성하고, 다른 한편으로는 판토마임이 만들어지는 데 기여했다.[14] 오늘날의 판토마임은 인간의 표정과 몸을 통해 즐거움과 이야기를 전달한다. 인간의 몸이 만들어내는 감정들과 소통의 가능성은 연극의 가장 중요한 수단으로 남았고 이는 한 때 지역 내 사회 구성원간의 합의를 이끌어내는 효율적인 역할을 담당했던 것이다.

미술 분야의 캐리커처에서 시작된 여러 분야에서 다뤄졌던 인간의 본성은 인상학이 발전하던 근대 인간의 성격과 운명에 대한 이야기가 되었고, 바로크시대의 정극과 이후 로코코 시대에 활발하게 공연되었던 코메디아 델 아르테에서처럼 더 나아가 배우보다 인간의 특성에 대한 사회적 이야기를 구성하고 있었다. 그리고 이는 몸의로 연기되는 일종의 인간에 대한 분류된 가면을 만들어냈다. 이런 점은 이제 더 나아가 개체로서의 인간이 아니라 인간의 특성을 재현하는 과정에서 '페르소나'의 개념이 문화의 생산물 속에서 등장하고 있다는 점을 알려준다.

14) Walter Beare, *I Romani a teatro* (Bari-Roma, Laterza, 1986), 268.

11. 나무 인형의 교훈: "피노키오 효과"

최근 등장한 "피노키오 효과"(Pinocchio Effect)라는 용어는 거짓말을 하면 실제로 코의 온도가 상승하는 현상을 지시하기 위해서 사용되곤 한다.[1] 원 작가인 콜로디가 이런 점을 알았는지는 알 수 없으나 아이들을 위해서 거짓말하면 코가 길어지는 목각 인형이 점차 삶의 난관을 극복하며 인간으로 변해가는 이야기를 남겼다(그림 1).

1884년에 발표된 피노키오의 모험은 디즈니의 만화 영화들에서 이탈리아의 코미디언인 로베르토 베니니(Roberto Benigni) 주연의 영화였던 <피노키오>에 이르기까지 리메이크되며 고전 동화로 자리매김하게 되었다.

현실에 대한 교훈을 위한 동화의 역사적 뒤안길에는 이탈리아의 부라티노(Burattino, 인형극)의 전통이 놓여있다. 부라티노라는 단어의 어원은 '작은 천'이라는 뜻을 지니고 있었고, 이후 부라티노는 '나무에 붙인 천'이라는 의미에서 인형극이라는 의미를 지니게 되었다(그림 2).[2] 이 과정에서 천에 실을 붙여 진행되는 인형극 공연은 이후 마리오네트(Marionnette à fils)라고 불리게 되

그림 1. 덴리코 마잔티가 본 피노키오의 모험, 피렌체, 1883.

1) Eldridge-Smith, Peter Eldridge-Smith, Veronique-. "The Pinocchio paradox". *Analysis*. 70:2 (2010): 212–215.

2) Dora Eusebietti, *Piccola storia dei burattini e delle maschere* (Torino, Società editrice internazionale, 1966) 참조.

었다.

이탈리아의 광장에서 공연되었던 인형극은 아이들이 와서 본다는 점에서 즐거움과 교훈을 전달하는 매체였으며 고정된 캐릭터를 활용한다는 특징도 지니고 있다. 마치 타로 카드의 이미지처럼 인형극을 위해 고안된 인물과 의상은 인간의 본성을 쉽게 전달하려고 했고, 이를 위해 과장된 표현은 필수적이었다.

그림 2. <부라티노의 공연 모습>, 프란체스코 마조토(Francesco Maggiotto)의 회화 작품에 대한 에칭, 1770년 경.

이런 점은 과거 중세 삽화본이나 교회 내부의 이미지(그림 3)에서도 충분히 살펴볼 수 있다. 역사 속에서 오랜 세월 동안 삽화는 텍스트를 짧고 명료하게 설명하기 위해 선악이나 감정의 극적 대비를 활용해서 가능하면 강조되고 명확한 이미지를 통해 글의 등장인물을 소개했으며, 이는 르네상스 시대 인체에 대한 극적 표현을 넘어 연극이 꽃피던 바로크 시대 다양한 인간 군상을 둘러싼 캐릭터들로 이어졌다.

특히 로코코 시대의 코메디아 델 아르테는 바로크 시대 세익스피어의 <리어 왕 *King Lear*>(1608?)처럼 공연시간이 긴 연극과 달리 간막극처럼 짧게 사람들에게 유쾌함을 전달하기 위해서 사용되었다. 바로크의 정극처럼 이야기의 캐릭터를 연기를 통해서 만들어가고 소개하는 대신에 기존에 정해진 캐릭터를 활용해서 즐거움을 만들어나갔으며, 짧은 시간에 유쾌함을 만들기 위해서 과장된 동작이 커지면서 슬랩스틱 코미디의 기원을 이룬다.

이 같은 상황 속에서 세대 간 가치의 전승을 위한 매우 효과적인 매체 중 하나가 부라티노였고, 피노키오와 같은 동화에도 즐거움을

그림 3. 조반니 피사노, <산 안드레아 교회의 연단>, 피스토이아, 1301.

위한 짧고 교훈적인 이야기를 통한 사회적 가치의 전승이 담겨있다는 점에서 장르 간 유사성과 역사적 발전의 연속성도 확인할 수 있다.

그림 4. <요나의 이야기>, 중세 독일의 삽화

피노키오의 이야기의 선행 모델 역시 충분히 검토해볼 수 있다. 간결한 구조의 선과 악을 이해하기 위한 여정은 성서를 환기 시킨다. 피노키오를 제작한 제페토는 성서에서 그리스도의 아버지이자 목수였던 요셉을 환기하며, 민중의 여신으로 피노키오에게 어머니와 같은 역할을 담당하는 요정은 성모 마리아를 환기한다. 또한 피노키오의 여러 탐험들은 이집트에서의 탈출을, 그리고 이후 제페토를 구하기 위해 피노키오가 찾아가는 고래의 이야기는 구약 성서의 요나의 이야기에 담겨있다(그림 4).

요나의 이야기는 구약성서에 실려 있으며 그 내용은 짧고 명료하다. 야훼로부터 앗시리아로 가서 니느웨인들에게 설교하라는 말씀을 듣지만, 그는 이를 거부하고 다시스라는 다른 도시로 떠나버렸다. 하지만 이 과정에서 풍랑을 만나 그는 결국 니느웨에 도착해서 이들에게 설교를 통해 니느웨 사람들을 교화하는 데 성공한다. 이 경우에 요나의 경우도 선한 본성을 가지고 있지만 나태했고, 이후 본성적으로 선하지만 역경을 겪고 결국 자신의 일을 모두 완수하게 되는 데, 이런 점은 피노키오에게도 동일하게 적용되고 있다.

콜로디의 피노키오는 공부하는 것을 싫어하기도 하고 학교에 가지 않지만 본질적으로 선하게 묘사되며, 요나의 경우처럼 현실의 역경을 극복하고 이후 꼭두각시 목각인형에서 사람으로 변하게 되는 것이다.

이처럼 카톨릭 국가였던 이탈리아에서 익숙한 성서의 교육적인 내러티브의 구조를 적극적으로 활용하고 있다는 점은 처음부터 콜로디가 명확한 교육적 목적을 가지고 이 동화를 기술하고 있다는 점과 동시대의 새로운 관점에서 전통을 쉽게 설명하고 있다는 점을 알려준다.[3]

특히 그는 학교처럼 이탈리아의 통일 이후 새로운 이탈리아 인을 만들어내기 위한 교육 제도를 강조하고 있으며, 이런 부분은 콜로디뿐만 아니라 동시대의 다른 문학가인 데 아미치스(Edmondo De Amicis, 1846-1908)의 『쿠오레 *Cuore*』에서도 확인할 수 있다.[4]

더 나아가 고민해볼만한 점 중 하나는 콜로디가 이 텍스트를 기록

---

3) Ywonne Sherwood, *A Biblical Text and its Afterlives, The Survival of Jonah in Western Culture* (Cambridge: Cambridge University Press, 2000), 61.

4) Luigi Cepparrone, "Patria e questione sociale nel primo De Amicis," *Aspettando il Risorgimento* (Firenze: Cesati, 2010), 109-132.

했던 동시대의 사회적 맥락이었다. 이탈리아의 통일은 반도의 다양한 사회, 문화적 정체성을 토대로 쉽게 이뤄지지 않았으며 이 과정에서 작고 큰 사회적 충돌 속에서 고아가 되어버렸던 아이들도 많았다.[5] 또한 필립 아리에스가 자신의 저서 『아동의 탄생』에서 다룬 것처럼 아동에 대한 개념은 17세기에 변화되기 시작해서 근대 아동교육에 대한 관심으로 나아갔다는 점도 기억해볼 필요가 있다.[6]

콜로디가 아이들에 맞는 하지만 동시대의 현실에 교훈이 될 수 있는 상황을 성서의 알레고리를 재해석했다면 피노키오는 동시대의 현실에 맞게 각색된 이야기로 볼 수 있는 여지도 충분하다. 피노키오의 원작은 안데르센의 동화들이 원본에서 지닌 신랄하고 잔인한 장면들처럼 피노키오 역시 희화적이면서도 그로테스크한 상황들이 지속적으로 연출된다(그림 5).[7]

부모 없이 할아버지인 제페토만 있는 피노키오는 법정에 서고, 사기를 당하며, 자살을 시도하기도 한다. 그리고 집에 돌아왔을 때, 제페토는 피노키오를 찾으러 나갔다. 피노키오가 할아버지를 찾아가는 과정에서 배를 타고 고래의 배 속으로 들어가지만, 이 과정에서 그를 도와주는 단 한 사람도 존재하지 않았다. 이런 점을 고려해본다면 콜로디는 동시대의 격변기 속에서 힘들게 살아가는 아이들에게 정직함과 선함을 위해 끊임없이 노력해야 한다는 점을 가깝게 전달하려고 노력했던 것으로 보인다.

---

5) Daniela Marcheschi, "In Italia con Collodi e i suoi amici. Un'idea di infanzia", *Pinocchio in volo tra immagini e letterature,* Rossana Dedola e Mario Casari, ed. (Milano: Bruno Mondadori editore, 2008), 159–177.

6) 필립 아리에스, 『아동의 탄생』, 문지영 역 (새물결, 2003) 참조.

7) Harold B. Segel, *Pinocchio's Progeny: Puppets, Marionettes, Automatons and Robots in Modernist and Avant-Garde Drama* (Baltimore: The Johns Hopkins University Press, 1995), 315.

이를 전달하기 위해서 피노키오는 목각인형이며 아직 배움을 통해 인간은 아니지만 본성적으로 매우 선하게 유쾌하게 묘사된다. 그리고 이를 극복하고 삶의 교훈을 얻은 후에 제페토를 구하는 과정을 통해서 점차 목각인형에서 인간으로 변해간다. 현실의 긴장과 경계를 오가는 동화의 내러티브를 진행하면서 더 나아가 콜로디는 희망적인 결론을 제시한다.

반면 아이들은 이야기에 빠져든다. 콜로디의 피노키오는 교육자가 직접 개입하지 않고 말하는 메뚜기나 터키석 같은 머리카락을 지닌 요정을 통해서 교훈적 장면들을 구성하며, 이를 읽는 아이들에게 감정을 이입할 수 있도록 돕고 있다.

그림 5. 『피노키오의 모험』 (피렌체: 벨포라드 & 필리오, 1902)의 삽화 일부 (카를로 키오스트, A. 본지니의 삽화)

콜로디가 했던 일은 이탈리아 문화를 구성해왔던 역사적 정체성의 전승이면서 동시에 사회적 관계를 관찰하고 이를 재구성해서 쉽게 아이들에게 전달했다는 점에서 사회적 정체성의 문제도 함께 다루고 있다. 그리고 더 나아가 개인의 삶의 가치도 강조한다. 이 과정에서 피노키오는 배우지 못한 인간이 어려운 현실 속에서 지녀야 하는 가치를 전달하기 위한 은유였다.

12. 사라진 것들의 상상력: 로댕

1891년 로댕이 프랑스 문학 협회(Société des Gens de Lettres)에서 주문 받아 제작되었던 <발자크 상 *Balzac*>(그림 1)은 몸에 대한 매우 흥미로운 관점을 드러내준다. 1898년 로댕을 이 작품에 대한 모델을 공개했으며, 주문자였던 프랑스 문학 협회는 이 작품을 거부했다. 이 같은 상황 속에서 로댕은 이 작품을 통해서 작가의 실제 모습 대신 작가의 성격을 표현하려고 노력했다고 언급했다.[1]

그림 1. 오귀스트 로댕, <발자크 상>, 1891-98, 로댕 미술관.

1) Albert Edward Elsen, Auguste Rodin, Stephen Charles McGough, Steven H. Wander, *Rodin & Balzac: Rodin's Sculptural Studies for the Monument to Balzac from the Cantor, Fitzgerald Collection; an Exhibition,* Issue 15 (Cantor: Fitzgerald and Company, 1973), 58.

이 같은 상황이 일어났던 이유는 고대 로마 시대 이후 오랫동안 인물에 대한 기념조형물(monument)의 전통을 구성해왔던 실제 인물과 표현의 유사성을 벗어났기 때문이다. 또한 로댕의 발자크 상은 문학 작가를 설명해 줄 수 있는 펜이나 책처럼 디테일이 포함되어 있지 않았다. 이 조각을 멀리서 보면 일그러지고 만들다가 만 것 같은 얼굴과 몸을 관찰할 수 있고, 가까이에서 보면 작은 균열과 자국들이 드러난다.

이런 점은 프랑스 문학 협회가 이 작품을 거절한 이유를 알려준다. 로댕의 <발자크 상>은 실제 인물과 닮지 않았기 때문에 그를 실제로 기억했던 사람도 발자크인지 파악할 수 없었고, 모르는 사람들 입장에서 이 조각이 프랑스 문학의 거장이라고 생각하기도 어려웠기 때문이다.

그림 2. 오귀스트 로댕, <떨어지는 사람의 토르소>, 1882-1889.

이런 점은 로댕의 <떨어지는 사람의 토르소>(그림 2)를 통해서도 확인할 수 있다. 토르소는 이탈리아어(torso)로 팔 다리가 없는 인간의 몸통을 제작한 조각상을 의미하지만 시대마다 의미가 달랐다. 예를 들어 미켈란젤로와 산 갈로가 발견했던 것으로 알려졌고, 오늘날에도 많은 관람객을 맞이하고 있는 바티칸 박물관의 <벨베데레의 토르소 Torso di Belvedere>(그림 3)는 예술가를 양성하던 근대 교육 기관에서 가장 많이 연습했던 작품 중 하나였다.[2] 하지만 이는 완성된 작품이 아니라 부서진 작품이

2) A. D. Potts, "Greek Sculpture and Roman Copies I: Anton Raphael Mengs and the Eighteenth Century," *Journal of the Warburg and Courtauld*

었고, '유적'의 개념이 태동하던 시기 역사의 상상으로 이끌어주는 작품으로 기억되고 있다.[3] 이를 로댕의 미완성된 작품을 의도적으로 완성된 작품으로 보여주었던 사례와는 다르다.

그림 3. <벨베데레의 토르소>, 바티칸 박물관, 1430년 발견

오히려 르네상스 이후 로댕이 등장하기 이전까지도 많은 예술가들이 토르소처럼 과거의 부서진 조각들을 완성해나가는 데 심혈을 기울이는 경우를 더 많이 관찰할 수 있다.[4] 대표적인 작품 중 하나가 <라오콘 군상>이다. 작가와 시대에 많은 논쟁들이 있어왔고, 지금도 논쟁 중이지만 이 조각상이 역사 속에서 등장했던 것은 미켈란젤로에 의해서 1506년 로마의 콜레 옵피오에서 발견되었다는 기록이다.

결국 이 작품은 당대의 권력자였던 교황에 의해서 콜레 옵피오에서 벨베데레 정원에 놓여 졌으며, 그가 가져갈 수 있었기 때문에 이 작품은 당대 권력자의 상징성을 지니는 작품이 되었다. '벨 베데레(Belvedere)'는 이탈리아어로 경치가 뛰어난 곳이라는 의미를 지니

Institutes 43 (1980):150–173.

3) 유적 혹은 문화유산의 개념의 발전과 연관해서 베코의 논의를 참조. Marilena Vecco, *Sguardi incrociati sul patrimonio culturale: Francia-Italia. Politiche e strumenti per la valorizzazione del patrimonio culturale*, 17-25.

4) Roberto Pasqualetti, ed., *La poetica del restauro, arte, architettura e paesaggio* (Pisa: Edizione ETS, 2017), 8-27.

고 있으며, 일반적으로 도시를 조망할 수 있는 안전하고 경치 좋은 곳으로 시민들이 관찰할 수 있는 권력자의 공간들이 역사적으로 남아있다. 따라서 <라오콘 군상>은 이곳에서 시민들에게 도시의 권력자에 대한 정보를 제공하며 새로운 의미를 확장했다.

그러나 더 나아가 이 작품이 파손된 상태로 발견되었지만 역사 속 복원 과정에서는 늘 완결된 이미지로 보수되어왔으며, 이 작품이 복사되는 과정에서도 끊임없이 부서지고 사라진 부분들을 상상하며 미술가들이 채워갔다. <라오콘 군상>의 손이 들려있는 대부분의 작품은 트로이 전쟁에서 라오콘의 고통스러움보다 부당한 일에 대한 이교도 신에 대한 항의의 의미로 사용되었으며, 이로 인해서 괴테와 같은 대문호도 이 작품을 두고 인간의 존엄성을 다루는 명작이라고 설명하고 있다.[5)]

이 같은 역사적 복원의 사례는 부서진 파편성을 강조한다. 인체의 일부가 부서진다는 것은 구상미술에서 인체가 전달하는 정보들이 사라지는 것이지만 보는 감상자들은 이 작품을 보며 사라진 부분들을 상상하고 자신의 역사적 환영을 향해 나아간다.

또한 근대 말 영국의 미술 비평가였던 러스킨은 『베네치아의 돌』이라는 저서에서 유적을 완벽하게 수복해서 완결된 이야기를 만들어낸다면 과거를 보는 사람들의 상상력을 막고 더 이상 유적이 아니라는 생각을 피력하기도 한다.[6)] 이런 상황은 로댕의 구상 미술의 사회적 컨텍스트를 짐작할 수 있게 만들어준다. 미술품은 단순이 재현으로서의 이야기만 다루는 것이 아니라 미술품의 삶 속에서 사람들

5) J. W. Goethe, Sul Laocoonte, M. Cometa, trad. (Palermo, 1992), 94-102; M. Cometa, Il Laocoonte da Lessing a Schelling, in Laocconte 2000 (Palermo: Aesthetica Preprint, 1992), 40.

6) John Ruskin, The Stones of Venice (Boston: Da Capo Press, 1985) 참조.

에게 이야기를 전달하며, 더 나아가 그 안에 담긴 시간을 읽는 것은 보는 사람들의 상상력으로 채워지며 가치를 부여하는 것이다. 이 같은 상상력은 로댕의 토르소에 반영된다.

로댕은 처음으로 완성되지 않은 인체인 토르소를 완결된 작품으로 제작했다. 그리고 이를 통해 보는 사람 스스로 이야기를 상상할 수 있도록 기대할 수 있는 완성된 이야기를 파편화 시켰던 것이다. 이런 점 때문에 로댕의 작품은 매우 시적(詩的)이라고 할 수 있다.

이런 점은 로댕의 조각이 지닌 근대성을 드러낸다. 이미지는 그 자체로 보는 사람에게 호소력을 지니며 작품을 만들어낸 현실의 원본에 대한 정보와 별개로 독립적으로 이야기를 건네기 때문이다. 호메로스의 『일리아스』에 실려 있는 트로이의 목마에 대한 이야기가 <라오콘 군상>을 설명해주는 것과 달리 이 작품은 환기하거나 알아야 하는 이야기 없이 그가 빚어낸 손길과 형상을 따라 자신의 모습을 드러낸다.

이 같은 상황을 잘 이해했던 것은 동시대 로댕의 작품을 바라보았던 릴케와 같은 시인이었다.

> 마음을 떨리게 했던 모든 행복, 생각하면 우리를 거의 파괴하다시피 하는 모든 위대함, 그리고 폭넓게 변화하는 사상들 하나 하나 – 그런 정신적인 것 모두가 입술을 삐죽거림, 눈썹을 치켜올림, 혹은 이마 위에 드리워진 그늘에 지나지 않았던 순간이있었기 때문입니다. 그리고 입가의 표정, 눈썹 위에 그어진 선, 얼굴에 나타난 어둠 어쩌면 그것들은 예전에도 똑같이 존재하였을 것입니다. 어떤 동물 몸의 무늬나 절벽의 균열된 자리, 과일 거죽의 푹 패인 부분처럼 말입니다. 존재하는 것은 오직 하나의 표면, 수천 갈래로 움직이고 변화를 거듭하는 하나의 표면일 뿐입니다. 이런 생각 속에서 우리는 잠시 온 세계를 생각할 수 있습니다. 그리하여 이 세계는 단순해졌으며, 이렇게 생각했던 사람이 손안에 숙제로 놓이게 되었습

니다. 왜냐하면 어떤 것이 하나의 삶이 될 수 있는냐 없느냐 하는 것은 거창한 이념들에 의해 좌우되는 문제가 아니라 이념들로부터 손의 작업을, 일상의 일을, 사람이 죽을 때까지 계속할 수 있는 그 무엇을 마련해낼 수가 있는가에 달려있기 때문입니다.[7]

그의 경우처럼 동시대의 음악가였던 쇤베르크 역시 음의 파편을 효과적으로 활용했다. 그는 악보에 단편적인 음들을 구성하고, 재구성해서 통일성이나 연속성이 느껴지지 않는 음들을 활용해서 자신의 곡을 작곡한 바 있다.[8] 그리고 이는 가사에서 독립한 소리들 그 자체가 음악이 될 수 있다는 점을 명확하게 들려주었고 로댕이 근대 조각의 아버지가 되었던 것처럼 근대 음악의 아버지로 자신의 이름을 알렸다.

후대에 로댕에 대한 평론가였던 심멜이 <발자크 상>을 두고 설명했던 평론은 당대 예술에 대한 생각을 매우 효과적으로 드러내고 있다.특히 그는 로댕의 돌이 보여주는 형상이 재현이 아니라 형상의 변성이 만들어내는 여정을 따라가며 그가 만든 모든 형상이 쉬지 않고 무한히 뻗어있는 길의 여정에 잠시 멈춰져 있을 뿐리아고 평가하기도 했다. 그리고 이처럼 변화를 추구하는 존재의 유동성, 변성, 자신에 대한 끊임없는 혁신은 세기 말 예술을 둘러싼 사고방식에 있어서 공통적으로 발견할 수 있는 보편적인 생각이었고, 유겐트스틸이나 아르누보에서도 발견할 수 있는 것이었다. 로댕은 인간의 신체를 다룬 다양한 이미지에 매료되었으며 매우 부드럽고, 늘어지거나 고

7) Rainer Maria Rilke, *Rodin* (New York: Parkstone Press, 2012); 박숙영, 『로댕 그의 모더니티』, (창조문화, 2003) 참조.

8) Jeremy Begbie, Music, Modernity, and God: Essays in Listening (Oxford University Press, 2013), 177.

통스러워 보이는 자세들은 파도, 꽃, 나무처럼 신체가 그에게 전달하는 힘과 은총을 요약하고 있는 것이다.

> 꽃봉오리 같은 토르소의 부드러움, 가슴의 웃음, 머리와 머리카락의 반짝임은 자신을 산호 안에 가둔다. 다른 순간 신체는 덩쿨을 떠오르게 만들고 섬세하고 부드럽게 꼬인 신체는 관목처럼 다가선다. 다른 말로 하자면 인간의 신체는 용수철처럼 보이지 않는 화살을 쏘는 에로스의 아름다운 활처럼 놓여있는 것이다.[9]

그렇게 해서 구상미술의 몸이 다루는 경계는 무너졌다. 오랫동안 구상 미술은 미술의 대상이 되는 사물이나 사람들을 묘사해서 그에 대한 기억들을 담아왔다. 고대 그리스의 화려한 헬레니즘에서 르네상스 시대 미켈란젤로, 바로크 시대의 베르니니까지 뛰어난 미술가는 대상을 통해 그들의 이야기를 실어 나르며 사람들의 감동을 만들어냈다.

하지만 로댕의 작품은 "생각" 그 자체를 표현하고 있는 이미지이자 재료로 남아있다. 그리고 인간의 몸은 더 이상 관찰의 경계가 아니라 사람들의 상상력을 자극하는 매개체로 변하기 시작했고, 미술가들은 자유롭게 자신이 그 대상에서 느꼈던 자신의 감정을 질료를 통해서 다루기 시작한 것이다. 그는 발자크를 묘사하는 것이 아니라 발자크를 바라보는 자신의 생각을 담아냈다.

사람들은 이 낯선 미술품을 이해하는 데 어느 정도의 시간이 필요했고, 결국 이 작품은 로댕이 세상을 떠난 후 22년이 지난 후인 1939

---

9) George Simmel, "Rodins's Work as an Expression of the Modern Spirit(Rodin 1911)", *Rodin in Perspective*, Ruth Butler, ed. (Englewood Cliffs, N: Prentice-Hall, 1980), 128; 박숙영, 『로댕 그의 모더니티』, (창조문화, 2003) 참조.

년 6월 2일 브론즈로 본을 떴으며 몽파르나스 대로에서 처음으로 대중들에게 모습을 드러냈다.[10] 하지만 그의 새로운 미술에 대한 생각을 이해한 사람들은 전시와 연구를 위해 이 작품을 여러 점 복제하였고 오늘날 전 세계의 여러 박물관에 놓여있다. 이 이면에 로댕이 이 같은 새로운 미술에 대한 생각의 출발점은 그가 다뤄왔던 인체였으며, 이제 인체는 미술가의 감정의 질료로 자유롭게 변형되며 새로운 이야기를 생산하며 현대 미술의 새로운 길을 개척해나갈 수 있는 계기 중 하나를 제공하고 있다.

10) Penelope Curtis, Penelope Jane Curtis, *Sculpture 1900-1945: After Rodin* (Oxford University Press, 1999), 69.

13. 표현에 담긴 예술가의 시선과 상상력

로댕의 사라진 신체는 쾰른의 루드비히 박물관(Museum Ludwig)에 전시된 앤디 워홀(Andy Warhol)의 <직접 꾸며보세요 *Do it yourself*>처럼 보이지 않는 부분을 상상하게 만들어준다. 워홀의 그림은 퍼즐처럼 풍경을 묘사하고 있고, 일부는 색을 칠하고 다른 일부에는 일련번호를 매겨 놓았다. 따라서 관람자는 자신의 상상 속에서 일련번호의 색을 채워간다.

따라서 작가가 이야기를 만드는 것이 아니다. 이는 관람자의 상상력이 개입할 여지를 드러내고, 보는 사람의 관점을 통해 작품의 의미를 완성해나가고 있음을 보여준다.[1]

"아는 만큼 보인다."는 오랜 속담이면서 미술 분야의 통념처럼 관람자의 작품에 대한 몫에 대한 생각은 20세기 미술을 관통하는 중요한 특징 중 하나였고, 20세기 초 아방가르드 미술은 이 같은 변화의 출발점을 드러낸다.

20세기 전후 많은 예술가들은 눈앞의 대상을 재현하는 것을 넘어서 자신이 이해한 것을 그리고 자신의 관점을 재료에 담으려고 시도했다. 그 결과 시각적 표현은 문학적 번역 없이 예술가들이 고안한 새로운 시각 '언어'로 변해갔다.

예를 들어 마티스의 스승이던 구스타프 모로(Gustave Moreau, 1826-1898)는 미술 작품을 제작하는 과정에서 자연의 형상을 기억해야 하며, 이는 장식처럼 예술품의 정신과 관점을 손상하지 않을 만큼 충분히 인위적이어야 한다고 언급 했다.[2] 오늘날 근대까지 진

1) Kynaston McShine, *Andy Warhol: Restrospective* (New York: Museum of Art, 1989) 참조.

2) Gustave Moreau, *Écrits sur l'art*, Peter Cooke, ed. (Fontfroide: Biblioteca

행된 구상미술과 추상미술의 경계는 모호한 점이 있기는 하지만, 종종 현실을 변형하는 만큼 강조된 주관적 표현은 예술가의 생각을 드러낸다.

이 같은 특징은 세잔(Paul Cézanne, 1839-1906)의 정물화에서나 지루할 정도로 무겁고 느리게 그어졌던 그의 드로잉이 지닌 선에서 발견할 수도 있고, 반 고흐(Vincent Willem van Gogh, 1853-1890)의 반복되는 같은 굵기의 선이 만들어내는 리듬과 색의 병치가 드러내는 표현에서도 발견할 수 있다.[3] 이 같은 작품 앞에서 관람자들은 이 같은 작품을 보고 그 이면에 놓인 예술가의 감정과 표현이 만들어내는 느낌을 찾고 상상한다.

이 같은 점은 작품을 보고 이해하는 것뿐만 아니라 당대 예술가들 사이의 기록을 통해서도 확인할 수 있다. 예를 들어 후기 인상주의 화가 혹은 상징주의 화가로 알려진 폴 고갱(Paul Gauguin, 1848-1903)과 나비파(Nabis)에 속하는 폴 세르지에(Paul Sérusier, 1864-1927)는 이 같은 관점을 명확하게 전달해주는 일화를 남겼다.

연장자였던 고갱을 따르던 세르지에는 함께 그림을 그리면서 어떻게 하는 것이 그림을 잘 그리는 것인지 질문했다. 그러자 고갱은 세르지에에게 나무의 색이 무엇인지 물어보았고, 세르지에는 노란색이라고 대답했다. 그러자 고갱은 네가 지닌 가장 좋은 노란 색 물감을 선택해서 그림을 그려보라고 조언했다.[4]

이 일화에서 알 수 있는 것처럼 화가는 사물을 관찰하고, 보이는

---

artistica e letteraria, 2002) 참조.

3) Arnold, Wilfred Niels, *Vincent van Gogh: Chemicals, Crises, and Creativity* (Birkhäuser, 1992). 고흐는 재료의 가치와 연관해서 색의 선택이나 변화보다는 이를 활용해서 만들어지는 선들의 긴장감을 활용하려고 했던 것으로 보인다.

4) Gloria Fossi, *Dal realismo all'Art nouveau* (Firenze: Giunti, 2006), 148.

그림 1. 폴 세뤼지에, <부적>, 1888, 판화, 파리 오르세 미술관.

대로 그림의 표면에 옮기는 것이 아니었다(그림 1). 화가는 보이는 대상과 다른 "가장 좋은" 재료를 사용해서 대상에 대한 생각과 감정을 연금술사처럼 만들어가야 하는 것이다.

그리고 이 시도는 대상을 변형하고 감추며, 예술가의 관점을 표현하는 매체에 대한 연구로 나가며 예술가의 '독창적인' 시각언어를 만들어냈고, 이에 대한 이해와 감상을 요청하기 시작했다. 따라서 그의 관점에 대한 이해와 지식은 작품에서 보는 사람에게 생각하지 못했던 가능성을 드러낸다. 그리고 현실을 기준으로 변형된 부분이 만들어내는 상상력과 다시 결합되어 보는 사람을 기준으로 의미를 생산한다.

인간의 형상에 대한 자신의 감정을 색채와 선의 리듬을 통해서 탐색해나갔던 반 고흐에게 있어서 색은 대상에서 유래한 것이 아니자 자신의 주관을 표현하기 위한 시각 언어의 재료일 뿐이었다.

그는 생각을 표현하는 수단으로 붓 터치를 강조하기도 했지만, 더 나아가 색에 대한 그의 선호도를 표현한 바 있다. 고흐는 따듯한 활력을 전달할 수 있는 적색(Cadmium Red)과 대상의 분위기를 표현하기 좋은 코발트 블루(cobalt blue)와 같은 색을 좋아해서 당시 물감의 가격이 높음에도 불구하고 이 색을 활용했다. 특히 카드뮴 레드는 당시 매우 가격이 높은 물감임에도 불구하고 그는 그림의 암부를 표현하고, 색을 조율하며, 색이 지닌 감정을 활용하기 위해서 기꺼이 비용을 지불했다.

특히 반 고흐가 선호한 재료는 당시 인공적으로 염료를 석회에 착색해서 갈은 후 기름에 개어서 만든 불안정한 물감이 아니라 원 성분이 광물이었던 안료였다. 그는 변화가 많은 재료를 구입해야 했지만, 안정적인 재료를 더 선호하고 그 색의 가진 감정을 통해 자신의 주관적 표현을 만들어내고 싶어 했다.

대상이 아니라 매체인 재료와 재료에 대한 감정을 고려해서 만들어가던 예술가의 주관과 표현은 재료와 대상을 넘어 상상했던 형상을 표현하기 시작했고, 이는 새로운 미술을 이해하는 방식 중 하나가 되었다.

20세기 재료의 변형과 만들어지는 감정의 관계는 미술 분야에서 중요한 의미를 획득하며, 몸에 대한 표현들에도 이와 같은 생각들이 반영된다. 로댕의 작품에 주목했고, 인간의 심리에 관심이 많은 조각가였던 메다르도 로소(Medardo Rosso, 1858-1928)는 재료의 변형을 넘어서 자신이 본 대상에 대한 상상력 자체를 다루고 싶어 했다.[5]

5) Ardengo Soffici, "Il caso Medardo Rosso: preceduto da l'impressionismo e la pittura italiana" (B. Seeber, 1909) 참조. 이글에서 메다르도 로소는 종종 다른 친구들에게 자신의 관심은 재료를 잊게 만드는 방법을 찾는 것이라

그림 2. 메다르도 로소, <경제적 공간의 아이 *Bambino alle cucine economiche*>, 피렌체, 20세기 박물관 소장, 1892.

그는 밀랍을 사용해서 작업하는 것을 좋아했고, 열을 가해 표면이 녹아내리도록 만들면서 작품 표면이 만들어내는 질감의 이야기를 효과적으로 활용했다. 그리고 이를 통해 대상을 감추고 풍경처럼 제시한다(그림 2).

메다르도 로소의 몸은 시적이고 은유적이었지만, 같은 시기 인체의 변형에 대한 불쾌한 감정과 이를 바라보는 생각도 등장했다. 1906년 에른스트 엔치(Ernst Jentsch, 1867-1919)는 「불쾌한 심리에 관하여 *On the Psychology of the Uncanny*」라는 논문을 통해, 인간과 유사성을 지닌 대상이 단순히 흥미를 자아내는 것이 아니라 불쾌감이나 반감도 유발할 수 있다는 점을 분석했다.[6]

오늘날 "언캐니 벨리"(Uncanny Valley), 즉 인체와 닮아갈 때 등장하는 불안감은 나누어진 몸을 볼 때 강조되며 이탈리아의 과학자였

고 언급하곤 했다(A me, nell'arte, interessa soprattutto di far dimenticare la materia).

6) http://art3idea.psu.edu/locus/Jentsch_uncanny.pdf (2016. 1. 6일 검색)

던 루이지 갈바니(Luigi Galbani)의 죽은 사람에 대한 전기 실험을 소재로 발전했던 프랑켄슈타인(Flankenstein) 박사에 대한 이야기와 관점들을 환기시켜준다.[7]

1920년대 중반 한스 벨머(Hans Bellmer, 1902-1975)는 몸의 조합이 만들어내는 낯설고 불쾌한 감정에 집중한다. 그는 1차 세계 대전이 끝나고 새로운 절대적 현실(Surrealism)을 꿈꾸던 1926년 사진집 『인형들 *La Poupée*』을 출간했다.[8]

오늘날 많은 사람들이 초현실주의가 일반적으로 무의식을 다룬다고 생각하고 있지만, 이 단어의 의미는 의식과 무의식이 합쳐져서 만들어내는 절대적 현실이다.

처음으로 경험했던 대량 살상 전쟁으로서 1차 세계 대전은 사회가 지니고 있는 한계를 고민하게 만들었으며, 발전의 이상이 지닌 유토피아의 허구적 이데올로기 대신 이런 부분들을 동의하게 만든 사회적 문제로서 의사 결정 체계의 획일화 과정에 주목하게 만들어주었다. 그리고 이런 점을 극복하기 위해서 필요했던 것은 사회의 다양성에 대한 생각을 확장하는 것이었다. 이 과정에서 초현실주의자들은 사회를 극복하기 위해서 사물을 낯설게 보이는 방식들을 차용했다.

예를 들어 르네 마그리트(René François Ghislain Magritte, 1898-1967)의 <피레네 산맥의 성 *Le chteau des pyrenees*>(1959)은 이를

7) Sharon Ruston, *Shelley and Vitality* (Basingtoke: Palgrave Macmillan, 2005); Carolyn Williams, “Inhumanly Brought Bach to Life and Misery: Mary Wollstonecraft, Frankenstein, and the Royal Humane Society,” *Women's Writing*, 8.2(2001): 213–34.

8) Céline Masson, *La fabrique de la poupée chez Hans Bellmer* (Paris: éd. L'Harmattan, 2000); Steven T Brown, "Machinic Desires: Hans Bellmer's Dolls and the Technological Uncanny in Ghost in the Shell 2: Innocence," *Mechademia*. 3.1(2010): 222-253.

바라보는 관람객에게 상상의 나래를 불러일으키며, 작품을 보고 나온 하늘을 바라보며 또 다른 상상을 시작할 수 있도록 만들어준다.

이런 점은 하늘을 다양한 방식으로 사유하게 만든다는 점에서 초현실주의자들은 현실과 다른 마법 같은 상황들을 제시함으로써 현실을 다시 보게 만들어주며 이를 통해서 현실을 개선해나갈 수 있다고 생각했다.

벨머의 경우도 마찬가지였다. 그가 제시한 사진 속의 인체는 마치 분리된 모자이크처럼 재구성되어 인간과 유사하면서 동시에 낯선 감정의 대극 속에 긴장감과 불쾌함을 불러일으키는 풍경으로 변한다. 그 결과 벨머의 인형들은 공포 영화의 한 장면처럼, 그리고 때로는 과학 수사대 앞에 펼쳐진 난제처럼 등장한다.

이와 관련해서 벨머는 이 같은 낯선 풍경이 인체를 다시 보게 만들어준다고 설명한다. 그는 인간의 몸이 나누어질 수 있는 문장과 같고, 이 안의 글자를 바꾼다면 몸의 일부는 오히려 몸의 의미를 더 잘 사유할 수 있다고 주장했다.[9)]

그는 인체의 해부학을 재생산하지만 해부학의 외형이 아니라 살이있고 내밀한 더 나아가 충동적인 느낌을 만들어내는 신체를 표현하고 이를 본 사람들에게 눈을 감고 싶은 불쾌감을 만들어낸다. 유희적이고 고통스럽고 욕망과 즐거움이 놓여있는 것이다. 더 나아가 에로틱한 몸은 충동적인 육체로 변한다.

이를 위해 그는 이미지를 키우고 재배열하며 섞고 제거한다. 분리된 부분들은 각각 다른 부분들을 기억할 수 있는 기관이나 부분들로 제시된다. 벨머에게 이런 점은 매우 주관적이었다. 그는 이런 작업이 열정이나 더 나아가 욕망으로 지진이 일어난 것처럼 어지러움을

---

9) Peter Webb and Robert Short, *Death, Desire and the Doll: The Life and Art of Hans Bellmer* (Gardena: Solar Books, 2006), 19-21.

만들 정도 였고, 해부학적 분리와 조합의 가능성 속에서 인위적으로 대상에 대한 감정을 표현한다고 설명하기도 했다.

이는 아리스토텔레스가 언급한 것처럼 사물의 외부가 아니라 사물의 내부를 생각하는 것이 예술이며, 이는 사물의 의미들을 추적하며 생각을 만들어내기 시작했다는 사실을 알 수 있다. 인체는 묘사의 대상이 아니라 인체에 대한 생각을 표현하기 위한 관점이 형상화되고 있으며, 대상 이면의 의미를 탐색한다는 점에서 과학과도 유사성을 지니고 있는 것이다.

나가는 말

세계를 이해하는 감각의 통로이며 주체이자 연구 대상인 인체는 이 같은 함의와 가치 때문에 여러 학문 분야의 접점을 구성한다. 인체는 과학 분야의 연구 대상이면서 구상 미술이나 사진, 영화처럼 이야기를 서술하는 매체의 성격을 지니고 있고, 이를 둘러싼 지식은 철학, 문학, 인류학, 고고학 및 역사에서도 활용된다. 또한 공학자들의 발명이나 삶의 편의를 다루는 분야라면 어디에서나 고려의 대상이기도 하다. 이런 점을 본다면 인체는 여러 분야의 접점을 구성하기 때문에 융합이 강조되는 오늘날의 필요성만큼이나 계몽주의 시대 학문의 전문성이 분기되고 대학 교육과 같은 사회적 교육과 제도가 구성되기 이전에 인체를 다루며 생산했던 사례들을 연구를 통해 검토할 필요가 있다. 이는 오늘날 현대인들이 지닌 지식의 범주와 사유의 기원을 탐색하는 것이며 더 나아가 능동적으로 삶을 변화시킬 수 있는 혁신적인 시도 속에서 연구자가 속한 사회의 발전을 이끌어낼 수 있는 토양을 검토하고 시사점을 찾는 작업이라는 점에서도 연구의 의의가 있다고 생각한다.

특히 이 같은 관점에서 시기적으로 근대의 상황을 살펴보는 것은 현대의 여러 지식의 상황을 검토하는 과정에서 유용한 점이 있다. 찰스 퍼시 스노(Charles Percy Snow)가 1959년 케임브리지 대학교의 리드 강연을 통해서 과학자와 문학가의 문화가 지닌 단절 현상에 대해서 이야기를 했고, 이를 토대로 같은 해에 출판했던 『두 문화와 과학 혁명 *The two cultures and a second look*』이 제기했던 질문이자 논제는 오늘날 과학과 인문학의 문화가 서로 지닌 서로 다른 태도가 사회적 발전에 도움이 되지 않기 때문에 관용적으로 동시대의 문화로서 교감하고 각 분야를 존중하며 동시대의 문화(modernity)를 이해하고 시너지 효과를 지닐 수 있는 새로운 방향성을 찾아야 한다는 점이었다. 성 베르나르두스가 언급한 유명한 비유였던 "거인의 어깨위에 앉은 난장이"는 전통 위에 있는 현대인들이 더 멀리 볼 수 있다는 점에서 동시대의 변화가능성이 무궁무진하다는 것이었다. 이 같은 비유는 오늘날에도 적용되며 근대에서 현대로 이어지는 지식과 이를 바라보는 사람들의 생각을 살펴보는 것이 유용하다는 점을 알려준다.

무엇보다 근대가 지닌 가치는 근대 초부터 전문 분야가 분기되었던 계몽주의 시대까지 인체와 관련성을 맺고 있는 여러 학문 분야는 활발한 상호작용을 보여주었고 대상을 보는 다양한 관점은 지식의 발전을 이끌었다는 점에 있다. 예술의 발전과 과학 혁명처럼 현대인의 삶을 변화시키고 높이 평가를 받는 근대 변화들이 만들어질 수 있었던 이유는 1) 고대부터 중세까지의 유기적 세계관의 전통(직관)과 2) 이를 검토하기 위한 현실의 관찰과 서사의 문화가 발전하면서 3) 세계에 대한 논리적 이해를 시도했기 때문이라고 생각한다. 그리고 이 같은 시도가 이뤄질 수 있었던 것은 근대가 전통과 혁신의 과정에서 발전해나갔던 상황은 직관과 논리의 긴장감은 여러 학문 분야에 활기를 불어넣으며 지속적으로 지식을 생산하고 학문의 사회적 필요에 따라 지식을 응용할 수 있는 유동성을 통해 변화에 적응할 수 있는 동력을 가지고 있었기 때문이다. 하지만 오늘날 20세기 이후의 상황을 본다면 근대 말 여러 분야의 분기와 이 과정에서 얻은 학문적 성과들로 인해 학문의 분류체계가 고정되고 학문 간 상호작용이 줄어들었다는 점이다. 이는 학문과 삶의 거리를 넓히는 원인이 되었고 공유하기 힘든 인문학과 과학의 다른 문화를 만들어냈다. 따라서 이 같은 현실을 극복하고 독자적이고 삶에 유용한 근대의 동력을 잃지 않기 위해서는 학문의 관계성을 이어주는 역사적 사례들을 검토할 필요가 있었다.

특히 근대 초 등장한 해부학은 이 같은 상황을 잘 보여주는 사례 중 하나였다. 해부학은 인체를 중심으로 고대와 중세에서 전승된 지식 체계, 대학의 등장으로 인한 지식의 연구와 교육을 위한 제도의 발전과 자율성, 기존의 지식 체계에 대한 검증을 위한 관찰과 서술의 문화에서 시작할 수 있었고, 병원이 제도화되면서 강조되기 시작했던 의학적 치료와 메시지의 전달을 목적으로 인체를 다루던 의학과 미술에 대한 사회적 유용성에 대한 공감대를 토대로 발전했다.

또한 두 분야 모두 인체의 내부를 나누어 가며 구조와 각 부분의 기능을 이해하는 것이 중요하다는 점을 공유했다. 해부학의 접근 방식은 의과학 분야에서 인간의 치료 가능성을 높여주었고, 미술 분야는 이를 응용하여 관람자가 몰입 가능한 보편적 인체에 대한 표현과 묘사를 발전시킬 수 있었다.

이는 각각 과학 분야는 논리를 다루고 예술 분야는 직관을 다룬다는 우리 시대의 사회적 편견을 만들어내기도 한다. 그러나 직관적 질문이 없다면 과학 분야의 논리를 위한 가설을 만들어내는 데 어려움을 겪고, 바라보는 인체에 대한 논리적 지식이 없다면 미술가가 직관적으로 대상에 대한 자신의 관점을 표현하는 것도 쉽지 않다.

의과학 분야는 인체를 보는 과정에서 변화되는 대상에 대한 지식을 위해 현실을 관찰하고 묘사하는 미술이 필요했고, 미술은 구상 미술이 주도하던 당시 더 효과적으로 감동과 몰입도를 높이기 위해서 인체에 대한 지식을 충분히 인식하고 있었다는 점에서 해부학에 대한 관심을 가지고 있었다. 인체가 만들어낸 공유된 접점은 두 분야의 발전과 전문성을 강화시켜나가는 토대가 되었던 것이다.

특히 근대 전반에 걸쳐 이탈리아에서 지속적으로 생산되었던 해부학 서적의 삽화들은 의과학자의 텍스트를 위한 미술가의 작업으로 유명한 미술품의 형상을 빌려 인체를 설명한다. 베살리우스의 삽화에서 베렌가리우스나 이후 에틴엔의 의학 서적의 삽화에서 관찰할 수 있는 이 같은 공통점은 새로운 지식이 변화시킬 수 있는 의사의 역할을 강화할 수 있는 해부학 극장과 같은 시도처럼 지식을 생산할 수 있는 방법에 대한 사회적 윤리적 공감이 선행되어야 할 필요가 있었기 때문이다. 실제로 유명한 미술품을 빌려서 인체의 구조를 설명하는 소통 방식은 당시 종교에서 강조하던 죽은자에 대한 배려 같은 윤리적 쟁점을 벗어나게 만들어주었다는 점에서 자유로운 연구 풍토를 만들어낼 수 있었고 이는 다시 인간의 치료에 대한 가능성을 높여주며 인류의 역사에 기여했다. 또한 변해가는 인체에 대한 정보를 시각적으로 고정하고 이 같은 지식을 공유했던 미술가들에게는 이 같은 해부학 서적이 만들어내는 작품과 인체의 새로운 지식이 만나 과거의 작품을 복제하며 배우던 당대의 도제 교육에 도움을 주었을 뿐만 아니라 더 나아가 현실을 이해하고 응용할 수 있는 지식의 틀이 되어 새로운 표현들을 제안할 수 있는 출발점을 구성했다. 레오나르도와 미켈란젤로처럼 의사와의 협업 속에서 이들은 르네상스 시대의 문화를 발전시켰고 보이는 인체뿐만 아니라 생각을 표현할 수 있는 인체의 지식을 통해 새로운 시각 매체의 발전에도 기여했다.

결과적으로 이 같은 인체에 대한 관심과 지식의 공유를 가능하게 만들어 주었던 의사와 미술가의 협업 과정에서 의사와 미술가는 모두 현실의 이면을 다룰 수 있게 되었다. 의사들은 인간의 표피를 통해 내부를 상상하고 조합해서 의미를 찾아갔고 미술가는 이를 통해서 눈에 보이는 캐릭터를 고안한 것이다. 레오나르도 다빈치와 카라치로 이어지는 캐리커처는 현실에 없는 생각을 표현하는 대상으로서 새로운 인체를 구성하는 과정을 보여주며 이는 미술사가로서 과학 분야에 대한 관심을 지속적으로 지니고 있었던 영국 미술사가인 마틴 캠프가 언급했고 기술했던 『보이는 것과 보이지 않는 것』과 같은 저서에서 다룬 현상과 해석의 관계를 구성하며 두 분야가 각각 전문화되는 데 기여했던 것이다.

이처럼 근대 이 같은 해부학이 서로 다른 목적 속에서 의학과 미술 분야의 전문화를 끌어냈다면, 이는 더 나아가 두 분야를 벗어나 새로운 분야의 새로운 생각을 만들어냈다. 해부학이 다루는 죽음의 표상은 신학과 의학의 긴장감은 인체에 대한 관심이 삶에 대한 새로운 생각들로 이어지고 있었다는 사실은 최초의 다색 해부학 밀랍 모델을 제작했던 가에타노 줌보(Gaetano Zumbo)의 사례를 통해서 발전할 수 있다. 줌보는 예수회 수도사였지만 동시에 바니타스와 같이 죽음 앞에선 인간의 윤리적 감정을 통해 삶의 의미를 전달하면서 동시에 의학 분야에서 요청하는 과학적 지식을 입체적으로 관찰할 수 있도록 만들어주었다. 그의 해부학 밀랍 모델은 평면에서 표현된 삽화의 한계를 넘어 입체적으로 인체를 이해할 수 있는 출발점을 제공했다는 점에서 의학 분야의 지식이 발전하는 또 다른 계기였다. 하지만 동시에는 그는 수도사이며 예술가였다는 점에서 신체의 내부와 사회적 논의를 확장할 수 있는 계기로서 자신의 작품을 구성했고 이는 사회적 담론의 수단으로서 시각적 매체의 가치를 확장시켜준다. 또한 줌보를 이어 다색 해부학 밀랍 모델을 전 유럽으로 수출하는 데 성공했던 클레멘테 수지니(Clemente Susini)의 사례 역시 과학 지식의 전달과 동시에 당대의 도덕적이고 윤리적인 감정을 환기하고 있다는 사실을 보여준다. 그러나 인체가 의과학의 테마가 되어가는 만큼이나 고대 플라톤에서 성 아우구스티누스를 거쳐 구분되었으며 인체에 상응하던 영혼(anima)이나 정신(mind)의 개념도 과학의 테마가 될 수 있다는 생각도 등장했다. 이는 철학 분야의 현상학과 같은 시도들로 나타났지만 미술품 감정의 전통에 응용되며 조반니 모렐리(Giovanni Morelli)와 같은 미술품 감정분야의 발전을 이끌어냈다. 그는 미술 작품에서 원작자가 중요하게 여기지 않은 부분들에서 반복되는 실수를 통해 원작자를 확인하는 데 성공했고, 이 같은 관점은 이탈리아의 미술사가였던 카스텔누오보의 주장처럼 단순히 미술 분야에만 멈춰있었던 것이 아니라 코난 도일의 홈즈에 대한 시리즈처럼 범죄심리학과 프로이트의 정신분석학의 문화를 연결시켜주는 생각이었다. 보이는 부분을 넘어 다른 사람이 보지 못하는 부분들이 현실에 대해 새로운 정보를 준다는 점에서 이 같은 시도는 보니는 것과 보이지 않는 것 사이의 연결 속에서 새로운 지식과 정보의 가치를 드러내며 현실을 변화시키는 또 다른 동력을 제공한 것이다. 모렐리의 사례처럼 인체를 보는 관점이 과학과 예술 분야로 변화되고, 지식과 감정을 다루는 분야로 분기되는 것 같은 인상을 주지만 지식과 이를 바라보는 문화적 시선이 결합되고 사회적 공감과 유용성을 부여받는 순간 각 분야의 상호 관계는 사회를 발전시키는 또 다른 계기로 변화된다. 새로운 지식과 관점의 교환 속에서 인간은 현실을 해석하는 상상력을 토대로 사회적 변화와 혁신을 만들어내는 것이다.

저술에서 다루었던 울리세 알드로반디의 사례는 이 같은 과정이 단순히 특정 분야에 머무르지 않는 다는 점을 알려준다. 그는 의과학자이자 수집의 역사에서 중요한 역할을 담당한 인물이었지만 그는 인체의 해부학적 구조를 이해했고 이를 새로운 화석에 적용하며, 당시 신대륙에서 유입된 새로운 동물의 뼈를 구조적으로 연결해서 과거 사라진 켄타우로스나 용과 같은 상상의 동물이 실존했을 가능성을 연구했다. 오늘날 본다면 이는 비과학적 접근처럼 보이지만 아는 지식과 사례의 연결을 통해 현상을 역사적으로 소급한다는 사실은 다윈의 진화론을 구성하는 전제 조건이기도 했다. 그는 또한 지식의 분류에 대한 사회적 필요성에 따라 자신이 기능한 연구와 컬렉션이 시대의 흐름 속에 변화될 수 있다는 것을 인정하고 미래에 기증받을 다른 사람의 컬렉션과 합쳐질 수 있는 가능성을 제공하며 동시에 지식의 공공성을 부여했다는 점에서 공공 도서관, 아카이브, 박물관의 문화에도 영향을 끼쳤다.

이 사례는 더 나아가 지식이 삶과 역사를 바라보는 상상력을 만들어냈고, 이런 점이 사회적 메시지로 이어지는 과정을 보여주었다. 이 같은 사례는 인체의 내부와 해부가 보여주는 죽음의 두려움이 바니타스와 같은 문화적 소재나 종교적 봉헌물에 영향을 끼쳤던 부분에서도 확인할 수 있지만, 인간의 육체가 과학적 연구 대상으로 변화되는 만큼이나 인체에 상응하는 영혼이나 속성에 대한 은유적 표현들이 사회 윤리적 요소와 결합되기도 했다. 인간의 영혼을 거울을 통해 다루는 과정이나, 골상학처럼 인간의 감정을 분류하고 이를 적용해서 현실에 없는 캐릭터를 만들어내고 공연에 적용하는 과정들은 문화적 생산물로서 –연구 범위나 가설에 바탕을 둔 과학 분야는 아니지만 – 사회 구성원들의 관계에 개입하고 공유되면서 사회적 정체성에 영향을 끼쳤다.

페르소나의 개념과 코메디아 델 아르테(Commedia dell' Arte), 그리고 베네치아의 축제는 인간의 정신과 얼굴 표정의 변화를 토대도 가면으로 구성한 캐릭터의 교환이 서로 다른 사회적 계급의 긴장감을 줄이는 데 기여하고 있다는 사실을 보여주며 피노키오의 사례는 인체에 대한 환영이 어려운 현실에서 살아가는 아이들에게 쉽게 교훈을 전달하기 위해서 유용하다는 점을 알려준 것이었다. 이는 전통에서 물려받은 유산이 사회적 관계에 개입하고 동시대의 성격을 구성해나가는 과정이라는 점에서 의미를 부여할 만한 사례였다.

앞서 언급한 여러 가지 사례들은 과학과 문화의 분야가 서로 다른 전문성을 지니고 각각 발전해왔지만, 역사가 보여주는 것은 서로 다른 입장을 취하고 있는 두 분야가 사회적 맥락 속에서 상호 영향 속에서 사회적 공감을 토대로 각 분야에 대한 유용성을 제공하고 이 부분이 각 분야의 발전에도 중요하다는 점을 충분히 보여주었다.

특히 예술 분야는 해부학이나 미술 감정처럼 직접 영향을 받거나 각 분야의 전문성에 대한 관점들을 생산하며 사회적 담론을 생산하며 이 과정에서 만들어지는 상상력과 문화적 산물과 새로운 삶의 양식들을 구성해나간다.

근대의 유산은 상상력과 새로움을 위한 생각의 틀을 발전시켜주기 때문이다. 인체에서 촉발된 인체에 대한 지식의 구조는 인체를 해석하고 응용하는 과정에서 다양한 분야에 영향을 끼치며 더 나아가 사람들의 생각과 감정을 표현하는 매체의 특성을 드러내준다. 이와 연관된 사례들 중 하나가 로댕이나 메다르도 로소와 같은 예술가들이며 주관을 표현하기 위해서 현실의 변형을 요구하며 변형되는 만큼 주관적인 표현들로 이어진다는 점에서 이는 현대 문화의 흐름으로 이어지는 모습을 보여준다. 또한 인체의 구조는 인체의 확장으로 이어진다는 점에서 처음에는 오토마타와 같은 스스로 움직일 수 있는 공학적 구조에 대한 생각으로, 이는 이후 장애인에게 도움을 줄 수 있는 의학 분야의 공학적 생산물을 만들어내기도 하고 영화에 등장하는 새로운 상상력을 부여하기도 한다.

따라서 본 연구를 통해서 확인할 수 있었던 것은 계몽주의 이전의 역사 속에서 인문학과 과학이 만들어내는 활발한 상호작용은 서로 다른 장소와 시간 속에서 사회적 유용성과 재미를 구성하며 새로운 지식의 발전으로 이어진다는 점이다. 그리고 이는 각 분야가 구조화되고 정해진 결론을 이끌어내는 상황 보다 여러 분야의 접점들에 대한 탐색이 오히려 새로운 지식에 대한 직관적 사유와 이를 보완하는 논리적 사유를 구성하고 사회에 응용하며 사회적 관계와 담론을 구성하고 있다는 점에서 융합에 대한 가치를 드러낸다고 볼 수 있다.

연구자가 학문 간의 접점을 구성하는 인체에 대한 생각에서 나아가 독자들에게 제시하고자 했던 점은 인체에 대한 입체적이고 다양한 관점에 대한 고찰이 오늘날 학문 분야의 수많은 연결 고리들 중 하나가 될 수 있다는 것이었다. 연구자는 이 같은 주제의 사례 연구가 인류의 역사를 이해할 수 있다는 점에서 문화사를 관통하는 테마 중 하나로서 그 자체로 가치가 있지만 더 나아가 찰스 스노가 이야기했던 직관과 논리의 서로 다른 태도를 연결하고 관용적인 태도를 취하는 것만으로도 새로운 학문적 방향성을 설정하고 서로 다른 우리 시대의 연구자들에게 새로운 연구 방향의 시사점을 제공할 수 있다고 생각한다. 어떤 인문학적 사유도 현실에 대한 지식에서 벗어나지 않고, 과학적으로 검증 가능한 논리적 사유 역시 직관적 가설과 적절한 방향, 사회적 공감이 없다면 그 성과와 응용에서 한계를 가질 수밖에 없기 때문이다. 직관과 논리를 분리해서 생각하고, 각각의 분야에서 연구를 진행하며 서로 다른 태도를 지니고 상호 연구의 가치를 판단하는 것은 오히려 과거 지식에 대한 구조에 연구자 스스로를 가두는 것과 마찬가지일 것이다. 오히려 융합에 대한 시도는 역사적 전통에서 받은 지식의 유산과 이에 대한 입체적 해석 속에서 새로운 학문적 가치를 정립해나가는 과정이자 더 나아가 사회적 관계에 대한 개입과 소통을 통해 완성될 수 있다.

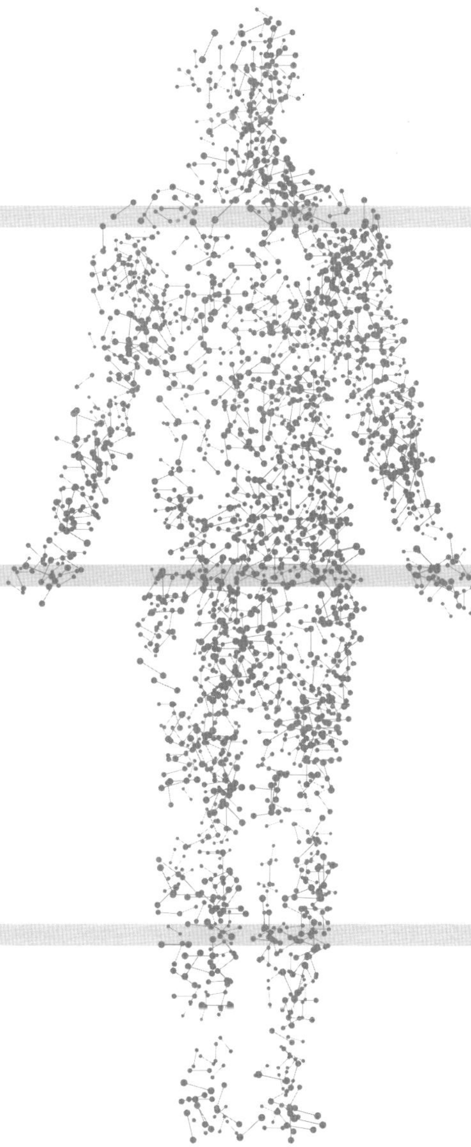

참고문헌

그림목록

참고문헌

김숙영, 「얼굴의 비밀, 프란츠 사버 메써슈미트의 <캐릭터 두상> 연구」, 『서양미술사학회』, 36 (2012): 33-59.

레온 바티스타 알베르티, 『알베르티의 회화론』, 노성두 역 (사계절: 1998).

르네 데카르트, 『정념론』, 김선영 역 (문예출판사, 2013) 참조.

박숙영, 『로댕, 그의 모더니티』, (창조문화, 2003).

에르빈 파노프스키, 『인문주의 예술가 뒤러』, 임산 역, 한길아트: 1998), 307-321.

움베르토 에코, 『중세 I』, 최병진, 김효정 역 (시공사, 2015)

윤선구, 「라이프니츠의 로크 비판에 관한 연구」, 『철학』, 73 (2002): 101-126.

전주홍 외 7인, 『마음의 장기 심장 - 인간에게 심장이란 무엇인가』, 바다출판사: 2016.

전주홍, 최병진, 『의학과 미술 사이』, 일파소, 2016.

정은진, 「해부학이 미술을 만날 때, 안드레아스 베살리우스의 인체의 구조에 대하여」, 『미술사학보』, 38 (2012): 184-211.

조르조 바자리, 『르네상스 미술가평전1』, 이근배 역 (올재: 2017), 451.

찰시 퍼시 스노, 『두 문화』, 오영환 역, 사이언스북스, 2001.

최병진, 「르네상스 예술 장르의 상호 관계성과 시각 문화」, 『이탈리아어문학』 40, (2013): 241-278.

______, 『미술사와 미술감정』, 일파소: 2014.

「피에로 델라 프란체스카의 <그리스도의 책형>에 대한 도상학적 해석과 대수적 사고」, 미술이론과 현장, 18(2014): 33-61.

______, 「기호에서 드로잉으로: 바로크 삶의 재현 – 가시성의 기준과 재연된 기호들」, 『이탈리아어문학』, 43(2014): 421-445.

______, 「브론치노의 <성 바르톨로메오>와 피렌체 매너리즘 유파의 해부학적 관점」, 『미술사연구』29 (2015): 317-340.

______, 「메디치 컬렉션의 자전과 계몽주의 시대의 공공성 – 우피치 미술관을 중심으로」, 『서양미술사학회논문집』, 42(2015): 171-197.

______, 「근대 초 해부학의 발전과 시각적 사유: 미술과 의학의 학제 간 상호연관성」, 『미술이론과 현장』, 20(2015): 33-60.

______, 「울리세 알드로반디(Ulisse Aldrovandi) 컬렉션의 원본과 자전(自傳): 컬렉터의 의도와 백과사전적 박물관에 끼친 문화적 영향」, 『외국학연구』 37 (2016): 511-533.

______, 「인체의 고안: 18세기 스페콜라 박물관의 해부학 밀랍모델」, 『한국영상학회 논문집』, 14:5 (2016): 53-65.

______, 「가에타노 줌보의 해부학 밀랍 모형 – 죽음의 모티브에 관해서」, 『서양미술사학회』,47 (2017): 127-152.

______, 「모렐리의 방법론: 미술과 과학의 '융합'에 대한 역사적 사례연구」, 『Contents Plus』 15(2017): 23-40.

최병진, 김정한, 「레오나르도 다빈치의 드로잉과 시각적 사유」, 『이탈리아어문학』, 46(2015), 238-311.

칼 야스퍼스, 『정신병리학 총론 1』, 송지영 외 7인 역, 아카넷: 2014.

필립 아리에스, 『아동의 탄생』, 문지영 역 (새물결, 2003) 참조.

Ackerknecht, Erwin H. A Short History of Psychiatry. New York: Hafner

Publishing Company, 1968.

Alberti, Leon Battista. De pictura, trans. Ceci Grayson. Roma, Bari: Laterza, 1975.

Alberzoni, Maria Pia & Onorato Grassi. ed. La Carità a Milano nei secoli XII-XV: atti del convegno di studi, Milano, 6-7 novembre 1987. Milano: Jaka Book, 1989.

Aldrovandi, Ulisse. De animalibus insectis libri septem. Bononiae: 1602.

Amati, Girolamo et all. Bibliografia romana. Notizie della vita e delle opere degli scrittori romani dal secolo XI fino ai nostri giorni, vol. 1. Roma: Eredi Botta, 1931.

Arena, Leonardo Vittorio. La filosofia di Novalis, Milano: Franco Angeli, 1987.

Armogathe J.-R. & G. Belgioioso. eds. Les passions de l'ame par René Des Cartes, Paris, chez Iean Guinard, 1650, rist. anast.: Lecce, Conte Editore, 1996.

Asmus, John F.; Parfenov, Vadim; Elford, Jessie "Seeing double: Leonardo's Mona Lisa twin," Optical and Quantum Electronics, 48. 12 (2016): 555.

Baggerman, J. Arianne & Rudolf M. Dekker, Michael James Mascuch. Controlling Time and Shaping the Self: Developments in Autobiographical Writing Since the Sixteenth Century. BRILL. 2011.

Bandinelli, Ranuccio Bianchi. Enrico Paribeni, L'arte dell'antichità classica. Grecia. Torino: UTET Libreria, 1986.

Basile, Giambattista. Il cunto de li cunti. Torino: Einaudi, 2002

Battistini, Matilde. Simboli e Allegorie, Milano: Mondadori Electa, 2002.

Beare, Walter. I Romani a teatro. Bari-Roma, Laterza, 1986.

Begbie, Jeremy. Music, Modernity, and God: Essays in Listening. Oxford University Press, 2013.

Behler, Ernst. German Romantic Literary Theory. Cambridge: Cambridge

University Press, 1993.

Bejczy, István Pieter. Virtue ethics in the Middle Ages, commentaries on Aristotle's Nicomachean Ethics, 1200-1500. Leiden: Brill, 2008.

Bernardini, Paola Angeli."L'inno primo di Pindaro e la sua destinazione cultuale," Paideia: rivista di filologia, ermeneutica e critica letteraria, LXIV, 2009, 24-26.

Bertrand, Gilles. Histoire du carnaval de Venise, XIe-XXIe siècle. Paris: Pygmalion, 2013.

Bing, Gertrude. "A. M. Warburg," Journal of Warburg and Courtauld Institutes, 28(1965): 310.

Black, Robert. "The article reviews the book 'The Egnigma of Piero' by Carlo Ginzburg," Oxford Art Journal 9:2 (1986): 67-71.

Blanckenhagen, Peter H. von, "review of Die Skulpturen von Sperlonga by Baldassare Conticello and Bernard Andreae," American Journal of Archaeology 80:1 (1976): 99–104.

Bonati, Maurizio Rippa & Jose Pardo Tomas. Il teatro dei corpi: le pitture colorate d'anatomia di Girolamo Fabrici d'Acquapendente. Milano: Mediamed, 2004.

Bora, Giulio. I disegni della Collezione Morelli. Milano: Credito Bergamasco: 1988.

Boreri, A. G. Studio storico-critico. Piacenza, 1938.

Bragaglia, Anton Giulio ed. Commedia dell'arte: canovacci della gloriosa commedia dell'arte italiana raccolti e presentati da Anton Giulio Bragaglia. Torino: Il Dramma-SET, 1943.

Brandt, K. Weil-Garris. "Sogni di un Cupido dormiente smarrito," Giovinezza di Michelangelo (Firenze, 1999), 315-317.

Brown, Steven T. "Machinic Desires: Hans Bellmer's Dolls and the

Technological Uncanny in Ghost in the Shell 2: Innocence," Mechademia. 3.1(2010): 222-253.

Brunon-Ernst, Anne. ed. Beyond Foucalut: New Perspectives on Bentham's Panonticon. London: Routledge, 2012.

Bugge, Anders Ragnar. Norwegian Stave Churches. Oslo: Dreyer, 1953.

Burkert, Walter. Da Omero ai Magi. La tradizione orientale nella cultura greca, Padova: Marsilio, 1999.

Bury, John Bagnel. The Idea of Progress: An Inquiry into Its Origin and Growth. Macmillan, 1920.

Bussagli, Marco. "A misura d'uomo. Leonardo e l'Uomo vitruviano (rubrica Dentro il quadro)", In Art e Dossier, 146 (giugno 1999): 17-20.

Bussanich, John. The One and its Relation to Intellect in Plotinus. Leiden: Brill, 1988.

Butler, Ruth. ed. Rodin in Perspective. Englewood Cliffs, N: Prentice-Hall, 1980.

Calabrese Omar et all. eds. Piero teorico dell'arte. Roma: Gangemi, 1985.

Calvi, Girolamo Luigi. Notizie sulla vita e sulle opere dei principali architetti, scultori e pittori che fiorirono in Milano durante il governo dei Visconti e degli Sforza, II. Milano: 1865.

Campus, Allesandro. "Ex voto come fine, ex voto come mezzo," Rivista di Studi Fenici, 25(1997): 69-77.

Cappelletti, Lorenzo. Gli affreschi della cripta anagnina iconologia. Roma: Editrice Pontifica Universita Gregoriana, 2002.

Carlino, Andrea. "Frammento, artificio e ricomposizione: l'anatomia del particolare e la medicina dell'eta barocca", Visioni anatomiche, le forme del corpo negli anni del Barocco. Andrea Carlino et all. ed. Milano: Silvana, 2011.

Carlino, Andrea. la Fabbrica del Corpo, Libri e dissezione nel Rinascimento. Torino: Einaudi, 1974.

Carlino, Andrea. La fabbrica del corpo. Torino: Einaudi, 1994.

Cartari, Vincenzo. *Le imagini de i dei de gli antichi nelle qvali si contengono gl'idoli, riti, ceremonie, & altre cose appartenenti alla religione de gli antichi. 1571.* Typ 525.71.260, Houghton Library: Harvard University.

Cassirer, Ernst. Dall'Umanesimo all'Illuminismo. Firenze: La Nuova Italia Editrice, 1968.

Cassirer, Ernst. La filosofia dell'Illuminismo. Firenze: La Nuova Italia, 1974.

Cavazzuti, Roberta. Deus ex machina: macchine e lavoro nell'Encyclopédie di Diderot e D'Alembert. Pàtron: 2004.

Cepparrone, Luigi. "Patria e questione sociale nel primo De Amicis," Aspettando il Risorgimento. Firenze: Cesati, 2010.

Chapman, Hugo & Marzia Faietti. Fugure, Memorie, Spazio Disegni, Da Fra' Angelico a Leonardo. Firenze: Giunti, 2011.

Collins, Daniel L. "Anamorphosis and the Eccentric Observer: History, Technique and Current Practice," Leonardo 25. 2(1992): 179–187.

Comanini, Gregorio. Il Figino overo del fine della pittura. Mantova: 1591.

Cometa, M. Il Laocoonte da Lessing a Schelling, in Laocconte 2000. Palermo: Aesthetica Preprint, 1992.

Conrford, Francis Macdonald. The Unwritten Philosophy and oter essays, Cambridge: Cambridge Univ. Press, 1950.

Corte, B. Notizie istoriche intorno a medici scrittori milane-si , Milano 1718.

Cosmacini, G. Il medico e il cardinale, Milano: 2009.

Croce, B. Il "linguaggio dei gesti", in La Critica, XXIX (1931), pp. 224 s., e in Varietà di storia letteraria e civile, s. 1, Bari 1935, pp. 273-275

Cunningham, Andrew. The Anatomical Renaissance: the resurrection of the anatomical projects of the ancients. A ldershot: Scolar Press, 1997.

Curtis, Penelope & Penelope Jane Curtis. Sculpture 1900-1945: After Rodin. Oxford University Press, 1999.

D'Ippona, Agostino. La città di Dio, trad. Domenico Marafioti. Milano: Mondadori, 2011.

De Boni, Filippo. Biografia degli artisti (Venezia: co' tipi del Gondoliere, 1840.

De Humusco, J. Ed Valverde. Historia de la corriposicion del cuerpo humano. Roma: 1560.

De Martino, Ernesto. "Fenomenologia religiosa e storicismo assoluto," Studi e Materiali di Storia delle Religioni (1953-54): 1-25.

Del Monaco, F. M. In actores et spectatores comoediarum nostri temporis paraenesis(1621), trad.it. Ferdinando Traviani, La Commedia dell'Arte e la societa barocca, I: La fascinazione del teatro. Roma: Bulzoni, 1969.

Di Vona, Piero. La conoscenza «sub specie aeternitatis» nell'opera di Spinoza'. Napoli: Loffredo Editore, 1995.

Dixon, Laurinda S. "Bosch's Garden of Delights: Remnants of a 'Fossil' Science," Art Bulletin, LXIII(1981): 96–113.

Drechsler, Wolfgang. "The Contrade, the Palio and the Ben Comune: Lessons from Siena," Trames 10-2((2006): 99-125.

Dreyfus, Hubert L. & Stuart E. *Dreyfus*. "The challenge of Merleau-Ponty's Phenomenonlogy of embodiment for cognitive science," in Perspective of Emboiment: The Intersections of Nature and Culture, ed. G. Weiss & H. F. Habor . New York: Routledge, 1999.

Eco, Umberto ed. The Sign of Three: Dupin, Holmes, Peirce. Bloomington: Indiana University Press, 1988.

El-Bizri, Nader. " 'Ibn Sīnā's Ontology and the Question of Being'," Ishrāq: Islamic Philosophy Yearbook 2 (2011), 222–237.

Eldridge-Smith, Peter & Veronique-Eldridge-Smith. "The Pinocchio paradox". Analysis. 70:2 (2010): 212–215.

Elsen, Albert Edward et all. Rodin & Balzac: Rodin's Sculptural Studies for the Monument to Balzac from the Cantor, Fitzgerald Collection; an Exhibition, Issue 15. Cantor: Fitzgerald and Company, 1973.

Emiliani, Marisa Dalai & Valter Curzi, ed., Piero della Francesca tra arte e scienza. Padova: Marsili0, 1996.

Eusebietti, Dora. Piccola storia dei burattini e delle maschere. Torino, Società editrice internazionale, 1966.

Fantuzzi, Giovanni. Memorie della vita di Ulisse Aldrovandi. Bologna 1774.

Ferro, R. Federico Borromeo ed Ericio Puteano. Cultura e letteratura a Milano agli inizi del Seicento, Roma 2007.

Ferrone, Siro. La Commedia dell'Arte. Attrici e attori italiani in Europa (XVI-XVIII secolo). Torino, Einaudi, 2014.

Fodor, Jerry A. Modularity of Mind: An Essay on Faculty Psychology. Cambridge, Massachusetts: MIT Press, 1983.

Forbes, Thomas R. "Mortality at St. Bartholomew's Hospital, London, 1839–72," Journal of the History of Medicine and Allied Sciences 34, 4(1983): 432–449.

Fossi, Gloria. Dal realismo all'Art nouveau. Firenze: Giunti, 2006.

Freitag, Wolfgang M. Art Books: A Basic Bibliography of Monographs on Artists. New York, London: Garland Publishing, 1997.

Frier, Bruce W. ed. The Codex of Justinian. A New Annotated Translation, with Parallel Latin and Greek Text. Cambridge University Press, 2016.

Fryer, David M. & John C. Marshall, "The Motives of Jaques de Vaucanson," Technology and Culture, 20.2(1979): 257–269.

Galimberti, Umberto. *Il corpo.* Milano: Feltrinelli, 1983.

Gaurico, Pomponio. De Sculptura. Napoli: Edizioni Scientifiche Italiane, 1999.

Geiger, B. "G. A. "surrealista" dei suoi tempi," in Arte figurativa, IV (1956): 33-35.

Ginzburg, Carlo. "La Flagellazione: congetture e confutazioni," Indagini su Piero (Torino: Einaudi, 1994), 125-137.

Ginzburg, Carlo. "Spie. Radici di un paradigma indiziario," In Crisi della ragione. Aldo Gargani ed. Torino Einaudi, 1992, 57-106.

Giorgione. Atti del Convegno internazionale di studio per il quinto centenario della nascita. Castelfranco Veneto 1978.

Goethe, J. W. Sul Laocoonte, M. Cometa, trad.it. Palermo, 1992.

Gombrich, Ernst H. "The Repentance of Judas in Piero della Francesca's Flagellation of Christii," Journal of the Warburg and Courtauld Institutes, XXII (1959): 105-107.

Gourhan, André Leroi. *L'uomo e la materia.* Milano: Jaca Book, 1993.

Greenbaum, Dorian Gieseler. The Daimon in Hellenistic Astrology: Origins and Influence. Leiden/Boston: Brill, 2016.

Grégoire, Réginald. "La memoria agiografica liturgica di Pietro da Salerno," in *Pietro da Salerno(+1105), monaco benedettino e vescovo di Anagni.* L. Cappelletti ed. Venafro: A. Molle, 2006.

Grigsby, Darcy Grimaldo. Extremities: Painting Empire in Post-revolutionary France. New Haven: Yale University Press, 2002.

Hanafi, Zakiya. The Monster in the Machine: Magic, Medicine, and the Marvelous in the time. Durham: Duke University Press, 2000.

Harcourt, Glenn. "Andrea Vesalius and the Anatomy of Antique Sculpture", Representation, 17(Winter, 1987): 28-61.

Hatfield, Rab. "Botticelli's Mystic Nativity, Savonarola and the Millennium," Journal of the Warburg and Courtauld Institutes, 58(1995): 88–114.

Henderson, Harry. s.v. "automaton" Encyclopedia of Computer Science and Technology (Infobase Publishing. 2009), 13.

Hillman, David & Carla Mazzio. The Body in Parts: Fantasies of Corporeality in Early Modern Europe. New York: Routledge, 1997.

Hoppin, Richard H. Medieval Music. New York, W.W. Norton & Co., 1978.

Horowitz, Maryanne Cline. "Natural Law as the Foundation for an Autonomous Ethic: Pierre Charron's De la Sagesse," Studies in the Renaissance 21(1974): 204–227.

Huth, Hans. Roentgen furniture: Abraham and David Roentgen, European cabinet-makers. Barkway: Sotherby Parke Bernet: 1974.

Ilsink, Matthijs & Jos Koldeweij, Hieronymus Bosch: Painter and Draughtsman – Catalogue raisonné. Yale University Press, 2016.

Johnson, James H. Venice Incognito: Masks in the Serene Republic. California: University of California Press, 2011.

Jones, Peter Murray. Materia medica: miniature medievali. Milano: Centro Tibaldi, 1997.

Keele, Kenneth D. "Leonardo's Influence on Renaissance Anatomy." Medical History 8:4 (1964): 360–370.

Kemp, Martin & Marina Wallace. Spectacular Bodies: The Art and Science of the Human Body from Leonardo to Now. University of California Press: 2000.

Kemp, Martin. "A drawing for the Fabrica ; and some thoughts upon the Vesalius muscle-men," Medical History 14(1970): 277-288.

Kenneth, Clark. "Mona Lisa," The Burlington Magazine, 115 .840(1973): 144–151.

Knowles, John. The Life and Writings of Henry Fuseli, Vol. 1, H. Colburn and R. Bentley, 1831, pp. 64–65.

Kunzle, David. From Criminal to Courtier: The Soldier in Netherlandish Art 1550-1672. Leiden: Brill, 2002.

Landucci, Giovanni. L'occhio e la mente. Scienza e filosofia nell'Italia del secondo Ottocento. Firenze: Leo S. Olschki, 1987.

Lavin, Marilyn Aronberg. Piero della Francesca: The Flagellation. London: The Penguin, 1972.

Le Brun, Charles. Le figure delle passioni, Milano: Raffaello Cortina Editore, 1992.

Le Goff, Jacques. Il tempo sacro dell 'uomo . La «Legenda aurea» di Iacopo da Varazze. Roma: Laterza, 2012.

Leistikow, Dankwart. Dieci secoli di storia degli edifici ospedalieri in europa. Una storia dell'architettura ospedaliera. Ingelheim am Rhein: Boehringer Sohn, 1967

Leroi-Gourhan, Andre. L'homme et la matière. Évolution et techniques, I. Parigi: Albin Michel, 1943.

Lessing, Gotthold Ephraim. Laocoon: or, The limits of Poetry and Painting, translated by William Ross. London, Ridgeway, 1836.

Licht, Fred. Goya: The Origins of the Modern Temper in Art. Universe Books, 1979.

Lifchez, Raymond. "Jean-Galbert Salvage and His Anatomie du gladateur combattant: Art and Patronage in Post-Revolutionary France," Metropolitan Museum Journal, 44(2009): 163-184.

Lightbown, Ronald William. "Gaetano Giulio Zumbo. 1: The Florentine Period," The Burlington Magazine, 106:740 (1964): 486-496.

Lomborso, Cesare. Genio e follia, 3a ed. ampliata, con 4 Appendici. Milano: Hoepli, 1877.

Lomborso, Cesare. L'uomo delinquente. Milano: Hoepli, 1876.

Longhi, Roberto. Disegno della pittura italiana, I. Da cimabue a Giovanni Bellini. Firenze: 1979.

Lopez, Guido. Leonardo e Ludovico il Moro, La roba e la libertà. Milano: Mursia, 2015.

Lucarelli, Paolo. "L'Alchimia Greco-Alessandrina," in Abstracta, Curiosità della Cultura e Cultura della Curiosità (45a, IV, giugno 1990): 14-21.

Lugli, Adalgisa. Naturalia et Mirabilia. Il collezionismo enciclopedico nelle wunderkammer d'Europa. Milano: Mazzotta, 1983.

Luppi, Anna. "Il meccanismo svelato: preparati, modelli e repliche del corpo-macchina nella nuova scienza medica", In Visioni anatomiche, Le forme del corpo negli anni del Barocco (Milano: Silvana, 2011), 23.

Lynch, Deidre. The Economy of Character: Novels, Market Culture and the Business of Inner Meaning. University of Chicago Press, 1998.

Magistris, Alessandro de. *Storia della Città e S. Basilica Cattedrale di Anagni.* Roma: Puccinelli, 1749.

Mahon, Denis. "Seicento at Burlington House . Some Addenda and Corrigenda. Drawings of Guercino," The Burlington Magazine, XCIII (1951): 56-59.

Maillet, Arnaud. Le miroir noir, Enquête sur el côté obscur du reflet. Paris: Kargo, 2005

Mancini, Gerolamo. L'opera "De corporibus regularibus" di Piero Franceschi detto Della Francesca usurpata da fra Luca Pacioli. Roma: Tipografia della R. Accademia dei Lincei, 1915.

Manolis Chatzidakis and Gerry Walters, "An Encaustic Icon of Christ at Sinai," The Art Bulletin 49, No. 3 (1967): 197-208,

Maraghini, Maria Pia. "Il fenomeno abachistico a supporto dei cambiamenti socio-economici, Arezza tra il XIII ed il XVI secolo," Pecvnia, 13(2011):

25-58.

Maraldi, Nadir M. et all. "Anatomical Waxwork Modeling: The History of the Bologna Anatomy Museum," The Anatomical Record 261:1(2000): 5-10.

Marcheschi, Daniela. "In Italia con Collodi e i suoi amici. Un'idea di infanzia", Pinocchio in volo tra immagini e letterature, Rossana Dedola e Mario Casari, ed. Milano: Bruno Mondadori editore, 2008, 159–177.

Marshall, Peter. The Magic Circle of Rudolf II: Alchemy and Astrology in Renaissance Prague. New York: Walker & Company, 2006.

Martin, David L. Curious Visions of Modernity. Enchantment, Magic, and the Scared (Ma: the MIT Press: 2011), 62-69.

Masson, Céline. La fabrique de la poupée chez Hans Bellmer. Paris: éd. L'Harmattan, 2000.

Mayor, A Hyatt. "Prints and People," Metropolitan Museum of Art/Princeton (1971): nos 455–460.

McShine, Kynaston. Andy Warhol: Restrospective. New York: Museum of Art, 1989.

Menichetti, Piero Luigi. Ceri di Gubbio dal XII secolo. Città di Castello: Rubini & Petruzzi, 1980.

Merlin, Donald. A mind so rare: the evolution of human consciousness. New York: Norton, 2002.

Merton, Robert K. On the Shoulders of Giants: The Post-Italianate Edition. University of Chicago, 1993.

Metz, Christian. Essays sur la signification au chema. Paris: Klincksieck, 1968.

Meyers, Diana T. Gender in the Mirror: Cultural Imagery and Women's Agency. Oxford: Oxford University Press, 2002.

Miller, Patrick D. A History of Ancient Israel and Judah. Westminster: John Knox Press, 1986.

Montaldo, Silvano & Paolo Tappero. eds. Il museo di Antropologia criminale Cesare Lombroso. Torino: Utet, 2009.

Moreau, Gustave. Écrits sur l'art, Peter Cooke, ed. Fontfroide: Biblioteca artistica e letteraria, 2002.

Movia, Gian Carlo. "Il "Sofista" e le dottrine non scritte di Platone," in *Verso una nuova immagine di Platone.* Napoli: Istituto suor Orsola Benincasa, 1991.

Mulryne, J R & Margaret Shrewring. Theatre of the English and Italian Renaissance. New York: Palgrave Macmillan, 1991.

Niels, Arnold Wilfred. Vincent van Gogh: Chemicals, Crises, and Creativity. Birkhäuser, 1992.

O'Malley, Charles Donald. Andreas Vesalius of Brussels, 1514-1564. University of Califonia Press, 1964.

Pantanelli, "M. de' L. Episodio inedito," Bull. delle scienze mediche , XCV (1923): 276-278.

Papadopoulos, Athanase. Geometry in History. Strasbourg: Springer Nature, 2019.

Pascal, Blaise. Pensieri, tr. Marco Magni, OEuvres Completes. Paris: Bibliotheque de la Pleiade, 1954.

Pasqualetti, Roberto. ed. La poetica del restauro, arte, architettura e paesaggio. Pisa: Edizione ETS, 2017.

Passignat, Emille & Antonio Pinelli, Reverse engineering. Roma: Carocci: 2007.

Pater, Walter. The Renaissance – Studies in Art and Poetry; the 1893 text, Donald L. Hill ed. University of California Press: 1980.

Pattaro, Sandra Tugnoli. Metodo e sistema delle scienze di Ulisse Aldrovandi. Bologna, Clueb, 1980.

Picasso, Giorgio & Mauro Tagliabue, Il monachesimo italiano nel secolo della Grande Crisi . Badia di Santa Maria del Monte, 2004.

Piccinni, Belli & Carlo Maurizio. Ordinamento dei servizi negli ospedali. Milano: U. Hoepli, 1914.

Porcu, Costantino. ed.*Dürer.* Milano: Rizzoli, 2004.

Potts, A. D. "Greek Sculpture and Roman Copies I: Anton Raphael Mengs and the Eighteenth Century," Journal of the Warburg and Courtauld Institutes 43 (1980):150–173.

Prinz, Wolfram. Galleria. Storia e tipologia di uno spazio architettonico. Modena: Edizioni Panini, 1988.

Prioreschi, Plinio. Byzantine and Islamic Medicine, A History of Medicine, Vol. 4. Omaha: Horatius Press, 2001.

Raimondi, G. "Idea del Guercino," Arte ant . e mod, II (1959): 298-309.

Rebollo, Regina Andres. "The Paduan School of Medicine: medicine and philosophy in the modern era," Rio de Janeiro, 17, 2(2010): 307-331.

Ribichini, Sergio. "Astri, segni, sogni e profezie. La divinazione nel mondo antico," Archeo, XIV, 8 (1998), 1-31.

Rifkin, Benjamin A. Human Anatomy: Depicting the Body from the Renaissance to Today. New York: Thames&Hudson, 2011

Rilke, Rainer Maria. Rodin. New York: Parkstone Press, 2012.

Riskin, Jessica. "The Defecationg Duce, or, the Ambiguous Origins of Artificial Life," Critical Inquiry 29(2003), 599-633.

Robinson, James O. "The Royal and Ancient Hospital of St Bartholomew (Founded 1123)," Journal of Medical Biography 1, 1(1993): 23–30.

Romanini, Angiola Maria. L'arte medievale in Italia. Firenze: Sansoni, 2000.

Romano, Giulio. "Una lezione per aspiranti storici dell'arte," M. Scordaro, F. P. Di Teodoro ed. *L'intelligenza della passione. Scritti per Andrea Emiliani.*

Bologna: Minerva Editrice, 2001, 489-496.

Rondinini, Gigliola Soldi. Arte e storia di Milano, Bonechi, Milano, 1999

Ruiz-Ramón, Francisco. Calderón y la tragedia. Madrid: Alhambra, 1984.

Ruskin, John. The Stones of Venice. Boston: Da Capo Press, 1985.

Ruston, Sharon. Shelley and Vitality. Basingtoke: Palgrave Macmillan, 2005.

Saalan, Howard. Medieval architecture: European architecture, 600-1200. Paperback, 1965.

Santi, Giorgio. *Agostino d'Ippona filosofo.* Roma: Lateran University Press, 2003.

Sassone, Anonimo, Le gesta dell'imperatore Carlo Magno. Milano: Jaca Book, 1988.

Saunders J.B. de C. M. & Charles D. O"Malley. The illustrations from the works of Andreas Vesalius of Brussels. New York: Dover Edition, 1973.

Scaramella, Pierroberto & Alberto Tenenti. Humana fragilitas: the themes of death in Europe from the 13th century to the 18th century. Bergamo: Ferrari Editrice: 2002.

Schmitt, Charles B. & Quentin Skinner, The Cambridge History of Renaissance Philosophy. Cambridge: Cambridge University Press, 1990.

Segel, Harold B. Pinocchio's Progeny: Puppets, Marionettes, Automatons and Robots in Modernist and Avant-Garde Drama. Baltimore: The Johns Hopkins University Press, 1995.

Sheriff, Mary D. ed. Antoine Watteau: Perspectives on the Artist and the Culture of His Time. Newark: University of Delaware, 2006.

Sherwood, Ywonne. A Biblical Text and its Afterlives, The Survival of Jonah in Western Culture. Cambridge: Cambridge University Press, 2000.

Signorini, Alessandro. Ospedale privato e non profit. Antagonista o alleato strategico dell'assistenza pubblica? Milano: Vita e Pensiero, 2007.

Simon, Jonathan. "Honoré Fragonard, anatomical virtuoso" Science and Spectacle in the European Enlightenment, Bernadette Bensaude-Vincent and Christine Blondel eds. (Aldershot: Ashgate, 2008), 141-158.

Smith, Robin R. R. Hellenistic Sculpture, a handbook. New York: Thames & Hudson, 1991,

Snow, Charles Percy. *The Two Cultures*. London: Cambridge University Press, 1959.

Sperindei, S. "Nuovi documenti sul pittore ed acquafortista seicentesco Giovan Battista Braccelli." In Atti delle giornate di studi "Caravaggio e i suoi" P. Carofano ed. (Pise: 2017), 181-190.

Steiff, Karl "Oporinus, Johannes", Allgemeine Deutsche Biographie, vol. 24, (Duncker & Humblot, 1887), 381–387.

Stevenson, James ed. A New Eusebius: Documents Illustrating the History of the Church to AD 337. London: SPCK, 1987.

Stoppa, Aida. Sette universi di passione. Colledara: Te, Andromeda, 2004.

Storace, Erasmo Silvio. Introduzione all'estetica di Jean Paul Richter. Milano, Albo Versorio, 2008.

Tabanelli, T. La chirurgia italiana nell'alto Medioevo, II. Firenze, 1965.

Tentori, Francesco. Vita e opere di Le Corbusier. Roma: Laterza, 1986.

Tessari, Roberto. Commedia dell'Arte: la maschera e l'ombra (Milano: Mursia, 1989), 31-47.

The Complete Paintings of Giorgione. Introduction by Cecil Gould. Notes by Pietro Zampetti. NY. Harry N. Abrams. 1968.

Thomson, Ann. Issues at Stake in Eighteenth-century Racial Classification, Cromohs, 8 (2003): 1–20.

Tolkien, Christopher. The Legend of Sigurd & Gudrun. UK: Harper Collins, 2004.

Tosti-Croce, Maria Richetti. "Architettura monastica", Dall'eremo al cenobio. La civiltà monastica in Italia dalle origini all'età di Dante («Antica madre», 10), G. Pugliese Carratelli, ed. (Milano, 1987), 486-575.

Travaini, Gabriella Lucia. Il Libro del pellegrino. Siena, 1382-1446: affari, uomini, monete nell'Ospedale di Santa Maria della Scala. Napoli: Liguori, 2003.

Usborne, Cornelie & Willem de Blecourt, Cultural Approaches to the History of MedicineL Mediating Medicine in Early Modern Europe. New York: Palgrave Macmillan, 2004.

Valentin, Antonia, Leonardo da Vinci: The Tragic Pursuit of Perfection, Dickies, E. W. trans. New York: The Viking Press, 1938.

Vesalius, Andreas. De Humani Corporis Fabrica. F. Hoffmann-La Roche, 1960.

Voltaire, Œuvres complètes de Voltaire. Paris: P. Plancher. 1819.

Wallace, William. s.v. "Empedocles". Chisholm, Hugh (ed.). Encyclopædia Britannica. 9 (11th ed.), (Cambrdge: Cambridge University Press, 1911), 344–345.

Webb, Peter and Robert Short, Death, Desire and the Doll: The Life and Art of Hans Bellmer. Gardena: Solar Books, 2006.

Williams, Carolyn. "Inhumanly Brought Bach to Life and Misery: Mary Wollstonecraft, Frankenstein, and the Royal Humane Society," Women's Writing, 8.2(2001): 213–34.

Wilson, Augusta Manie. The principle of the ego in philosophy with special reference to its influence upon Schlegel's doctrine of "ironie", Thesis (Ph. D.), New York university, 1908.

Wilson, Jeffrey R. & Henry F. Fradella, "The Hamlet Syndrome," Law, Culture and the Humanities (2016): 1-21.

Zucchini, l'Abusi a Bologna nel secolo XVIII, Bologna: L'archiginnasio, 1949.

웹자료

Ulyssis Aldrovandi, Musaeum metallicum libros III distributum, 1648: http://www.europeana.eu/portal/en/record/08711/item_215870.html (2019. 1. 21 검색)

http://www.gutenberg.org/files/10800/10800-h/10800-h.htm (2019년 1월 2일 검색)

Soffici, Ardengo. "Il caso Medardo Rosso: preceduto da l'impressionismo e la pittura italiana" (B. Seeber, 1909) http://art3idea.psu.edu/locus/Jentsch_uncanny.pdf (2016. 1. 6일 검색)

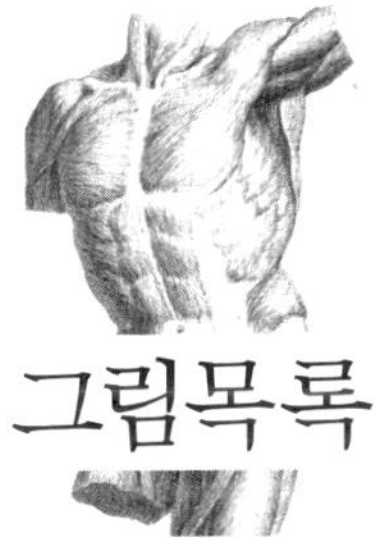

그림목록

1장. 몸에 관하여

1. 출발점

2. 몸의 흔적

고대 그리스의 몸의 일원성

그림 1. <라오콘 군상>과 일부, 바티칸 박물관 소장.
https://it.wikipedia.org/wiki/Laocoonte#/media/File:Laocoon_and_His_Sons.jpg

그림 2. 안토넬라 다 메시나(Antonello da Messina), <성 아우구스티누스>, 패널에 템페라, 1473, 팔레르모, 팔라초 아바텔리스(Palazzo Abatellis)
https://it.wikipedia.org/wiki/Agostino_d%27Ippona#/media/File:Antonello_da_Messina_009.jpg

그림 3. 아냐니의 크립타, <아담의 탄생> (추후 사진 대체 예정)

그림 4. 안드레아 베살리우스, 『인체의 구조에 관하여』의 권두화, 1543.

그림 5. 안드레아 베살리우스, 『인체의 구조에 관하여』 포함되어 있는 화가 칼카르의 해부학적 판화, 1543.

그림 6. 필립 드 샹파뉴, <바니타스>, 1644, 르망, 테세 박물관미술관.

그림 7. 체사르 리파, "바니타스" 부부, 『이코놀로지아 Iconologia』의 일부.

그림 8. 가에타노 줌보, <두상의 해부학>

https://it.m.wikipedia.org/wiki/File:Gateano_zumbo,_testa_01.JPG

2장. 근대 이전 몸의 기억

1. 신화와 전설 속의 몸: 의인화된 자연의 속성

그림 1. <바스테트>, 발티모어, 발터스 미술관.

https://it.wikipedia.org/wiki/Bastet#/media/File:Egyptian_-_Statue_of_Standing_Bastet_-_Walters_54409.jpg

그림 2. <아테네 신상>, 파리, 루브르 박물관.

https://it.wikipedia.org/wiki/File:Minerva_onyx_Louvre_Ma2225.jpg

그림 3. 존 스트루드윅, <모이라의 황금실>, 캔버스에 유화, 1885.

https://it.wikipedia.org/wiki/Moire#/media/File:Strudwick_-_A_Golden_Thread.jpg

그림 4. <피아첸차의 간>, 파르네제 박물관.

https://it.wikipedia.org/wiki/Fegato_di_Piacenza#/media/File:Foie_de_Plaisance.jpg

그림 5. 필데스타드 교회의 문, 노르웨이, 기원전 12세기 경

https://www.wikiwand.com/en/Hylestad_Stave_Church

그림 6. 보드 코르디에, <코덱스 샹틸리>, 콩드 박물관, 1400년 경

https://en.wikipedia.org/wiki/Chantilly_Codex#/media/File:CordierColor.jpg

그림 7. 야코부스(Jacopo da Varazze)는 『황금전설 Leggenda Aurea』의 일부, 1493년 판본.

https://en.wikipedia.org/wiki/Golden_Legend#/media/File:Houghton_WKR_1.3.4_-_Saints_in_glory.jpg

그림 8. 빈첸초 카르타리, <포세이돈>, 『고대 신들의 이미지 Le Imagini de i dei

de gli Antichi』의 일부 (1548)

https://en.wikipedia.org/wiki/Vincenzo_Cartari#/media/File:Houghton_Typ_525.71.260_-_Cartari,_Le_imagini,_250.jpg

2. 성화 속의 몸 – 영성을 위해 고안된 시각 매체

그림 1-2. <시나이산의 그리스도>, 성 카테리나 수도원, 6세기 경

https://en.wikipedia.org/wiki/Christ_Pantocrator_(Sinai)#/media/File:Spas_vsederzhitel_sinay.jpg

3. 중세의 시스티나 예배당: 아나니의 지하 납골당

그림 1. 베리 백작의 <성무일도서>의 삽화 (일부), 1416년 경.

https://commons.wikimedia.org/wiki/File:Limbourg_brothers_-_Les_tr%C3%A8s_riches_heures_du_Duc_de_Berry_-_Astrological_Man_-_WGA13033.jpg

그림 2. 아나니의 대성당

https://upload.wikimedia.org/wikipedia/commons/5/51/Cattedrale_anagni_1.jpg

그림 3. 아나니 대성당의 첫 번째 프레스코 화 <세계 창조>의 일부(다른 사진으로 대체할 예정임)

그림 4. 아나니 대성당의 첫 번째 프레스코 화 <세계 창조>의 일부(다른 사진으로 대체할 예정임)

그림 5. 알브레히트 뒤러, <네 사람의 사도들>, 패널에 유화와 템페라, 베를린, 알테 피나코테크, 1526.

https://it.wikipedia.org/wiki/Albrecht_D%C3%BCrer#/media/File:Vier_Apostel_(Albrecht_Duerer).jpg

그림 6. 아나니 대성당의 첫 번째 프레스코 화 <히프크라테스와 갈레누스>의 일부(다른 사진으로 대체할 예정임)

4. 균열: 서유럽 병원 제도와 과학적 연구대상으로써의 몸

그림 1-2. 바티칸 박물관의 <라오콘 군상>과 스페르롱가의 <오디세우스 이야기>

https://it.wikipedia.org/wiki/Laocoonte#/media/File:Laocoon_and_His_Sons.jpg

https://en.wikipedia.org/wiki/Sperlonga#/media/File:Gruppo_di_polifemo,_sperlonga_0.jpg

그림 3. 필라레테, <카 그란데 마조레 병원의 평면도>

https://de.wikipedia.org/wiki/Datei:Filarete_ospedale.jpg

그림 4. 필라레테, <아담과 건축의 탄생>, 건축론, 1460-1464.

https://vi.wikipedia.org/wiki/Filarete#/media/T%E1%BA%ADp_tin:Primitivehut.jpg

그림 5-6. 프란체스코 디 조르조 마르티니의 <교회에 투영된 인간>과 레오나르도 다빈치의 <비트루비우스 맨>

https://fr.wikipedia.org/wiki/Francesco_di_Giorgio_Martini#/media/Fichier:FGMartini2.jpg

https://en.wikipedia.org/wiki/Vitruvian_Man#/media/File:Da_Vinci_Vitruve_Luc_Viatour.jpg

3장. 몸의 공장: 근대 몸의 연구 궤적을 따라서

1. 대수적 사고가 만든 고안된 인체: 피에로 델라 프란체스카의 사례

그림 1. 레온 바티스타 알베르티, 『원근법에 관하여』 삽화의 일부

https://en.wikipedia.org/wiki/De_pictura#/media/File:Della_Pittura_Alberti_perspective_vanishing_point.jpg

그림 2. 피에로 델라 프란체스카, <두상에 대한 비례와 양감>, 원근법에 관하여

그림 3. <루카 파치올리의 초상>, 『대수, 기하, 비례, 비례의 성격에 대한 논의들』의 첫 페이지의 일부, 1494년 인쇄본.

https://en.wikipedia.org/wiki/Luca_Pacioli#/media/File:Luca_Pacioli_in_the_Summa.jpg

그림 4. 피에로 델라 프란체스카, <책형의 그리스도>, 1460, 우르비노국립갤러리.

https://it.wikipedia.org/wiki/Flagellazione_di_Cristo_(Piero_della_Francesca)#/media/File:Piero,_flagellazione_11.jpg

그림 5. 피에로 델라 프란체스카, <몬테펠트로 제단화>, 1472, 밀라노 브레라미술관.

https://en.wikipedia.org/wiki/Brera_Madonna#/media/File:Piero_della Francesca 046.jpg

2. 관찰에서 태어난 건축물 같은 인간의 몸: 레오나르도 다빈치의 사례

그림 1. 레오나르도 다빈치, <얼굴의 왜상에 대한 연구>

그림 2. 레오나르도 다빈치, <모나리자>, 1517, 루브르 박물관.

https://en.wikipedia.org/wiki/Mona_Lisa#/media/File:Mona_Lisa,_by_Leonardo_da_Vinci,_from_C2RMF_retouched.jpg

그림 3. 레오나르도 다빈치, <팔의 움직임에 대한 해부학적 연구 습작>, 윈저 컬렉션

3. 중세에서 근대까지: 해부학 문화와 사회 제도적 조건

그림 1. 보니파치우스 8세, 1298, 피렌체 두오모 박물관.

https://it.wikipedia.org/wiki/Papa_Bonifacio_VIII#/media/File:Bonifatius_VIII_Grabstatue.JPG

그림 2. <몬디노 디 리우치의 해부학 실습 장면>, 『몬디노의 해부학』 삽화의 일부, 1493년 판본.

https://en.wikipedia.org/wiki/Mondino_de_Luzzi#/media/File:Mundinus.jpeg

4. 근대 해부학의 탄생: 베살리우스의 혁신

그림 1. 안드레아 베살리우스, 『인체의 구조에 관하여』의 권두화, 1542.
https://en.wikipedia.org/wiki/De_humani_corporis_fabrica#/media/File:Vesalius_Fabrica_fronticepiece.jpg

그림 2-3. 베살리우스, <인체의 구조에 관하여>, 1543년 판본의 삽화, <유명한 미술 작품인 벨베데레의 비너스를 차용해서 묘사한 인간의 배의 내부>, 『인체의 구조에 관하여』, 4권, 1543.

5. 근대해부학의 탄생 속 의학과 미술의 협업

그림 1. 미켈란젤로 보나로티, <다윗> 상의 일부, 1501-1504, 피렌체아카데미아미술관.
https://en.wikipedia.org/wiki/David_(Michelangelo)#/media/File:'David'_by_Michelangelo_JBU08.JPG

그림 2. 레알도 콜롬보, 『해부학에 관하여 De re anatomica』의 권두화, 1559.
https://en.wikipedia.org/wiki/Realdo_Colombo#/media/File:De_re_anatomica_libri_15_V00044_00000004.tif

그림 3. 베살리우스의 도판과 명상적 문구

그림 4. 장 갈베르 세비지, 『예술에 적용 가능한 싸우는 전사의 해부학, 혹은 인간 신체의 특성과 비례, 움직임의 메카니즘에 대한 근육과 뼈에 대한 책』 삽화의 일부, 1812.
https://commons.wikimedia.org/wiki/File:Jean-Galbert_Salvage,_Anatomie_du_Gladiateur_Wellcome_L0030265.jpg

그림 5-6. 프란체스코 베르티나티의 『구상 미술에 적용된 생리학적 해부의 요소들』의 삽화 일부와 카피톨리니 박물관의 <가시를 뽑는 소년>
https://www.nlm.nih.gov/exhibition/dreamanatomy/da_g_III-A-12.html
https://upload.wikimedia.org/wikipedia/commons/6/65/Spinario_Musei_Capitolini_MC1186.jpg

6. 의학 지식이 미술에 끼친 담론

그림 1-2. 조르조 바자리, 『르네상스 미술가 열전』, 초판본과 1568년 판본의 표지
https://it.wikipedia.org/wiki/Giorgio_Vasari#/media/File:Vite.jpg
https://upload.wikimedia.org/wikipedia/commons/f/fa/Vasari_-_Le_vite%2C_1568_B%2C_v._1%2C_frontespizio.jpg

그림 3. 바르톨로메오 파사로티, <해부학 수업>, 보르게제 미술관 소장
https://commons.wikimedia.org/wiki/File:Bartolomeo_Passarotti_-_Lezione_di_anatomia.jpg

7. 의학의 역사를 재현하고 있는 볼로냐의 아르키진나시오 해부학 극장의 교육적 풍경

그림 1. 아르키진나시오 해부학 극장의 전경

그림 2. 에르콜레 렐리, <해부학 상들>, 1780, 1781 (안토니오 카타니의 삽화를 위한 판화작업, 게티 리서치 센터.
https://blogs.getty.edu/iris/this-just-in-anatomy-in-wax-wood-and-ink/

8. 바로크 시대 해부학 모델의 양면성: 가에타노 줌보의 의학 지식과 종교적 메시지

그림 1. 줄리오 가에타노 줌보, <두상의 해부학>, 라 스페콜라 박물관, 피렌체, 1695-1700.

그림 2. 가에타노 줌보, <시간의 승리>, 1691, 피렌체 라 스페콜라 박물관.
https://commons.wikimedia.org/wiki/File:Gateano_zumbo,_il_trionfo_del_tempo_00.JPG

9. 수집의 역사 속에 발전한 해부학 모델의 미적 환영: 클레멘테 수지니의 <해부학 비너스>

그림 1. 야코포 주키, <프로메테우스와 자연>, 프렌체스코 1세의 스투디올로의

천장 중앙부, 팔라초 베키오, 1572.
https://commons.wikimedia.org/wiki/Category:Poppi_(Francesco_Morandini)#/media/File:Jacopo_zucchi_e_il_poppi,_Prometeo_riceve_i_gioielli_grezzi_dalla_natura,_1570-73_circa.jpg

그림 2. 우피치 갤러리의 복도 전경.
https://en.wikipedia.org/wiki/Uffizi#/media/File:Uffizi_Gallery_hallway.JPG

그림 3. 클레멘테 수지니, <해부학 비너스>, 1782, 라 스페콜라 박물관.
https://en.wikipedia.org/wiki/Clemente_Susini#/media/File:Museo_Palazzo_Poggi.jpg

그림 4. 잔 로렌초 베르니니, <성녀 테레사의 법열>, 1651, 로마 산타마리아빅토리아 교회.
https://en.wikipedia.org/wiki/Ecstasy_of_Saint_Teresa#/media/File:Ecstasy_of_Saint_Teresa_September_2015-2a.jpg

10. 기계로 확장된 몸과 인간의 구현: 오토마타

그림 1. 조반니 바티스타 브라첼리, <기괴한 인체들>, n.3, 1624.
https://it.wikipedia.org/wiki/Giovanni_Battista_Bracelli_(pittore)#/media/File:Bizzarie_di_Varie_Figure_44.jpg

그림 2. 자크 드 보캉손, <소화하는 거위>의 투영도, 1734.
https://fr.wikipedia.org/wiki/Canard_de_Vaucanson#/media/Fichier:Ure's_rendering_of_Maillard's_automaton.jpg

그림 3. 다비드 렌트겐, <솔터리를 연주하는 자동인형기계>>, 1784, 파리 공예 및 직인 박물관
https://fr.wikipedia.org/wiki/La_Joueuse_de_tympanon#/media/Fichier:Paris-P1090139.jpg

그림 4. 페이르 자케 드로즈, <글씨 쓰는 인형>, <음악가>, <도안가>, 1768-1774. 뇌샤텔미술사박물관.

https://en.wikipedia.org/wiki/Pierre_Jaquet-Droz#/media/File:Automates-Jaquet-Droz-p1030472.jpg

11. 조반니 모렐리: 무의미한 것들의 재발견

그림 1. 조반니 모렐리, <손과 귀의 형태들>, 『이탈리아 거장들의 작업』 삽화의 일부, 1892.
https://commons.wikimedia.org/wiki/File:Morelli_Hands_and_Ears.jpg

그림 2-3. 조반니 모렐리와 코난 도일의 초상
https://en.wikipedia.org/wiki/Giovanni_Morelli#/media/File:Giovanni_Morelli_1886.jpg
https://en.wikipedia.org/wiki/Arthur_Conan_Doyle#/media/File:Arthur_Conan_Doyle_by_Herbert_Rose_Barraud_1893.jpg

4장. 몸의 바깥쪽: 인간에 대한 은유

1. 영혼의 거울로써의 얼굴과 몸짓: 르네상스의 변곡점

그림 1. 『위대한 인물들의 삶』에 묘사된 조비오의 초상
Giovio, Paolo, 1483-1552 – Pauli Iovii Novocomensis episcopi Nucerini Vitae illustrium virorum : tomis duobus comprehensae, & proprijs imaginibus illustratae
https://it.wikipedia.org/wiki/Pomponio_Gaurico#/media/File:Pomponio_Gaurico.jpg

그림 2. <젊은 여인의 부장 초상>, 3세기 파이윰, 루브르 박물관.
https://en.wikipedia.org/wiki/Fayum_mummy_portraits#/media/File:Fayum-34.jpg

그림 3. 안니발레 카라치, <캐리커처>, 1595년 경, 대영박물관.
https://it.wikipedia.org/wiki/Annibale_Carracci#/media/File:Annibale_Carracci_-_Sheet_of_caricatures_-_WGA04432.jpg

2. 인간의 운명에 대한 고찰과 인간의 속성을 다루는 미술 분야의 논의들

그림 1. 제롤라모 카르다노, 『인상학』의 표지, 1550.
https://openlibrary.org/books/OL6525557M/La_metoposcopie_de_H._Cardan

그림 2. 조반니 바티스타 델라 포르타, 『인간의 관상에 관하여』의 삽화 일부(IV권), 1586.
https://it.wikipedia.org/wiki/Giovanni_Battista_Della_Porta#/media/File:De_humana_physiognomonia_libri_IIII_-_NLM_NIH_-_page_59.jpg

그림 3. 히에로니무스 보스, <바보들의 배>, 1494-1510년 사이, 루브르박물관
https://it.wikipedia.org/wiki/Nave_dei_folli_(Bosch)#/media/File:Jheronimus_Bosch_011.jpg

그림 4. 로렌초 로토, <베르나르도 로시 주교의 초상>, 1505, 카포디몬테 국립갤러리.
https://it.wikipedia.org/wiki/Ritratto_del_vescovo_Bernardo_de%27_Rossi#/media/File:Lorenzo_Lotto_042.jpg

그림 5. 알브레히트 뒤러, <멜랑콜리아>, 1514.
https://en.wikipedia.org/wiki/Melencolia_I#/media/File:Albrecht_D%C3%BCrer_-_Melencolia_I_-_Google_Art_Project_(_AGDdr3EHmNGyA).jpg

그림 6. 야코포 폰토르모, <코시모 일 베키오의 초상>, 1520, 우피치갤러리.
https://commons.wikimedia.org/wiki/File:Pontormo_-_Ritratto_di_Cosimo_il_Vecchio_-_Google_Art_Project.jpg

3. 사물을 통해 고안된 인간의 정체성: 아르침볼도의 사례

그림 1-4, 쥬세페 아르침볼도, «사계»: 루브르박물관(봄), 덴버미술관(여름, 가을), 빈미술사박물관(겨울), 1572-1573.

https://it.wikipedia.org/wiki/Quattro_stagioni_(Arcimboldo)#/media/File:Arcimboldo_Spring_1563.jpg
https://it.wikipedia.org/wiki/Quattro_stagioni_(Arcimboldo)#/media/File:Giuseppe_Arcimboldo,_Italian;_Summer;_1572.jpg
https://it.wikipedia.org/wiki/Quattro_stagioni_(Arcimboldo)#/media/File:Arcimboldo_Autumn_1572_(private).jpg
https://it.wikipedia.org/wiki/Quattro_stagioni_(Arcimboldo)#/media/File:Arcimboldo_Winter_1563.jpg

그림 5. 쥬세페 아르침볼도, <베르툼누스>, 1591, 스콕로스테르 성.
https://en.wikipedia.org/wiki/Vertumnus_(painting)#/media/File:Portr%C3%A4tt,_Rudolf_II_som_Vertumnus._Guiseppe_Arcimboldo_-_Skoklosters_slott_-_87582.jpg

그림 6. 주세페 아르침볼도, <청과물상>, 1587-1590년 사이, 알라 폰초네 시립 박물관.
https://it.wikipedia.org/wiki/Giuseppe_Arcimboldo#/media/File:Arcimboldo_Vegetables.jpg

4. 세계의 해석과 고대의 환영: 알드로반디의 환상

그림 1. <울리세 알드로반디의 초상>, 『조류학』의 권두화에 배치된 초상, 1599.
https://upload.wikimedia.org/wikipedia/commons/thumb/2/22/Aldrovandi_1522-1605.jpg/468px-Aldrovandi_1522-1605.jpg

그림 2. 울리세 알드로반디, <히피>, 『괴물의 역사 Monstruorum Historia』 삽화의 일부, 1648.
https://en.wikipedia.org/wiki/Ulisse_Aldrovandi#/media/File:Aldrovandi-0337.jpg

5. 17-18세기 중반: 인간의 감정에서 본성에 대한 복합적인 문화 지평의 형성

그림 1. 로버트 버튼, 『멜랑콜리의 해부학』의 표지, 1628.
https://en.wikipedia.org/wiki/The_Anatomy_of_Melancholy#/media/File:Robert_Burton's_Anatomy_of_Melancholy,_1626,_2nd_edition.jpg

그림 2 궤르치노, <탕자의 귀환>, 1619, 빈미술사박물관.
https://en.wikipedia.org/wiki/Guercino#/media/File:Guercino_005.jpg

그림 3. 자크칼로, <뚱뚱한 드워프>, 1616, 슈타델미술관.
https://en.wikipedia.org/wiki/Jacques_Callot#/media/File:1620_Callot_Der_Zwerg_mit_dem_dicken_Bauch_anagoria.JPG

6. 18세기 중반 이후 인간에 대한 시각적 연구와 유럽의 융복학적 상호 관계들

그림 1. 존 헨리 퓌슬리, <악몽>, 1782, 디트로이트 미술관.
https://en.wikipedia.org/wiki/Henry_Fuseli#/media/File:John_Henry_Fuseli_-_The_Nightmare.JPG

그림 2. 프라 갈가리오, <사과를 들고 있는 젊은이>, 1732,
https://en.wikipedia.org/wiki/Fra_Galgario#/media/File:FraGalgario-portpeintre1732.jpg

그림 3. 앙투안 와토, <피에로>, 1719, 루브르박물관.
https://en.wikipedia.org/wiki/Pierrot_(painting)#/media/File:WatteauPierrot.jpg

그림 4. 윌리엄 호가드, <캐릭터와 캐리커처>, 1743, 대영박물관.
https://en.wikipedia.org/wiki/Characters_and_Caricaturas#/media/File:Characters_and_Caricaturas_by_William_Hogarth.jpg

그림 5. 피에트로 롱기, <자화상>, 1759, 카 렌초니코.
https://en.wikipedia.org/wiki/Pietro_Longhi#/media/File:Pietro_Longhi_050.jpg

그림 6. 프란츠 사베르 메써슈미트, <특징있는 얼굴>, 1770, 독일 뷔템베르크 도립 박물관

https://en.wikipedia.org/wiki/Franz_Xaver_Messerschmidt#/media/File:Franz_Xaver_Messerschmidt_Charakterkopf.jpg

그림 7. 프란시스 고야, <1808년 5월 3일>, 1808, 프라도미술관.

https://en.wikipedia.org/wiki/The_Third_of_May_1808#/media/File:El_Tres_de_Mayo,_by_Francisco_de_Goya,_from_Prado_thin_black_margin.jpg

7. 19세기 인상학의 유산과 혁신의 조건

그림 1. <젊은 여성의 두상을 분석하는 프란츠 조세프 갈>의 석판화, 1825.

https://commons.wikimedia.org/wiki/File:Franz_Joseph_Gall_examining_the_head_of_a_pretty_young_girl,_Wellcome_V0011119.jpg

그림 2. 『인상학론 Physiognomische fragmente』(1777)의 삽화 일부

https://commons.wikimedia.org/wiki/File:Lavater1792.jpg

그림 3. 테오도르 제리코, <메두사 호의 침몰>, 1819, 루브르박물관.

https://ko.wikipedia.org/wiki/%EB%A9%94%EB%91%90%EC%82%AC%ED%98%B8%EC%9D%98_%EB%97%8F%EB%AA%A9#/media/%ED%8C%8C%EC%9D%BC:JEAN_LOUIS_TH%C3%89ODORE_G%C3%89RICAULT_-_La_Balsa_de_la_Medusa_(Museo_del_Louvre,_1818-19).jpg

8. 건축과 전시에서 드러나는 응시와 권력: 판옵티콘

그림 1. 파비아 시토회의 회랑의 전경

https://commons.wikimedia.org/wiki/File:Certosa_di_Pavia,_Grand_

Cloister,_view_from_north_side.jpg

그림 2. 17세기 아헨의 예배당의 외부 풍경

https://it.wikipedia.org/wiki/Cattedrale_di_Aquisgrana#/media/File:Aachener_Heiligtumszeigung_Oelgemaelde_17Jh.jpg

그림 3. 아헨의 예배당, 왕의 권좌와 응시의 경계

그림 4. 바자리의 복도의 전경

그림 5-6. 마넬리의 탑과 바자리의 복도에서 바라본 산타 펠리치타 교회의 제단 전경

9. 삶과 종교적 은유: 거울과 바니타스

그림 1. 러시아 정교의 "골고타의 십자가" 도상의 유형과 약자들

https://commons.wikimedia.org/wiki/File:Russian_Golgotha_cross.png

그림 2. 마사초, <삼위일체 Trinita>, 1425-27, 피렌체, 산타마리아 노벨라. 바실리카.

https://en.wikipedia.org/wiki/Holy_Trinity_(Masaccio)#/media/File:Masaccio,_trinit%C3%A0.jpg

그림 3. 시몬 루티추이스, <골상이 있는 바니타스 n.2>, 1645, 그단스크국립박물관.

https://en.wikipedia.org/wiki/Simon_Luttichuys#/media/File:Simon_Luttichuys_001.jpg

그림 4 히에로니무스 보스, <세속적인 쾌락의 정원>, 1500-1505년 경, 프라도미술관.

https://it.wikipedia.org/wiki/Trittico_del_Giardino_delle_delizie#/media/File:El_jard%C3%ADn_de_las_Delicias,_de_El_Bosco.jpg

그림 5-6. 히에로니무스 보스, <음악의 지옥>, 쾌락의 정원 세폭 제단회 오른쪽 세부.

https://ko.wikipedia.org/wiki/%ED%9E%88%EC%97%90%EB%A1%9C%EB%8B%88%EB%AC%B4%EC%8A%A4_%EB%B3%B4%EC%8A%A4#/media/%ED%8C%8C%EC%9D%BC:Hieronymus_Bosch_-_The_Garden_of_Earthly_Delights_-_Hell.jpg

그림 7. 히에로니무스 보쉬, <7가지 죄악과 사말(四末)>, 1475-1480년 경, 프라도 미술관.
https://it.wikipedia.org/wiki/Sette_peccati_capitali_(Bosch)#/media/File:Hieronymus_Bosch-_The_Seven_Deadly_Sins_and_the_Four_Last_Things.JPG

그림 8-9. 히에로니무스 보쉬, <7가지 죄악과 사말(四末)> 중 "지옥" 부분의 일부, 1475-1480년 경, 프라도 미술관.

그림 10. 한스 발둥, <여인의 세 시기와 죽음>, 1510, 빈미술사박물관.
https://commons.wikimedia.org/wiki/File:Hans_Baldung_-_Three_Ages_of_the_Woman_and_the_Death_-_WGA01189.jpg

그림 11. 하르멘 스텐베이크, <바니타스>, 1640년 경, 라켄할 시립박물관.
https://en.wikipedia.org/wiki/Vanitas#/media/File:Harmen_Steenwijck_-_Vanitas.JPG

그림 12. 조르주 데 라 투르, <회개하는 막달레나>, 메트로폴리탄미술관, 1640.
https://commons.wikimedia.org/wiki/File:The_Penitent_Magdalen_MET_DT7252.jpg#/media/File:The_Penitent_Magdalen_MET_DT7252.jpg

10. 축제의 페르소나: 베네치아의 사육제와 코메디아 델 아르테

그림 1. 피에트로 롱기, <향수 판매원>, 1756년경, 카 레초니코.
https://it.wikipedia.org/wiki/Carnevale_di_Venezia#/media/File:Ca'_Rezzonico_-_La_venditrice_di_essenze_-_Pietro_Longhi.jpg

그림 2. 잔도메니코 티에폴로, <사육제 풍경 혹은 미뉴엣>, 1754-55년 경, 루브

르 박물관.

https://commons.wikimedia.org/wiki/File:Giandomenico_tiepolo,_scena_di_carnevale,_o_minuetto,_1754-55_ca._01.JPG#/media/File:Scene_Carnival_Tiepolo1750.jpg

그림 3. "체리 축제", 굽비오, 2000.

https://it.wikipedia.org/wiki/Festa_dei_Ceri#/media/File:Gubbio_Corsa_Ceri.jpg

그림 4. 천사의 하강식, 베네치아 사육제, 2012.

https://commons.wikimedia.org/wiki/File:Carnevale_di_Venezia_2012_-_Volo_dell%27Angelo.jpg

11. 나무 인형의 교훈: "피노키오 효과"

그림 1. 엔리코 마잔티가 본 피노키오의 모험, 피렌체, 1883.

https://it.wikipedia.org/wiki/Pinocchio#/media/File:Pinocchio.jpg

그림 2. <부라티노의 공연 모습>, 프란체스코 마조토(Francesco Maggiotto)의 회화 작품에 대한 에칭, 1770년 경.

https://it.wikipedia.org/wiki/Burattino#/media/File:Burattini_ca_1770.jpg

그림 3. 조반니 피사노, <산 안드레아 교회의 연단>, 피스토이아, 1301.

https://en.wikipedia.org/wiki/Pulpit_of_Sant%27_Andrea,_Pistoia_(Giovanni_Pisano)#/media/File:Pistoia_200310_038_Crucifixion_crop.JPG

그림 4. <요나의 이야기>, 중세 독일의 삽화

https://it.wikipedia.org/wiki/Libro_di_Giona#/media/File:Jonas-und-der-Wal.jpg

그림 5. 『피노키오의 모험』 (피렌체: 벨포라드 & 필리오, 1902)의 삽화 일부 (카를로 키오스트, A. 본지니의 삽화)

https://upload.wikimedia.org/wikipedia/commons/9/93/Le_

avventure_di_Pinocchio-pag091.jpg

12. 사라진 것들의 상상력: 로댕

그림 1. 오귀스트 로댕, <발자크 상>, 1891-98, 로댕 미술관.
https://en.wikipedia.org/wiki/Auguste_Rodin#/media/File:Monument_to_Balzac.jpg

그림 2. 오귀스트 로댕, <떨어지는 사람의 토르소>, 1882-1889.
https://commons.wikimedia.org/wiki/File:Rodin_torso_p1070096.jpg

그림 3. <벨베데레의 토르소>, 바티칸 박물관, 1430년 발견
https://en.wikipedia.org/wiki/Belvedere_Torso#/media/File:Torso_del_belvedere,_forse_aiace_telamonio_che_medita_suicidio,_I_sec._ac._di_apollonios,_forse_da_bronzo_greco_del_200-150_ac._ca_01.JPG

13. 표현에 담긴 예술가의 관점과 상상력

그림 1. 폴 세뤼지에, <부적>, 1888, 판화, 파리 오르세 미술관.
https://ko.wikipedia.org/wiki/%ED%8F%B4_%EC%84%B8%EB%A4%BC%EC%A7%80%EC%97%90#/media/%ED%8C%8C%EC%9D%BC:Serusier_-_the_talisman.JPG

그림 2. 메다르도 로소, <경제적 공간의 아이 Bambino alle cucine economiche>, 피렌체, 20세기 박물관 소장, 1892.
https://it.wikipedia.org/wiki/Medardo_Rosso#/media/File:Paolo_Monti_-_Servizio_fotografico_(Barzio,_1978)_-_BEIC_6363759.jpg

몸의 기억

해부학적 이미지와 유럽 문화의 근대성

초판 인쇄 2020년 3월 3일
초판 발행 2020년 3월 10일

지은이 최병진
발행인 김인철
총괄 · 기획 윤성우 Director, University Knowledge Press
편집장 신선호 Executive Knowledge Contents Creator
기획 · 물류 이현진 Planning Expert
사전 · 도서편집 정준희 Contents Creator
전자책 · 도서편집 장혜린 Contents Creator
도서편집 이병철 Contents Creator
이근영 Contents Creator
재무관리 하누리 Managing Creator
발행처 한국외국어대학교 지식출판콘텐츠원
02450 서울특별시 동대문구 이문로 107
전화 02)2173-2493~7
팩스 02)2173-3363
홈페이지 http://press.hufs.ac.kr
전자우편 press@hufs.ac.kr
출판등록 제6-6호(1969. 4. 30)
디자인 · 편집 (주)이환디앤비 02)2254-4301
인쇄 · 제본 네오프린텍 02)718-3111

ISBN 979-11-5901-763-6 93600 정가 16,000원

*잘못된 책은 교환하여 드립니다.

HUINE은 한국외국어대학교 지식출판콘텐츠원의 어학도서, 사회과학도서, 지역학 도서 Sub Brand이다. 한국외대의 영문명인 HUFS, 현명한 국제전문가 양성(International +Intelligent)의 의미를 담고 있으며, 휴인(携引)의 뜻인 '이끌다, 끌고 나가다'라는 의미처럼 출판계를 이끄는 리더로서, 혁신의 이미지를 담고 있다.